大健康系列教材

健康保险学

主　编　胡期丽　刘维蓉　田　辉

副主编　周若青　裴圣军　丁　玥

西南交通大学出版社
·成　都·

图书在版编目（CIP）数据

健康保险学 / 胡期丽，刘维蓉，田辉主编. —成都：西南交通大学出版社，2023.1（24024.7 重印）
ISBN 978-7-5643-9057-0

Ⅰ. ①健… Ⅱ. ①胡… ②刘… ③田… Ⅲ. ①健康保险－保险学 Ⅳ. ①F840.625

中国版本图书馆 CIP 数据核字（2022）第 237351 号

Jiankang Baoxian Xue
健康保险学

主　编　　胡期丽　刘维蓉　田辉

责 任 编 辑	罗爱林
封 面 设 计	阎冰洁
出 版 发 行	西南交通大学出版社
	（四川省成都市金牛区二环路北一段 111 号
	西南交通大学创新大厦 21 楼）
发行部电话	028-87600564　028-87600533
邮 政 编 码	610031
网　　　址	http://www.xnjdcbs.com
印　　　刷	四川煤田地质制图印务有限责任公司
成 品 尺 寸	185 mm × 260 mm
印　　　张	16.75
字　　　数	367 千
版　　　次	2023 年 1 月第 1 版
印　　　次	2024 年 7 月第 2 次
书　　　号	ISBN 978-7-5643-9057-0
定　　　价	48.00 元

图书如有印装质量问题　本社负责退换
版权所有　盗版必究　举报电话：028-87600562
课件咨询电话：028-81435775

大健康系列教材
建设委员会

主　任　曾　渝　王建琼

委　员　（按姓氏笔画排列）

　　　　王相平　　兰　玛　　刘明理
　　　　许必芳　　李春梅　　辛松林
　　　　张雪永　　陈　煜　　陈　瑶
　　　　欧阳海平　罗永兵　　夏丽娜
　　　　章　荣　　隋国辉　　蒙　军

《健康保险学》编委会

主　编　胡期丽（贵州中医药大学）
　　　　　刘维蓉（贵州中医药大学）
　　　　　田　辉（贵州中医药大学）

副主编　周茗青（贵州中医药大学）
　　　　　裴圣军（贵州中医药大学）
　　　　　丁　玥（贵州中医药大学）

编　委　邹　娟（贵州财经大学）
　　　　　黄　萍（贵州师范大学）

秘　书　梁菊俄（贵州中医药大学）
　　　　　周睿欣（贵州中医药大学）

序
FOREWODRD

  党的十八大以来，以习近平同志为核心的党中央把维护人民健康摆在更加突出的位置。为推进健康中国建设，提高人民健康水平，2016年，中共中央、国务院印发并实施《"健康中国 2030"规划纲要》。2017年，党的十九大作出实施健康中国战略的重大决策部署。2019年6月，国务院印发《国务院关于实施健康中国行动的意见》，指出人民健康是民族昌盛和国家富强的重要标志，为健康中国行动明确了具体目标，也为全民的健康服务事业发展提供了行动指南。

  健康中国的内涵，不仅是确保人民身体健康，更涵盖全体人民健康环境、健康经济、健康社会在内的"大健康"。习近平总书记强调，"要倡导健康文明的生活方式，树立大卫生、大健康的观念，把以治病为中心转变为以人民健康为中心"。所谓大健康，就是围绕人的衣食住行、生老病死，对生命实施全程、全面、全要素地呵护，不仅追求个体身体健康，也追求心理健康、精神健康。构建大健康体系、推进健康中国建设，需要在各个领域深化改革、守正创新。

  2020年上半年，新冠肺炎疫情在全球范围暴发，使"健康"成为全球性议题，也使人们的健康理念发生深刻变化。这场疫情给健康管理服务体系和健康管理学科提出更多、更深层次的需求，也暴露出我们在很多问题上认识的不足，以及相关领域人才的匮乏。

  面对疫情提出的新挑战，实施"健康中国"战略的新任务，世界医学发展的新要求，我国医学人才培养结构亟须优化，人才培养质量亟待提高。因此，高校医学类专业如何加快专业教育变革，立足学科体系建设，形成更高水平人才培养体系，推动后疫情时代相关专业规范化、高质量发展，提升专业人才培养和精准服务能力，成为一个突出的、紧迫的课题。这也对健康教育教材的编写理念、内容的更新速度、全面性和生活性等方面提出了新的更高要求。

在此背景下，西南交通大学出版社立足西南高校，重点针对应用型本科高校学生的特点，以培养应用型技术技能型人才为目标，适时组织策划了这套"大健康"系列教材。本套教材的编写适应时代要求，以推进"健康中国"建设为使命，符合我国高等医学教育改革和健康服务业发展趋势，突出内容上的两个特点：一是坚持"三基五性三特定"的基本原则，力求体现专业学科特点和"以学生为中心"的编撰理念。二是展现大健康体系建设的开创性与实用性，并按照"课程思政"教学体系改革的要求，体现了教材的"思政内涵"；丰富了教材的呈现方式，实现了数字技术与教材的深度融合，也体现了本套教材侧重应用性的编写初衷。

无论是常态化疫情防控，还是推进"健康中国"建设，都需要党和政府强力推进，更需要全社会普遍参与。把健康融入所有政策之中，将卫生健康事业从少数部门的业务工作变成全党全社会的大事，才能为提高人民健康奠定更广泛的社会基础。本套教材的出版，对推动建设具有中国特色的健康管理学科，培养复合应用型公共卫生与健康人才，构建大健康体系，助力"健康中国"战略实施，具有一定的推动作用。同时，本套教材可作为各地培养大健康产业发展急需专业人才的通用性系列教学用书，还可以满足广大读者对大健康产业发展知识与技能的自学之需，填补了目前国内这方面教材的短板与不足，实现了编写者们辛勤努力的共同愿景。

为此，特以作序。

海南医学院管理学院
海南南海健康产业研究院　曾　渝

2021 年 6 月 30 日于海口

前言
PREFACE

近年来,随着国内医疗保险体制深入发展和居民收入水平的提高,商业健康保险一直保持着良好的发展势头,走上专业化的发展道路。健康保险已经成为医疗保障制度的重要补位者,两者相互依赖、共同发展,成为国民必备的健康保障产品。2021年9月23日,国务院办公厅印发《"十四五"全民医疗保障规划》(简称《规划》)提出,健全多层次医疗保障制度体系,坚持公平适度、稳健运行,持续完善基本医疗保障制度。《规划》从顶层设计上对商业健康保险的发展进行了全局战略部署。《规划》明确要求,鼓励商业健康产品创新,扩大商业健康保险保障范围,探索医保与商业健康保险信息共享,加强健康保险监督管理与绩效评价,使健康保险产业在促进国民健康和实现医疗保障高质量发展中发挥"生力军"的作用。展望2035年,基本医疗保障制度更加规范统一,多层次医疗保险体系更加完善,中国特色医疗保险制度优越性充分显现。由此可见,健康保险市场的发展迎来一个前所未有的契机。

本书在编写思路上突显2019年新修订的《健康保险管理办法》的精神,注重健康保险范围的新变化、业务改革的新要求和新内容。内容上,在总结已有的健康保险的相关文献的基础上,尊重保险学科的基本原理和理论体系,结合国内外健康保险的发展情况,重点介绍商业健康保险的理论、实务及实践发展。全书共分十一章。第一章介绍了健康风险与健康保险的概念、属性,健康保险的发展历程。第二章介绍了健康保险的合同及基本原则。第三章至第六章详细阐述了健康保险产品医疗保险、重大疾病保险、失能收入损失保险和长期护理保险的概念、产品及合同的主要内容与规定。第七章分析了健康保险市场概述、市场要素和市场供求情况。第八章介绍健康保险的营销程序、模式及客户服务。第九章简要介绍了健康保险费率厘定原理及常用方法。第十章介绍了健康保险的核保与理赔的程序。第十一章介绍了健康保险的监管体系及具体内容。在编写过程中，力求概念与理论的科学性及准确性，注重理论知识的应用性，在每章的结尾均设置了与章节相关的典型案例或者扩展阅读，有利于学生加深理解，把握前沿。同时，每章开篇均标出掌握、熟悉、了解的内容和思政目标，便于学生有针对性地学习，并在章节学习过程中注重正确价值观的引导和公共服务精神的培养。

《健康保险学》是适合高等学校劳动与社会保障、医疗保险、健康服务与管理等专业的教材。西南交通大学出版社为满足上述专业的教学需要，组织了具有较高理论造诣和丰富教学经验的教师编写本教材。

本书的编委们均是长期从事社会保障、保险学类教学及科研工作的一线教师。在教材编写过程中，编委们均按照西南交通大学出版社的编写要求和审稿程序，本着认真负责的态度，尽力保证教材编写的质量，感谢各位编委。在编写过程中，我们参考了一些已出版的相关文献，在此谨向这些作者表示感谢。另外，从目录的修订到校稿工作，得到了许多同仁的大力协助，在此表示衷心的感谢。同时，还要特别感谢西南交通大学出版社的相关编辑和工作人员为本教材出版所付出的辛勤劳动。

由于我国的健康保险正处于快速发展时期，关于健康保险的法律法规及相关的法律条例仍处于不断修订和完善的过程中，又限于编者的能力和水平，本书中的疏漏和不当之处在所难免，恳请使用本书的师生和读者提出宝贵建议，以便我们不断改进和完善。

编 者

2022 年 7 月

目 录 CONTENTS

第一章　健康风险与健康保险 ·· 001
第一节　健康风险与健康风险管理 ·· 002
第二节　健康保险的概念及属性 ·· 009
第三节　健康保险的产生与发展 ·· 019

第二章　健康保险合同及基本原则 ·· 032
第一节　健康保险合同 ··· 033
第二节　健康保险合同的基本原则 ·· 043

第三章　医疗保险 ·· 054
第一节　医疗保险概述 ··· 055
第二节　医疗保险产品 ··· 059
第三节　医疗保险合同的主要内容 ·· 063

第四章　重大疾病保险 ·· 074
第一节　重大疾病保险概述 ··· 075
第二节　重大疾病保险产品 ··· 079
第三节　重大疾病保险合同的主要内容 ·· 088

第五章　失能收入损失保险 ··· 094
第一节　失能收入损失保险概述 ·· 095
第二节　失能收入损失保险产品 ·· 098
第三节　失能收入损失保险合同的主要内容 ··· 104

第六章　长期护理保险 ·· 113
第一节　长期护理保险概述 ··· 114
第二节　长期护理保险产品 ··· 118
第三节　长期护理保险合同的主要内容 ·· 121

第七章　健康保险市场 …… 131
第一节　健康保险市场概述 …… 132
第二节　健康保险市场的要素 …… 135
第三节　健康保险市场供求分析 …… 142

第八章　健康保险营销 …… 153
第一节　健康保险营销概述 …… 154
第二节　健康保险营销策略 …… 159
第三节　健康保险的客户服务 …… 168

第九章　健康保险费率厘定 …… 180
第一节　健康保险费率概述 …… 181
第二节　健康保险费率厘定原理 …… 185
第三节　健康保险费率厘定的方法 …… 195

第十章　健康保险核保与理赔 …… 205
第一节　健康保险核保 …… 206
第二节　健康保险理赔 …… 211

第十一章　健康保险监管 …… 224
第一节　健康保险监管概述 …… 225
第二节　健康保险监管体系 …… 227
第三节　健康保险监管具体内容 …… 233

附录 …… 243
附录1　《健康保险管理办法》 …… 243
附录2　我国国家层面商业健康保险政策一栏表（截止到2021年） …… 250

参考文献 …… 254

健康保险学

第一章

健康风险与健康保险

本章要点

1. 掌握：健康保险的概念、特征及分类。
2. 熟悉：健康风险的定义、健康风险要素及健康风险的特征，我国健康保险的发展现状及未来趋势。
3. 了解：健康的内涵，健康风险管理的定义及健康风险处理的方法，健康保险的发展历程。

课程目标

通过学习健康保险的基本知识，学生能熟悉健康保险的分类、职能，了解健康管理在健康保险中的重要性；具有高度的社会责任感，提升转移健康风险的投保意识，树立健康保险的观念。

第一节  健康风险与健康风险管理

一、健康

(一) 健康的定义

什么是健康?《黄帝内经》开篇即明确了健康的概念:一个健康的人必须在天时、人事、精神方面保持适当的和有层次的协调。按照《黄帝内经》的观点,我们所言的健康人,其实只能算是"常人",而一个真正健康的人应该具备以下3个条件:合天时,"处天地之和,从八风之理,法于阴阳,和于术数";合人事,"适嗜欲于世俗之间,无恚嗔之心,行不欲离于世,被服章,举不欲观于俗,外不劳形于事,内无思想之患,以恬愉为务,以自得为功";养肾惜精,"志闲而少欲,心安而不惧,形劳而不倦,恬淡虚无,真气从之,精神内守,病安从来"。强调一个人的生命、身体、健康和疾病都与周围的自然环境有着密切的联系。

健康的概念,一直存在着传统意义和现代意义两种不同的解释。在传统观念中,健康即指人的肌体健壮,没有疾病。这是一种从生物医学角度将人完全看成一种生物人进行理解的。比如在《辞海》中,健康被定义为"人体各器官系统发育良好、功能正常、体质健壮、精力充沛并具有良好劳动效能的状态。通常用人体测量、体格检查和各种生理指标来衡量"[①]。这种界定提到了"良好劳动效能"这一指标,看似比"健康就是没有疾病"更完善,但仍然没有把人当作社会人来对待,还停留在生物人认识层面。

随着社会科技的进步、经济文化以及医学科学的发展,人们对健康也有了更广泛、更深层次的认识,不再将健康单纯理解为"生物人"的"没有疾病",而是生理、心理和社会"三位一体"的完好状态。现代意义的健康不单指四肢健全,无疾病,还包含了人的心理健全、行为正常和社会道德规范以及环境因素良好等。1948年,世界卫生组织(WHO)成立时,在《世界卫生组织宪章》中提道:"健康乃是一种在身体上、心理上和社会上的完满状态,而不仅仅是没有疾病和虚弱的状态。"世界卫生组织关于健康的这一定义,把人的健康从生物学的意义扩展到精神和社会关系(社会相互影响的质量)两个方面的健康状态,将人的身心、家庭和社会生活的健康状态均包括在内。1987年,《简明不列颠百科全书》(中文版)中指出健康是"使个体能长时期地适应环境的身体、精神、情绪及社交方面的能力"。"健康可用可测量的数值(如身高、体重、体温、脉搏、血压、视力等)来衡量,但其标准很难掌握"。疾病是指"已产生症状或体征的异常生理或心理状态",是"人体在致病因素的影响

---

① 辞海编辑委员会. 辞海[M]. 上海:上海辞书出版社,1980:254.

下,器官组织的形态,功能偏离正常标准的状态"。这一概念虽然提到心理因素,但在健康测量和疾病分类方面没有具体内容。可以说,这是从生物医学模式向生物、心理、社会医学模式过渡的产物。一方面,这种转化尚缺乏足够的临床实践资料的经验概括;另一方面撰写者虽然接受了新的医学模式的思想,但难以做进一步的理论探讨。1989年世界卫生组织提出了健康的新标准,即"身体健康、心理健康、道德健康、社会适应良好",首次把道德因素也纳入健康的范畴。

从健康概念的发展演变来看,到目前为止,理论界和学术界仍没有一个统一的定义,但对健康的内涵在不断挖掘,外延在不断延伸,从最初的一元"身体健康"扩展到"身体健康、心理健康、道德健康、社会适应能力良好"多元一体的新理念。本书根据世界卫生组织的解释来界定:健康不是仅指一个人身体有没有出现疾病或虚弱现象,而是指一个人生理上、心理上和社会上的完好状态。

(二)健康的衡量标准

1978年世界卫生组织提出了健康的定义,同时也给出了是否健康的十项标准:① 精力充沛,能从容不迫地应付日常生活和工作;② 处事乐观,态度积极,乐于承担任务,不挑剔;③ 善于休息,睡眠良好;④ 应变能力强,能适应各种环境变化;⑤ 对一般感冒和传染病有一定的抵抗力;⑥ 体重适当,体态均匀,身体各部位比例协调;⑦ 眼睛明亮,反应敏锐,眼睑不发炎;⑧ 牙齿洁白,无缺损,无疼痛感,牙龈正常,无蛀牙;⑨ 头发光洁,无头屑;⑩ 肌肤有光泽,有弹性,走路轻松,有活力。

1999年,世界卫生组织又在健康的"三个维度"和"十大准则"的基础上,提出了健康的新概念——"五快三良好"。五快分别指吃得快、拉得快、走得快、说得快、睡得快。"三良好"包括良好的个性人格、良好的处世能力及良好的人际关系。

二、健康风险

(一)健康风险的定义

风险,是指某种特定的危险事件发生的可能性及其产生的后果的组合。随着健康外延的扩展,健康标准的不断提升,人类面临的健康风险也逐渐增加。人类的健康受多方面因素的影响,包括人类自身的因素、社会因素及自然因素等,在这些因素的共同作用下,人类的健康状况总是呈现出极大的不确定性,进而构成了健康风险因素。在人类的整个生命周期里,总会因为自身因素、自然因素和社会因素等,导致人们身体疾病或伤残、心理疾病、道德品质不健康和社会适应能力差等各种风险的发生。而且,这些风险因素也一直处于持续发展变化的过程中,因此,人类面临健康风险的范围和强度也在不断变化,这让人类健康问题更加难以确定且极难控制。

从狭义上讲,健康风险仅指人所面临的身体健康或者健全程度的风险,即人的身体机能、组织器官等遭受疾病或意外伤害,导致的医疗费用增加、收入下降或收入中断等损失的不确定性。[①]现代意义上的健康,不仅包含身体方面,还包含心理方面、社会适应能力以及道德方面。从这个意义上讲,广义的健康风险是指人的身体健康或者健全程度,以及心理、社会适应能力以及道德等方面的一切不确定性,具体影响因素不仅包括个人遗传、营养水平、受教育程度、职业类型、生活习惯,也包括家庭环境、社会环境、经济发展、医疗服务水平、卫生状况、社会道德风俗等非个体方面。由于多方面因素的影响,健康状况的不确定性显得更加复杂。

但从健康保险的具体实践来看,当前的健康风险管理主要针对的是狭义的健康风险,健康保险承保主要针对被保险人因各种原因引发身体疾病或者残疾时,保险人承担医疗费或者收入损失的赔偿。而广义健康风险中的心理健康、社会适应能力及道德健康方面的风险,目前的健康保险并不进行承保。因此,本书后面章节主要探讨狭义的健康风险。

(二)健康风险的要素

一般来说,风险由3大要素构成:风险因素、风险事故和风险损失。健康风险的要素包括健康风险因素、健康风险事故、健康风险损失。

1. 健康风险因素

风险因素是指引发风险事故或风险事故发生致使损失增加的原因和条件。健康风险因素主要包括健康状况、年龄、职业、性别和居住环境等。健康风险因素可分为3类:

一是实质风险因素,又称有形风险因素,是指引起或增加健康风险事故发生的概率或扩大损失程度的物质性因素,如受污染的食物、恶劣的居住环境、不安全的交通工具等。

二是心理风险因素,涉及人的心理状态的无形风险因素,强调因人们在思想上不够重视、麻痹大意、过失疏忽等原因,增加了风险事故发生的概率,扩大了损失范围和程度。比如,某些参保人员,一旦购买健康保险,便觉得有保障,不太注意饮食卫生,不积极锻炼身体,不重视健康预防和养生保健,从心理上有所疏忽,也可能是因非故意过失导致了受害人的身体健康和生命安全等受到损害。

三是道德风险因素,是跟人的道德品质有关的无形风险因素,与心理风险因素不同,具体是指人们在取得自身利益最大化的同时,故意或者恶意做出一些不利于他人的事情或者行为而存在的风险,促使风险事故的发生。比如,由于信息不对称,参保方存在带病投保的现象,医疗服务提供方也有过度医疗的现象,这些行为都会造成医疗费用总支出的增加。当然,随着科学合理的社会主义道德规范体系的建设和法治体系的不断完善,道德风险因素引发的损失将会不断减少。

2. 健康风险事故

风险事故,又称风险事件,是指影响损失的直接原因或者外在原因,即风险可

---

① 卓志. 健康保险学[M]. 北京. 中国财政经济出版社,2017:5.

能变为现实,进一步带来损失的结果。健康风险事故,又称健康风险事件,是指引起医疗费用支出或收入损失的直接原因或者外在原因。健康风险事件是由疾病、火灾、地震、爆炸、车祸等导致意外伤害的事件。

3. 健康风险损失

损失是指计划之外、预料之外、非故意的经济价值的减少。根据表现和性质不同,损失可以分为直接损失与间接损失。根据具体形式的不同,损失又可以分为实质损失、收入损失、费用损失、责任损失等。在健康风险中,健康风险损失是指计划之外、预料之外、非故意的健康状况的恶化、收入的减少以及医疗费用、看护费用支出的增加。

4. 健康风险各要素之间的关系

通常,健康风险因素是指引起或者增加健康风险事故发生的概率或者扩大损失幅度的条件,是健康风险事故发生的潜在原因;健康风险事故则是造成健康损失的偶发事故,是健康损失的媒介;健康风险事故发生会造成健康风险损失。因此,健康风险的三要素之间存在递进式的因果关系,共同构成了健康风险形成机制,具体如图1.1所示。

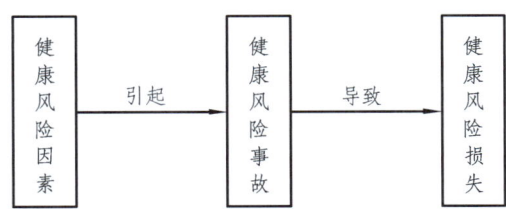

图 1.1　健康风险要素间的关系

就个体而言,健康风险一旦发生,就会导致健康状况恶化、身体伤残或者医疗费用支出增加,给家庭甚至社会带来直接或者间接的损失,如家庭收支不平衡、精神焦虑、心理创伤等,影响家庭、社会经济利益及其健康发展。

(三)健康风险的特征

健康风险是人类面临的风险之一,它具备一般风险共有的客观性、普遍性、损失不确定性、可测性及可变性等特征,同时,还有其自身的特殊性,具体表现在以下几个方面。

1. 频率高发性

健康风险是客观存在的,在人类社会生存和发展过程中,健康风险无处不在、无时不有,每天都会有人因疾病或者意外而伤残、痛苦并花费大量的医疗费用。在现代社会,人类健康受遗传、经济发展、社会环境、生活习惯等多方面影响,而健康风险中的疾病风险对于每个人或者每个家庭来说都是无法回避的,其发生的频率也远远高于其他风险。

2. 人身伤害性

健康风险的危害对象是人，健康风险的发生意味着人体的健康受到伤害，会带来疾病或者伤残，甚至会造成劳动能力的暂时或者永久性丧失，给人们的工作、生活带来损失或不方便，甚至会面临经济收入上的损失，以及健康生命的损伤和心理方面的创伤，而这些都是无法用经济来进行衡量和弥补的。

3. 原因复杂性

人体的健康受多种因素影响，而各种因素又处于不断变化中，因此，健康风险也具有多因复杂性。就疾病风险来说，疾病的种类纷繁多样，疾病谱不断变化，每种疾病的根源也可能不同，常见的感冒有的由细菌感染引起，有的由病毒感染引起；病毒可在复制过程中不断适应宿主而产生突变。一些已知的和未知的因素的不确定性，使疾病风险难以预测和化解，给疾病预防和治疗带来诸多困难。

4. 社会蔓延性

人生活在社会中，总要与社会发生各种各样的利益关系，因此人具有社会性。同时，由于某些疾病具有传染性，具有负的外部性，此类风险不仅严重危害个人的健康，而且会影响家庭、地区甚至整个社会，从而使健康风险具有社会性。如新型冠状病毒、肺结核、非典型性肺炎、肝炎等，这些疾病发生后，如果不能够进行及时有效的治疗和控制，就会很快传染给他人，甚至迅速蔓延至其他地区或国家，给全人类的健康及生命造成严重的伤害。

（四）健康风险的种类

在现实生活中，我们面临的健康风险是多种多样的。从不同的角度，按不同的标准可对健康风险进行多种分类。本书仅从风险引发的后果来看，健康风险包括疾病风险和意外残疾风险两类。

1. 疾病风险

疾病风险的含义也可从两个方面来理解。狭义的疾病风险是指个人由于人体器官或组织感染疾病或身体机能病变而带来的经济、生理、心理等损失的风险；广义的疾病风险不仅包括人身疾病，还包括个人由于生育以及意外伤害而引起器官或部分组织感染疾病的风险。[1]疾病风险是人类所面临的人身风险之一，其本身具有复杂性、高发性、严重性和社会性，会直接影响个人、家庭以及社会的经济利益，因此，应加强疾病风险的管理，减少疾病风险带来的损失。

2. 意外残疾风险

残疾风险是由疾病、意外伤害事故等导致人体组织或器官的损失、缺损、功能障碍甚至永久性地丧失功能等给个人和家庭带来损失的不确定性。从经济的角度分析，残疾风险给个人和家庭所带来的负担可能比早逝风险或疾病风险更为严峻。对

---

[1] 卓志. 健康保险学[M]. 北京. 中国财政经济出版社，2017：5.

于个体而言，如果不幸永久性残疾，就意味着该个体的劳动收入存在急剧下降或者永久性丧失的风险，收入减少的同时还面临终身的医护费用支出，这将导致一个家庭的收支严重失衡，财务压力增大。而且，如果残疾者又正是家庭收入的主要依靠，这样的家庭现实情况会变得更困难，残疾风险给个人及家庭造成的经济负担会更大。

三、健康风险管理

（一）健康风险管理的含义

风险管理是人们通过对风险的认识、控制和处理，在一个有风险的环境里将风险可能造成的不良影响减至最低的管理过程。风险管理作为一门新兴学科，在政府、企业项目管理和个人健康管理实践中发挥着重要的指导作用。

2009年，中华医学会健康管理学会给健康管理下的定义是，以现代健康概念（生理、心理和社会适应能力）和新的医学模式（生理—心理—社会）以及中医治未病为指导，通过采用现代医学与现代管理学的理论、技术、方法和手段，对个体或群体健康状况及其影响健康的危险因素进行全面检测、评估、有效干预与连续跟踪服务的医疗行为及过程。其目的是以最小投入获取最大的健康效益。[1]健康管理强调个人及集体健康促进的积极性，通过收集个人健康信息，评估健康风险，对健康危险因素进行干预管理并实施健康促进，保护和促进人类的健康，防止疾病发生，提高人们的生命质量，减少医疗费用的支出。健康管理通过一系列的行为以减少人们疾病或者残疾的可能性，但未能从根本上避免或者消除疾病。人们一旦患病或者残疾，不仅需要大量的医疗费用，而且还面临收入减少或中断的可能，甚至导致死亡，可见人们生活中总会面临大大小小的健康风险。因此，对于个人或者集体而言，除了具备健康管理的理念和实施行动外，更要加强健康风险管理，为人们提供更大的保障。

现代意义上的健康风险管理，主要指在风险管理和健康管理理论指导下的管理活动，具体是指个人或者经济单位通过对各类健康风险的认识，综合分析和衡量疾病或残疾发生概率以及损害的后果，选择并执行合适的健康风险处理方法，以最小的代价获得最大保障的管理活动。

（二）健康风险管理的方法

健康风险的发生会造成收入的减少甚至终止，同时，还会造成医疗费用、康护费用等的增加，导致个人及家庭财务状况的恶化，甚至会给风险承担者带来精神的创伤，影响个人及家庭正常的生产生活。一般来说，人们为了减少或消除即将到来的健康风险事件会采取一系列的管理措施，从而实现最终目标。作为一项管理活动，按照对待风险态度的不同，健康风险管理的处理方法可分为四种，即自留健康风险、

---

[1] 中华医学会健康管理学分会，中华健康管理学杂志编委会.健康管理概念与学科体系的中国专家初步共识[J].中华健康管理学杂志，2009（3）：14-147.

预防健康风险、抑制健康风险和转移健康风险。

1. 自留健康风险

自留健康风险，即承担风险，是指由个人自己承担健康风险，一旦患病或伤残，由个人自己承担医疗费用开支或者收入损失。

2. 预防健康风险

预防健康风险是通过制订健康计划和采取一系列的措施，做好预防性工作，降低损失的可能性或者减少实际损失。比如，个人可以保持良好的作息时间，注重养生，加强锻炼、增强体质等，减少疾病发生的概率，从而减少医疗费用支出或者收入损失。

3. 抑制健康风险

抑制健康风险是指人们一旦患病或遭受意外伤害，尽可能采取医疗措施进行救治，避免带来更多的医疗费用支出或收入损失。

4. 转移健康风险

转移健康风险是指在风险发生之前，通过一定的方法将自身所面临的健康风险转移给他人或者组织，以减少自身所承担的医疗费用或收入损失，起到分散风险、风险共担的目的。健康保险就是这样一种行之有效的健康风险转移方法。

健康风险管理方法的选择既要结合风险的实际情况，还要兼顾个人或家庭的实际资源状况，综合考虑健康风险管理方法的可行性和效用性。通常情况下，健康风险管理需要将多种方法合理地组合实施，才能取得最好的效果。

（三）健康风险管理的程序

健康风险管理的目的是通过对健康风险的认识、分析、有效处理，以最小的代价获得最大的保障。在风险发生之前要制定目标，做好健康损失的事先防范工作，风险发生后要减少风险危害、获得损失补偿和保证收入及家庭的稳定。明确了健康风险管理的目标之后，就必须按照风险管理的一般程序依次实施，具体包括健康风险识别、健康风险衡量、健康风险处理、健康风险管理评估。

1. 健康风险识别

健康风险识别是指在健康风险事故发生之前，人们运用各种方法系统地、连续地认识所面临的各种健康风险，分析健康风险事故发生的潜在原因。在这个阶段，需要全面考虑个人和家庭的相关健康信息，包括年龄、职业、生活环境等，关键就是要从错综复杂的环境中找出个体所面临的主要风险。健康风险识别可以通过感性认识或者历史经验来判断，也可以通过对各种客观的健康风险管理的资料和健康风险事故的记录来归纳、分析和整理，必要时还可以进行专家访问，以挖掘出相关的风险及其损失的规律。

2. 健康风险衡量

在健康风险识别之后，需要就各项健康风险对整个健康状况的影响程度做一个分析和评价，为选择合适的健康风险处理方法和制定健康风险管理决策提供依据。健康风险衡量的目的就是要估计各项健康风险发生的概率和对个人健康的影响力，对重大健康风险进行重点管理。通常，这些评价建立在以特性为依据的判断和以数据统计为依据的研究上，其可以用数学模型、统计方法和人工估计等其他方法进行分析。

3. 健康风险处理

风险处理就是针对经过健康风险识别和健康风险衡量后的健康风险问题，制定相应的措施并实施的过程，是健康风险管理的关键环节。最常用的几种应对风险的措施如前所述：自留健康风险、预防健康风险、抑制健康风险和转移健康风险。

4. 健康风险管理评估

健康风险管理评估是对所采用的健康风险管理对策的适用性和效益性及实施情况进行分析、检查、修正和评估。当健康风险管理方法确定后，在整个实施过程中都需要进行动态跟踪。影响健康的因素处于不断的变化中，风险管理方法、对策的实施环境也会发生改变，为了实现健康风险管理的目的，需要随时进行检查、评估，及时修正和调整计划，以使其达到最佳的效果，以最小的成本获得最大的健康保障。

第二节　健康保险的概念及属性

风险需要进行管理，以减少其发生的频率及损失。在健康风险管理中，对种类繁多的健康风险有不同的处理方法，其中，健康保险是健康风险损失转移的重要手段。本节专门讨论健康保险的概念、特征及分类等问题。

一、健康保险的概念

对于健康保险[①]的理解，目前国内外理论界和实务界并未形成统一的认识，不同的医疗保障模式的国家有着不同的界定。美国保险监督官协会（National Association of Insurance Commissioners，NAIC）将健康保险定义为：针对因疾病或因意外事故引起的人身伤害或死亡，或两者兼有所带来的损失而进行补偿的保险。

美国健康保险协会（The Health Insurance Association of America，HIAA）将健康保险定义为：为被保险人的医疗服务需求提供经济补偿的保险，也包括为因疾病

---

① 本书所提及的健康保险主要是指商业健康保险，即狭义上的健康保险。广义上的健康保险还包括社会医疗保险，本书不对社会医疗保险展开论述。

或意外事故导致工作能力丧失所引起的收入损失提供经济补偿的失能保险。

日本《保险业法》关于健康保险的定义为：约定对意外伤害和疾病给付一定金额的保险金，并对由此产生的该当事人受到的损害予以补偿，收取保险费的保险。

从国外机构的定义来看，大家对健康保险的解读存在着具有共性的内容，他们都将健康保险作为人身保险的一种，以人的身体为保险标的，以被保险人因疾病或者意外伤害使身体受到健康方面的损害为保险事故，从而对被保险人因为遭受保险事故而导致的直接或者间接的损失进行补偿。

我国学者也从不同的角度对健康保险进行了界定。陈滔（2011）认为，健康保险由"健康"和"保险"两个名词组成，故健康保险是利用保险工具来解决人们因健康问题导致损失的一种经济手段。从风险管理的角度讲，健康保险是对各类健康风险进行转移和共同分担。通常，人们面临的健康风险包括因伤病必须接受医疗救治产生大额医疗费用而又无力承受的风险、因伤病导致工作能力丧失或降低所带来的收入损失风险和因衰老导致生活不能自理而又无法承受高额护理费用的风险，健康保险就是有效分散上述风险的一种有力工具。[①]尚汉冀、李荣敏、黄云敏等（2007）认为，健康保险是以被保险人的身体为保险标的，对被保险人因遭受疾病或意外伤害事故所发生的医疗费用损失或导致工作能力丧失所引起的收入损失，以及因为年老、疾病或意外伤害事故导致需要长期护理的损失提供经济补偿的保险。[②]

2006年8月中国保监会颁布的《健康保险管理办法》第二条规定：健康保险，是商业保险公司通过疾病保险、医疗保险、失能收入损失保险和护理保险等方式对因健康因素导致损失给付保险金的保险。这是中国第一次对健康保险的统一规定，标志着健康保险在中国开始规范经营。2019年11月中国银保监会公布的《健康保险管理办法》（以下简称《办法》）第二条规定，健康保险是指由保险公司对被保险人因健康原因或者医疗行为的发生给付保险金的保险，主要包括医疗保险、疾病保险、失能收入损失保险、护理保险以及医疗意外保险等。这使健康保险的内涵更加丰富。

综合以上阐述，本书将按照《办法》对健康保险下定义：以人的身体为保险标的，由保险公司为被保险人因某种健康因素引发疾病或者遭受意外伤害时产生的医疗费用或者收入损失提供补偿金的一种人身保险，主要包括医疗保险、疾病保险、失能收入损失保险、护理保险以及医疗意外保险等。

二、健康保险的特征

人身保险包括人寿保险、健康保险、人身意外伤害保险3个部分。健康保险除了具备人身保险的一般特征外，与人寿保险和人身意外伤害保险相比，还具有其自身的特殊性。

[①] 陈滔. 健康保险[M]. 北京：中国财政经济出版社，2011：1.
[②] 尚汉冀，李荣敏，黄云敏. 健康保险与医学统计[M]. 上海：复旦大学出版社，2007：45.

（一）健康保险标的、保险事故的特殊性

商业健康保险是以人的身体健康作为保险标的，以被保险人患疾病或者遭遇意外事故所造成的医疗费用支出、失能收入损失及护理费用的补偿为保险事故。而人寿保险则以人的生命或者寿命为保险标的，以被保险人生存或者死亡作为保险事故的人身保险。商业健康保险与人身意外伤害保险相比，其承保的保险事故范围更广，两者在范围上既有重合又有区别。

（二）健康保险承保风险的难以测定性

首先，自然因素、社会因素、人类自身的因素都会影响人们的健康，要准确确定其发生的规律比较困难。比如地震、洪水灾害等都会危及人的身体健康且难以规避；社会的发展带来环境的污染，人口的流动性使传染病的蔓延速度不断增快，范围逐渐扩大，会导致人们身体健康受到损害；现代人常感觉工作压力大，生活节奏过快，作息时间不太规律等，这些因素严重影响人的身体健康，甚至会增加意外事故发生的风险。其次，由于人类疾病谱的变化、电磁辐射等原因，健康风险变得更加复杂多变。不仅疾病谱在不断变化，而且同一种疾病，选择在不同地区、不同层级的医疗机构就诊，运用不同的诊疗路径和诊疗方法，医疗费用的支出也是不一样的，有的甚至相差悬殊，增加了保险财务处理的难度。再次，与其他风险不同，健康风险中极容易发生逆向选择和道德风险。被保险人从投保开始，生病就诊、治疗、索赔等各个环节都可能发生道德风险。如带病投保、小病大治等现象就比较常见。因此，从商业健康保险经营管理来看，要求精算人员要具有很高的专业素养，要对以往的疾病以及意外伤害发生及赔偿情况的详细资料进行分析、评估并厘定费率，而且还要严把核保理赔关，以降低风险不确定性对保险经营的影响；同时，也要加强对被保险人的监督管理，减少道德风险的发生。而人寿保险中的生命风险相对比较稳定，保险公司一般根据生命周期表所揭示的生命规律对人寿保险的费率进行科学、合理的厘定。意外伤害保险承保的大多为标准的可保风险，相对比较可预测。

（三）健康保险承保条件的高标准性

健康保险承保事故变动大且难预测，因此，健康保险在其承保条件上比人寿保险要复杂、严格得多。在识别分析被保险人的健康状况时，不仅要了解被保险人的家族病史、既往病史、现病史，还要评估被保险人居住的地理位置、从事的职业及生活方式。在健康保险的承保实务中，保险人还要按照风险程度将被保险人分为标准体和非标准体两类。标准体保险是指，身体比较健康、各项指标符合承保条件的群体，对这类群体，保险公司会按正常费率予以承保；非标准体保险是指，身体某些指标不符合健康标准，不能达到保险标准条款规定要求的群体，对这类群体，保险公司可以通过提高费率或者重新商定承保范围来予以承保。另外，针对患有特殊疾病的群体，保险人会制定特种条款，一方面可以拓宽保险经营范围，另一方面也会避免给保险经营带来严重的风险压力。同时，对那些完全不具备承保条件的群体不予以承保，对于因某些特殊原因短期内暂不具备承保条件的群体（如孕产妇）可

延期保险。在健康保险核保环节，需要认真核查被保险人的各种情况。而人寿保险的承保条件和标准与健康保险基本是一致的，也要综合考虑被保险人的家族病史、既往病史、现病史、居住的地理位置、从事的职业、生活方式、投保动机、道德风险等，符合条件便可以承保。相比而言，意外伤害保险的承保标准相对宽松一些，重点考虑被保险人的职业和从事的工种，不对被保险人的健康状况进行检查。

（四）健康保险费率确定方式的复杂性

健康保险在确定保险费率时，要考虑患病率、残疾发生率、发病率、死亡率、疾病持续时间、利率、费用率等。通常来说，费用率会随着患病率、残疾发生率、发病率的变化同向变化。而且，患病率、残疾发生率、发病率又与被保险人自身家族病史、既往病史、现病史、居住的地理位置、从事的职业、生活方式以及医疗服务水平、道德风险等多种因素有关。基于影响因素的复杂、多变性，保险人在进行费率确定时需要综合考虑、科学精算。而且健康保险在经营管理过程中，尤其是保险的核保理赔阶段，还会涉及较多的医学、药学专业知识，因此，在精算费率时，还需要有医学、药学专业的人员进行协助处理。人寿保险费率的厘定主要考虑人类的生存率和死亡率，并根据预定的费用率和利率。而意外伤害保险费主要根据意外伤害事故发生的概率来厘定费率。

（五）健康保险保险期限的短期性

由于健康风险的变动大而且难预测，健康风险的经营管理风险也较大，加上我国的健康保险市场发展还不成熟，资料的统计和数据经验比较有限，进行长期的保险费率测算有一定的难度。为了有效地进行风险控制，保持健康保险经营的稳定性，我国的保险人大多将健康保险设计成短期险种。短期健康保险是指保险期间为1年及1年以下且不含有保证续保条款的健康保险。保证续保条款，是指在前一保险期间届满前，投保人提出续保申请，保险公司必须按照原条款和约定费率继续承保的合同约定。在我国，除了针对特殊疾病的极少数险种（如长期护理保险、癌症保险）外，绝大多数健康保险的保险期限均为1年。当然，为了提高投保工作效率，简化重新投保的各种繁杂手续，可以在保单条款中增加可以续保的规定。而人寿保险的保险期限可分为几年、十几年、几十年甚至终身，属于长期保险。意外伤害保险也是短期保险，保险期限为1年甚至更短。

（六）健康保险给付方式的补偿性和给付性

《健康保险管理办法》第五条规定，医疗保险按照保险金的给付性质分为：费用补偿型医疗保险、定额给付医疗保险。费用补偿型医疗保险，是指根据被保险人实际发生的医疗及康复费用支出，按照前期约定的标准来确定保险金数额的医疗保险，但所有的医疗保险给付金额以被保险人实际发生的医疗及康复费用支出为上限；而定额给付医疗保险则直接按照前期约定的数额给付保险金，给付多少与前期约定有关，与实际发生的医疗康复费用无关。

从办法中可以看出，健康保险中的医疗保险大多通过费用报销的方式对被保险人进行补偿，即当被保险人遭受健康风险事故并发生了医疗费用，扣除了免赔额以及按规定由被保险人自己承担的数额之后，保险人在最高责任限额内对被保险人予以赔付，体现出健康保险给付的补偿性。而且，在健康保险给付管理中，保险人拥有代位求偿权。如果由于第三方责任致使被保险人遭受健康意外事故，从而导致支付医疗费或收入减少，且被保险人已经从第三方得到医疗费用的全部或部分赔偿，保险人可以不用再向被保险人支付保险金或者只需支付由第三方赔偿后的差额部分。假若保险人已经向被保险人给付了医疗保险金，但健康保险事故责任又应该由第三方来承担时，被保险人应当将向第三方的追偿权利转移给保险人。健康保险中的疾病保险具有给付性，如果被保险人罹患前期合同约定的某种疾病时，保险人须按合同约定金额给付被保险人相应的保险金。人寿保险则属于给付性保险，当被保险人在保险期间去世或者寿命延长至保险期限届满时，保险人需分别给付被保险人身故保险金或者生存保险金。意外伤害保险也属于给付性保险，被保险人出现意外伤害事故时，由保险人按合同的约定给付身故保险金或残疾保险金（残疾保险金根据合同约定的保险金额和被保险人的伤残程度来确定）。

三、健康保险与其他保险的比较

（一）健康保险与社会医疗保险的比较

社会医疗保险是指以政府为主体，通过国家立法强制筹集资金，根据相关规定，当被保险人因疾病或者非工伤需要进行医治时,通过社会医疗保险基金向被保险者提供一定的经济补偿的一项社会保险制度。

社会医疗保险属于社会保险，而本书所讲的健康保险属于商业保险。健康保险是对社会医疗保险的重要补充，共同为被保险人提供抵御健康风险的经济支持。基于两者实施机制的不同，其区别如表1.1所示。

表1.1　健康保险与社会医疗保险的区别

项目	健康保险	社会医疗保险
立法范畴	经济立法	社会立法
保险方式	自愿参加	强制性
实施性质	营利性	非营利性、福利性质
经办机构	商业保险公司	医疗保障部门
经营保证	保险公司自负盈亏	国家财政补贴、政府兜底
是否纳税	纳税	不纳税
保障人群	只要符合投保条件即可	法律界定
保障水平	补充保障	基础保障
筹资方式	投保人交费	雇主、个人共同交费
保费计算方法	经营机构严格精算	政府确定
给付方式	补偿型/给付型	补偿型

（二）健康保险、人寿保险与人身意外伤害保险的比较

人身保险包括健康保险、人寿保险与人身意外伤害保险。3 个组成部分都具有人身保险的共性特征，但又各具特点，三者的区别如表 1.2 所示。

表 1.2　健康保险、人寿保险与人身意外伤害保险的区别

项目	健康保险	人寿保险	人身意外伤害保险
保险标的	身体	生命	生命、身体
保险事故	疾病/意外伤害/残疾	生存/死亡	意外伤害
保费确定	疾病/意外/残疾发生率	死亡/生存概率	意外发生概率
受益人	被保险人本人	需要指定	需要指定
合同性质	定额/补偿保险	定额保险	定额保险
保险期限	多为短期	多为长期	多为短期
交费方式	多为趸交	趸交/分期交	多为趸交
免赔额	有规定	无规定	无规定
共保比例	有规定	无规定	无规定
观察期	有规定	无规定	无规定
经营主体	寿险公司、财险公司	寿险公司	寿险/财险公司
投保是否需要体检	一般需要	一般需要（除生存保险）	不需要
理赔复杂性	比较复杂	比较简便	比较简便

四、健康保险的分类

（一）按保障内容划分

根据 2019 年 12 月 1 日实施的《健康保险管理办法》第二条规定，健康保险从内容上看主要包括医疗保险、疾病保险、失能收入损失保险、护理保险以及医疗意外保险等。

医疗保险，是指按照保险合同约定为被保险人的医疗、康复等提供保障的保险。医疗费用通常包括医生的诊疗费、各种检查费、手术费、药费、住院费、护理费及医院杂费等。常见的医疗保险主要包括普通医疗保险、手术医疗保险、门诊医疗保险、高额医疗费用保险、住院医疗保险、综合医疗保险等。

疾病保险，是指发生保险合同约定的疾病时，为被保险人提供保障的保险。投保疾病保险后，只要被保险人在保险期内初次被确诊罹患合同条款中列明的某种疾病时，不管有没有发生医疗费用以及医疗费用花费的金额是多少，保险人都应该按合同约定给付被保险人相应的保险金。疾病保险中包括的疾病是有严格条件限制的，不能是先天性疾病，必须是由人身体内部原因引发的，且不能是因年老类自然规律引发的。疾病保险包括重大疾病保险、特种疾病保险，这类疾病通常危险性较高，

而且费用支出比较大，需通过保险的方式对费用进行分担。疾病保险仅需要投保人向保险公司提供定点的医疗机构出具的疾病诊断书，保险公司根据诊断书按照合同约定给付保险金。

失能收入损失保险，是指以保险合同约定的疾病或者意外伤害导致工作能力丧失为给付保险金条件，为被保险人在一定时期内收入减少或者中断提供保障的保险。实施失能收入损失保险的目的在于帮助被保险人缓解经济压力，而并非承担被保险人因疾病或意外伤害所发生的医疗费用的责任。失能收入损失保险的被保险人在投保时必须有固定的工作及收入，否则，保险公司会以此理由拒绝投保。在保险金给付方面，失能收入损失保险的保险金可以一次性也可以分期给付，但给付的金额必须低于被保险人正常劳动时的收入。

护理保险，是指按照保险合同约定为被保险人日常生活能力障碍引发护理需要提供保障的保险。护理保险主要针对的是身体衰弱、生活不能自理或者部分自理，需要其他人进行辅助或者部分辅助的被保险人，为他们在家中、社区或者医院、护理院接受医疗护理或者照顾护理提供经济保障。按照被保险人日常活动的自理能力，可以选择不同级别的护理服务，包括基本看护、中等看护和专业看护3种看护级别。

医疗意外保险，是指按照保险合同约定发生不能归责于医疗机构、医护人员责任的医疗损害，为被保险人提供保障的保险。

（二）按照保险期限划分

按照保险期限的长短，健康保险可分为长期健康保险和短期健康保险。

长期健康保险，是指保险期间超过1年或者保险期间虽不超过1年但含有保证续保条款的健康保险。长期健康保险被保险人交纳均衡保费，由于期限比较长，因此带有储蓄的功能，投保人的保单生效后达到一定时期就会具有现金价值。其中，长期护理保险保险期间不得低于5年。长期护理保险和重大疾病保险都属于长期健康保险。

短期健康保险，是指保险期间为1年以及1年以下且不含有保证续保条款的健康保险。保证续保条款，是指在前1保险期间届满前，投保人提出续保申请，保险公司必须按照原条款和约定费率继续承保的合同约定。在健康保险实务中，短期健康保险的保障期大多为一年，灵活性好，保费低廉，且保障较高。

（三）按照保险金的给付性质划分

按照保险金的给付性质，健康保险可分为费用补偿型保险、定额给付型保险、津贴给付型保险。

费用补偿型保险，又称费用报销型，是指根据被保险人实际发生的医疗、康复费用支出，按照健康保险合同条款中约定的报销比例进行报销，但给付的金额不能超过该险种规定的保险金额，要以被保险人实际发生的医疗及康复费用为上限。如果被保险人实际发生的医疗费用已经通过社会医疗保险等其他途径报销一部分，那么保险公司只需补充差额的部分即可。

定额给付型保险，是一种按照约定的数额给付保险金的健康保险。定额给付型的保险金额是在投保人与保险人双方签订合同时双方已经确定了的，投保人初次确诊患有保险合同中规定的疾病并经保险公司指定的医疗机构确认后，保险公司就按照保险合同的规定向被保险人进行一次性的保险金支付，已签订的合同随即终止。至于被保险人此后针对所患疾病治疗过程中实际支出多少医疗费用，都与保险公司无关，保险公司将不再承担保险责任。

津贴给付型保险，是指保险人按照被保险人的实际住院天数和合同约定的每天住院补贴标准额度给付保险金的保险。津贴给付型健康保险支付不考虑被保险人实际的医疗费用支出情况，只关心住院的天数，根据实际住院的天数来提供津贴的给付额度。在具体实践中，多数的津贴给付型都对单次住院的最多给付天数进行了严格的限制，通常要求不超过 180 天。

（四）按照投保方式划分

按照投保方式的不同，健康保险可分为个人健康保险和团体健康保险。

个人健康保险，是指为满足个人和家庭的需要，以单个自然人为投保对象，由保险人为一个或者多个投保人提供健康风险保障的保险。单个自然人的群体是庞大的，因此个人健康保险的投保对象范围较广，而且每个个体都会因自身因素、社会因素、环境因素的差异等影响呈现出不同的健康状况，每个个体也可能存在难以识别的逆向选择和道德风险问题。因此，在个人健康保险承保实务中，对其承保标准的划分、承保条件的罗列、保险费率的确定等都需要高超的保险技术水平和严格的把关；在个人健康保险合同中也需要增设一些特殊的条款，为健康保险经营管理的稳定性提供支持；在具体的核保理赔上，针对理赔的复杂性，也需要具有医学知识的专业人才提供技术支撑。

团体健康保险，是指以投保单位的所有员工为被保险人，以团体的名义与保险人签订保险合同，由保险人为投保单位内的成员提供健康风险保障的一种保险。在团体健康保险中，投保人一般是单位的法人代表或具体单位，每一个被保险人是单位的成员，保险人只需出具一张总的保险单为某一单位的所有成员或者大部分成员提供保障。

相对于个人健康保险而言，团体健康保险的销售成本、核保成本以及管理成本都相对较低，道德风险也相对较低，因此在健康保险的保障内容和保险金额相同的情况下，团体健康保险的保险费率通常要比个人健康保险的费率低一些，给付条件也相对较优厚一些。但从经营的技术要求看，个人健康保险采用统一费率、标准合同，操作上相对简单，但团体健康保险则采用单一费率的分散定价方法，对技术的要求提高了，相应地经营难度也增加了。

（五）按承保条件划分

按照承保条件的不同，健康保险可分为健康体健康保险、次健体健康保险和特殊疾病健康保险。

健康体也称标准体。健康体健康保险是指投保人的身体条件比较好，健康状况符合承保条件要求，保险人直接按照标准的保险费率承保的健康保险。

次健体也称次标准体。次健体健康保险是指投保人的身体条件不是特别好，健康状况没有达到承保条件的要求，保险公司通过提高保险费率或者重新调整承保范围等方式进行承保的健康保险。从保险公司的角度看，健康保险要求投保人的身体健康状况好，但现实生活中，很多人或多或少都存在大大小小的健康问题，如果健康保险的承保标准很高、条件非常苛刻，很多人会被排斥在"健康保险"的大门外。因此，为了扩大健康保险的覆盖面，为更多的人提供健康保障，针对不完全满足健康保险承保标准但又不是完全不符合承保条件的群体设立了次健体健康保险。同时，由于次健体健康保险确实具有较高的承保风险，因此在实践环节，保险人会采用增加保险费或者降低保险金等方法来承保，从而降低健康保险的经营风险。

特殊疾病健康保险，是指保险人专门针对特殊疾病制定特殊的条款，科学计算特殊的费率承保的保险。特殊的疾病包括：精神分裂症、慢性活动性肝炎、哮喘、类风湿性关节炎、中风、再生障碍性贫血等。

（六）按续保条件划分

按续保条件不同，健康保险可以分为不可续保健康保险、条件性续保健康保险和保证续保健康保险。

不可续保健康保险，是一种定期健康保险，这种健康保险在保险合同中没有规定续保条款，只有一个定期保险，合同到期后即终止。通常，这类保险的保险期限为 1 年，保险人只在保险合同的约定期限内提供保障，保险期限一到，保单效力自然终止。

条件性续保健康保险，是指保险公司保留是否同意被保险人续保的权利，但保险人只能根据保单载明的特定理由拒绝续保，比如被保险人的年龄和职业状况发生变化而不是健康状况发生变化。如果被保险人的健康状况确实发生了变化，则保险人不能以此为由拒绝承保。拒绝续保还必须是针对所有的保单或者某一类全部参保人。

保证续保健康保险，是指只要投保人按期交纳保险费，保险人就必须保证被保险人续保到特定时期或者年龄为止。保险公司在每次续保时，可根据被保险人的年龄对费率进行调整，但调整费率时必须是对同类人的全部保单予以调整，而不能仅针对个别保单进行调整。

五、健康保险的作用

健康保险作为一项经济制度，通过资金的筹集及风险的分散，增强了投保人健康风险的抵抗能力，提高了个体及社会对健康风险管理的效率。对于健康保险的作用，可以从宏观和微观两个层面进行把握。

（一）宏观层面

从宏观层面来看，健康保险的作用主要体现在维护社会稳定、促进经济发展、完善医疗保障体系这三个方面，具体表现如下：

（1）维护社会稳定。当被保险人因各种健康风险而发生经济损失时，健康保险的实施能够帮助被保险人将损失的风险进行转嫁，得到相应的补偿，从而减轻被保险人及其家庭来自经济上和精神上的压力，避免他们处于困境而铤而走险，真正起到社会稳定器的作用。

（2）促进经济发展。从资金运作角度看，医疗保障体系包括医疗保障资金的筹集，医疗服务的提供和医疗市场的监管。在整个体系运行过程中，医疗保障资金的筹集是关键环节。社会医疗保险的资金筹集主要来自个人、企业、政府3个方面。健康保险通过投保人自愿交纳保费的形式筹集资金，建立保障基金，在按照承保合同为被保险人提供健康风险保障的同时，减轻了政府的负担，有效地缓解了财政压力，让更多的财政投入到经济建设当中，促进社会经济的快速发展。

（3）完善医疗保障体系。《中共中央国务院关于深化医药卫生体制改革的意见》中强调，要积极发展商业健康保险，满足多样化的需求。同时，鼓励企业和个人通过参加商业保险及多种形式的补充保险解决基本医疗保障之外的需求。商业健康保险作为社会医疗保险的重要补充，能及时弥补社会医疗保险的保险缺口，为人们提供保障范围更广、产品更丰富、层次多样化的医疗保障，从制度层面完善我国多层次的医疗保障体系。

（二）微观层面

从微观层面来看，健康保险有利于减轻个人及家庭的负担，有利于企业人力资源的充分利用，促进企业的健康发展。

（1）减轻个人与家庭的压力。对于每一个人和每一个家庭来说，在人的一生当中，总会面临或大或小的健康风险，一旦遭遇疾病和意外伤害，依靠个人或者家庭的经济实力通常难以支撑高额的医疗费用及收入的减少和中断。通过医疗保险和疾病保险对医疗费用、康复费用进行适当的分担，通过失能收入损失保险对失能收入损失进行补偿等方式，在经济上给予被保险人一定的支持，减少"因病返贫，因病致贫"现象，减轻个人与家庭的压力，使患病者能够得到及时的治疗，从而恢复身体健康，重返工作岗位。

（2）有利于企业人力资源的充分利用，促进企业的健康发展。人力资源是企业发展最活跃也是最重要的财富，对于企业而言，雇主通过团体健康保险的形式为单位员工投保。健康保险作为企业员工福利，可以帮助企业吸纳、留住优秀的人力资源，调动员工工作积极性，提高工作效率，为企业创造更多的价值。

第三节 健康保险的产生与发展

一、健康保险的产生

在人类发展的历史上,很早就有针对疾病和意外造成的损失风险进行预防的方式。但现代意义上的健康保险最早起源于19世纪中期英国的意外伤害保险,距今约170多年的历史。1847年,美国马萨诸塞州波士顿健康保险公司签发了一份疾病保单,这是世界上第一份健康保险保单。早期的健康保险主要以疾病保险的形式出现。1883年,德国俾斯麦政府颁布了世界上第一部社会保险法——《疾病保险法》。此项法令批准由国家建立健康保险计划,凡收入低于一定标准的工人,必须加入疾病保险基金会。随后,英国的保险公司也纷纷推出"意外伤害事故和特殊疾病保险",对因患特殊疾病导致伤残的投保人提供意外伤害给付和疾病给付。这种保单在当时很受个体经营者欢迎,但这一时期的健康保险并不是一种独立的险种,而是一种附加性质的医疗保险,仅在人身保险中包括了一些医疗风险责任。

早期的健康保险主要属于个人险。20年世纪初,一些欧美国家的人寿保险公司开始向各类团体提供包括死亡、伤残和医疗保险在内的团体保险。1911年,美国首次开发了针对团体的健康保险。1929年,美国贝勒大学医院为其1 500位大学教师预交了团体住院保险费,标志着健康保险作为一个独立险种出现在保险市场中,揭开了健康保险发展的新篇章。

二、健康保险的发展

随着经济社会的发展及健康保险需求的变化,世界健康保险领域也迎来快速发展。在很多国家,健康保险已经成为人们抵御疾病风险的主要方式,各个国家都结合本国实际情况,积极探索健康保障模式。目前,国际上已经形成了以英国为代表的国家医疗保障制度、以德国为代表的社会医疗保险制度和以美国为代表的市场主导型医疗保险制度。

(一)以英国为代表的国家保障型健康保障模式

1948年,英国颁布了《国家卫生服务法》,正式推行国家卫生服务模式(National Health Service,NHS)。该模式旨在向英国公民提供全方位的医疗服务,所有服务项目按需提供,经费来源于税收和国家保险体系,人人享有免费医疗服务。该模式包括3个部分:以国民卫生服务为主体、以商业健康保险和社会医疗救助为重要补充。

英国的国民卫生服务虽然覆盖范围广,保障水平高,但全民免费医疗导致政府负担过重，服务效率低，从而为商业健康保险的发展提供了契机。英国的商业健康保险主要由保险公司、互助协会和友好社团提供。商业健康保险公司可以为国民提供品种丰富的保险产品，如医疗保险、长期护理保险、失能收入损失保险、重大疾病保险、旅游健康保险等，以更好地满足人们的健康需求。但在初期，英国政府并不特别支持国民购买商业健康保险，公民购买健康保险还需要支付健康保险费，导致当时国民健康保险需求并不旺盛。在新一轮政府改革中，英国政府鼓励并推进商业健康保险的补充作用，向商业保险公司提供外包服务，引进国外经验丰富的健康保险机构参与管理等，这些措施进一步推动了英国健康保险事业的快速发展。

（二）以德国为代表的社会保险型健康保障模式

德国是现代社会医疗保险的发源地。德国社会医疗保险制度框架中，明确了以法定医疗保险为主体、私人医疗保险为补充的医疗保障体系。其中，法定医疗保险为大多数国民提供基本医疗保障，是由国家强制实施的，作为补充的商业健康保险则由国民自愿购买。但德国政府支持商业健康保险的发展，鼓励医疗保险市场的良性竞争和多元化发展。

德国的《健康保险法》规定，所有的居民，都必须拥有健康保险。税前年收入低于一定水平的居民必须参加法定医疗保险，而超过这一水平的居民则可以在主体医疗保险和补充医疗保险中选择一种。德国健康保险公司重视经营机构的产品和服务创新，其健康保险产品品种丰富，保障齐全，既为参加法定医疗保险的人群提供了补充型的健康保险产品，又为未参加法定医疗保险的人群提供了替代性产品。德国的健康保险对象主要是公职人员、高收入人群和私营企业主等。就2020年的参保情况来看，德国约有10.5%的居民既参加了法定医疗保险，又购买了商业健康补充医疗保险。

（三）以美国为代表的市场主导型健康保障模式

美国是当今世界发达国家中唯一没有实行全民医保的国家，但美国是世界上商业健康保险最发达的国家。在以市场为主导的健康保障模式中，美国把医疗服务看作一个产业，通过市场自发调节，仅对老人和有特殊疾病的人员实行医疗保障计划，对收入比贫困线高但又买不起商业保险的低收入家庭儿童实行儿童健康保险计划，对穷人和失能者实行医疗救助计划，这些属于社会保险性质的医疗保障，其他人则完全由市场提供医疗保障。

美国的健康保险体系主要分为社会保险体系和商业健康保险体系，其中，商业健康保险为主导，社会保险计划为辅助。美国的社会保险计划实行补缺型的医疗制度，覆盖范围较窄，绝大部分人群都不在社保范围之内。通常情况下，美国的在职员工都是在商业保险公司购买商业健康保险作为基本医疗保障。而且，美国政府也通过税收政策鼓励雇主为其员工购买商业健康保险，为雇员购买医疗保险支出部分免征社会保险税和所得税。从发展情况来看，商业健康保险在美国保险市场中占主导地位，据统计，美国有2/3以上的公民购买了商业健康保险。成立于1974年的联合健康集团（United Health Group）业务已经覆盖美国 50 个州和 130 个国家，是美国及至全球最大的商业健康保险公司，在 2020 年《财富》杂志发布的世界 500 强排行榜中位列第 15。截至 2020 年年底，该公司总资产达到 1 973 亿美元，净资产 683 亿美元，营业收入 2 571 亿美元。

三、我国健康保险的发展

我国的健康保险是随着 1949 年中国人民保险公司的成立而开始并逐步发展起来的。

（一）我国健康保险的发展历程

从 1949 年发展至今，我国商业健康保险的发展历程可概括为 5 个阶段。

1. 孕育阶段（1949—1979 年）

1949 年，随着新中国的诞生，我国成立了中国人民保险公司，这是国内第一家保险公司，简称中国人保。在这一阶段，与计划经济相适应，我国陆续建立了职工劳保医疗制度、机关事业单位的公费医疗和农村合作医疗等社会医疗保障制度。但从 1959 年起，我国国内的保险业务全部停办，只保留了部分对外的保险业务，那时商业健康保险发展基本上处于空白状态。

2. 恢复阶段（1980—1994 年）

党的十一届三中全会以后，经国务院批准，1980 年开始恢复国内的保险业务，1982 年中国人保开办了第一单商业健康险——上海市合作社职工医疗保险。随着市场经济的建立与发展，职工劳保医疗、机关事业单位的公费医疗逐渐与新的经济体制不相适应，我国政府开始了控制医疗费用、个人缴费等的尝试。1983 年，中国人保上海分公司为上海市 3.5 万名合作社职工提供了医疗保险，这正是在政府主导下，用商业保险方式解决健康保障问题的一种有效尝试。在此之后，很多地区也纷纷开始探索其他形式的医疗保险。1988 年，中国人保上海分公司开办了合资企业中国职工健康保险。1990 年，中国人民保险公司上海分公司又推出人工流产安康保险来配合我国计划生育基本国策。1990 年以后，中国太平洋保险公司、平安保险公司纷纷成立，在国内人身保险市场上进行竞争，这些公司陆续推出住院医疗保险、中小学平安保险附加医疗保险、综合医疗保险等健康保险险种。

1994 年，江苏省镇江市和江西省九江市开始"统账结合"城镇职工基本医疗保险制度改革试点工作。这一期间，中资商业保险公司也陆续成立，外资公司友邦人寿也在部分地区开展业务。

在这一阶段，伴随经济体制改革，社会医疗保障制度也在进行改革探索，对于健康保险来说，公众对保险的认识非常有限，对健康保险的需求不足；同时，健康保险公司数量有限，有效供给不足。人们对健康保险业务的重视程度不够，产品种类少，没有作为主营业务来销售，保障水平不高，健康保险发展比较缓慢。

3. 初步发展阶段（1995—2003年）

在这一时期，我国的健康保险获得了持续良好的发展，从事健康保险经营的主体不断增多，到2003年年底已达到60多家；健康保险公司开办的险种不断增加，自从1995年我国引入重大疾病保险后，各类商业健康保险产品竞相出现，包括住院安心险、团体高额医疗保险、综合保险、个人住院医疗保险等，开拓农村健康保险市场并推出分红型重疾险和保证续保医疗保险；健康保险公司的保费收入不断增长，份额不断扩大，截至2003年年底，健康保险的保费收入已达242亿元，占总保费收入的6.2%；健康保险经营的监管政策在不断完善，我国陆续出台了一些关于健康保险发展的指导意见和健康保险产品精算规定，推动了健康保险的规范化发展（见表1.3）。

表1.3　1995—2003年我国健康保险重要政策

年份	政策文件	主要内容或意义
1995年	引入重大疾病保险	对癌症、脑中风、心肌梗塞、冠状动脉绕道手术、尿毒症、瘫痪和重要器官移植等重大疾病提供保障
1998年	国务院颁发《国务院关于建立职工基本医疗保险制度的决定》	开始全面推行社会基本医疗保险制度改革，结束了实行40多年的公费、劳保医疗保障制度
2002年	全国人大通过了《中华人民共和国保险法的决定》	允许财险公司经营意外伤害险和短期健康险业务
2002年	中国保监会颁布了《关于加快健康保险发展的指导意见》	加强健康保险的专业化经营与管理
2003年	中国保监会颁布了《人身保险新型产品精算规定》	规定了人身保险新型产品技术标准，明确分红保险可以采取终身寿险、两全保险或年金保险的形式。保险公司不得将其他产品形式设计为分红保险

4. 专业化发展阶段（2004—2008年）

这一时期，在党和国家的高度重视下，我国的健康保险获得长足的发展。我国认真贯彻落实保监发〔2002〕130号文件，加强健康保险的专业化经营与管理，建立专业管理机构。2005年，我国第一家专业性健康保险公司成立，我国健康保险进入专业化发展阶段。随着关于保险业改革意见的落实，相关政策法规的出台，我国健康保险发展态势高涨，我国健康保险保费收入从2004年的257亿元，增长为2008年的585.46亿元（见表1.4）。

表 1.4 2004—2008 年我国健康保险重要政策

年份	政策文件	主要内容或意义
2005 年	我国成立第一家专业性健康保险公司——中国人民健康保险股份有限公司	标志着健康保险进入专业化经营阶段
2006 年	国务院下发《国务院关于保险业改革的若干意见》	明确指出，商业保险是社会保障体系的重要组成部分，并要求加强对专业健康保险公司的扶持力度，促进商业健康保险的发展
2006 年	中国保监会颁布了《健康保险管理办法》	我国第一部专门规范健康保险业务的部门规章，统一财险公司、寿险公司、专业健康保险公司在健康保险业务经营上的监管标准
2007 年	中国保险行业协会与中医师协会共同制定《重大疾病保险的疾病定义使用规范》	保护消费者合法权益，提升重大疾病保险产品供给质量
2008 年	中国保监会颁布了《关于健康保障委托管理业务有关事项的通知》	规定了保险公司开展健康保障委托管理业务的有关事项

5. 转型快速发展阶段（2009 年至今）

伴随新一轮医改的不断深入和国家一系列健康保险政策的颁布，我国健康保险的发展迎来了新的契机。相关制度建设不断完善，相关法律法规及政策的出台为健康保险事业的发展打下了坚实的基础，有力促进了健康保险行业的持续、健康、快速发展，因而健康保险在整个医疗保险体系中的作用也在不断加强（见表 1.5）。

表 1.5 2009 年至今我国健康保险重要政策、法规（部分）

年份	政策文件	主要内容或意义
2009 年	《中共中央国务院关于深化医药卫生体制改革的意见》	加快建立和完善以基本医疗保障为主体，其他多种形式补充医疗保险和商业健康保险为补充，覆盖城乡居民的多层次医疗保障体系
2013 年	《国务院关于促进健康服务业发展的若干意见》	明确提出，要"积极发展健康保险""丰富商业健康保险产品""发展多样化健康保险服务"
2014 年	《关于加快发展商业健康保险的若干意见》	鼓励医疗机构积极开发与健康管理服务相关的健康保险产品，加快发展医疗责任保险、医疗意外保险、探索发展多种形式的医疗执业保险等
2019 年	新修订《健康保险管理办法》	将"医疗意外险"纳入健康保险范畴，使健康保险的业务范围更趋合理

续表

年份	政策文件	主要内容或意义
2020 年	《中国人身保险业重大疾病经验发生率表（2020）（征求意见稿）》	重大疾病经验发生率表修订有利于促进重疾险产品的定价更加科学合理
2020 年	《重大疾病保险的疾病定义使用规范修订版（征求意见稿）》	使重疾险产品保险范围进一步扩展、赔付条件更为清晰合理，进一步夯实健康保险发展的数据基础和软实力建设
2020 年	《基本医疗卫生与健康促进法》	明确商业健康保险在我国多层次的医疗保障体系的地位和作用
2021 年	《关于规范短期健康保险业务有关问题的通知》	明确短期健康保险不得保证续保，规范保险金额，规范产品销售

（二）我国健康保险的发展现状

随着我国经济的持续发展，社会保障体系的不断完善和医疗卫生体制改革的不断深入，健康保险相关政策的逐步配套和实施，我国健康保险市场呈现出良好的发展势头。

1. 健康保险发展水平不断提高

从保险金额来看，2020 年我国健康保险保险金额达到 1 833.1 万亿元，同比增长 50.27%；保单件数为 145.8 亿件，同比增长 29.26%，由此可见，我国国民健康管理意识正在不断提升（见图 1.2）。

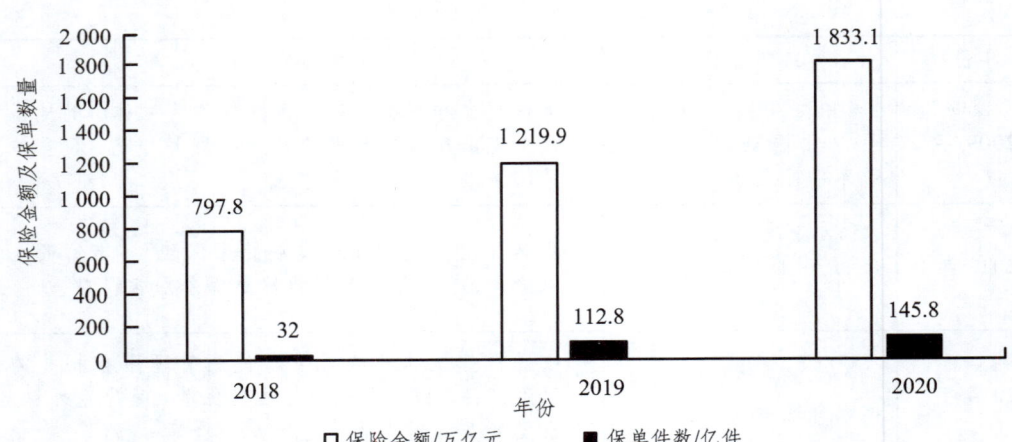

图 1.2　2018—2020 年我国健康保险保险金额及保单数量

资料来源：中国保险监督管理委员会，智研咨询整理。

从保险收入来看，虽然我国健康保险市场起步比较晚，在初期市场规模较小，但是发展势头强劲。我国的健康保险原保费从 2011 年的 691.7 亿元，增长到 2020 年的 8 173 亿美元，增长幅度高达 1081.58%（见图 1.3）。我国的健康保险业务已经成为保险公司新的保费增长点。

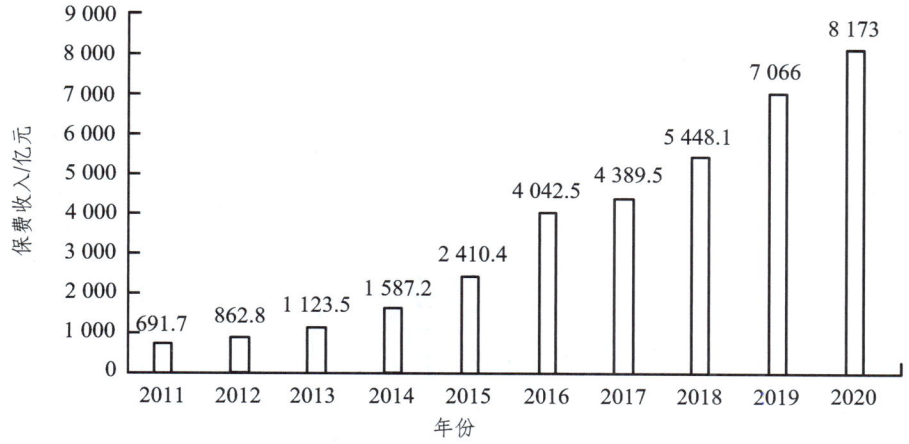

图 1.3　2011—2020 年我国健康保险原保费收入

资料来源：中国保险监督管理委员会，智研咨询整理。

从保费收入占保险行业总保费收入比例来看，我国健康保险保费收入占保险行业总保费收入的比例从 2011 年的 4.8% 上升到 2020 年的 18.1%，保持稳定的增长态势（见图 1.4）。当然，总体上看，我国的健康保险市场发展速度可观，但保费收入占保险行业总保费收入的比例依然不高，健康保险发展仍然面临产品供给不足，盈利难等挑战。

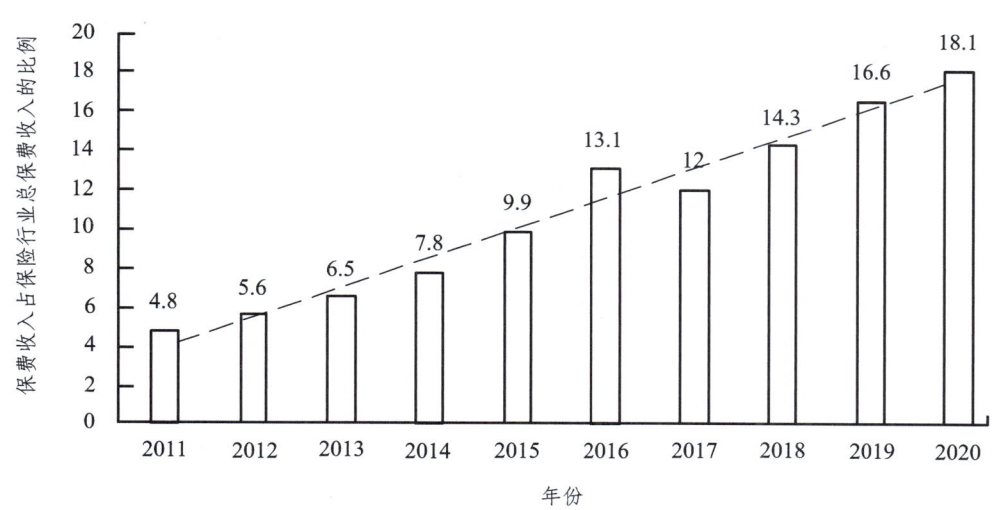

图 1.4　2011—2020 年我国健康保险原保费收入占保险行业总保费收入的比例

资料来源：中国保险监督管理委员会，智研咨询整理。

从保险密度和保险深度来看，2011—2020 年，我国健康保险保险密度由 2011 年的 51.4 元/人上升到 2020 年的 581.6 元/人，较 2019 年同比增长 15.2%（见图 1.5 和表 1.6）。2020 年，我国健康保险深度为 0.8%。这说明伴随着居民健康意识的觉醒，国民在健康保障方面的投入正在快速稳步提高，健康保险市场规模也在增长。

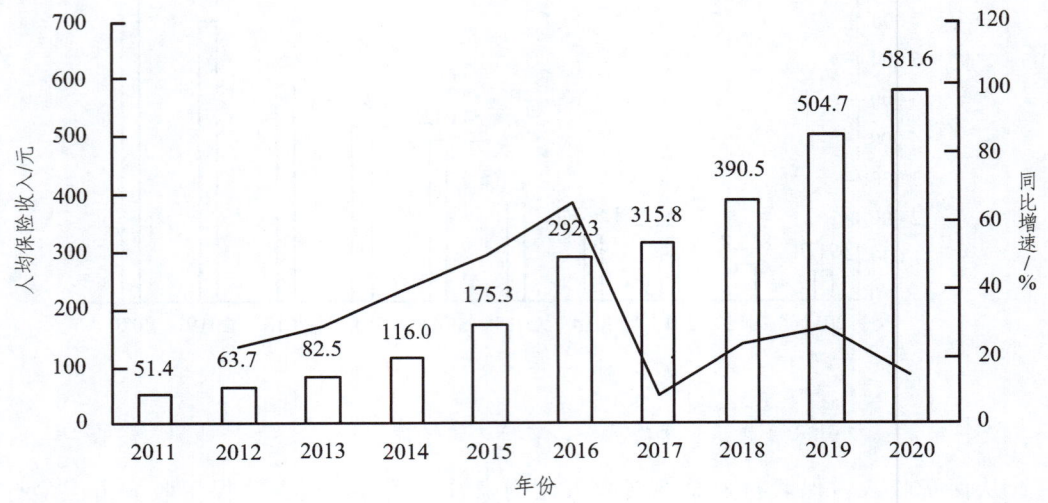

图 1.5　2011—2020 年我国健康保险保险密度变化

资料来源：中国保险监督管理委员会，智研咨询整理。

表 1.6　2011—2020 年我国健康保险保险密度变化

年份	2011	2012	2013	2014	2015	2016	2017	2018	2019	2020
健康险人均保险收入/元	51.4	63.7	82.5	116	175.3	292.3	315.8	390.5	504.7	581.6
同比增速/%		24.1%	29.6%	40.5%	51.1%	66.7%	8.0%	23.7%	29.2%	15.2%

2. 保障能力不断增强

目前，我国的健康保险涵盖疾病预防、医疗服务、生育保障、医疗供给、失能护理、健康管理等多种保障范围。随着保险公司经营能力的不断提升，保费收入的稳定增长，随之而来的赔付支出也呈现不断上升趋势，2020 年我国健康保险赔付支出已达到 2 921 亿元（见图 1.6）。

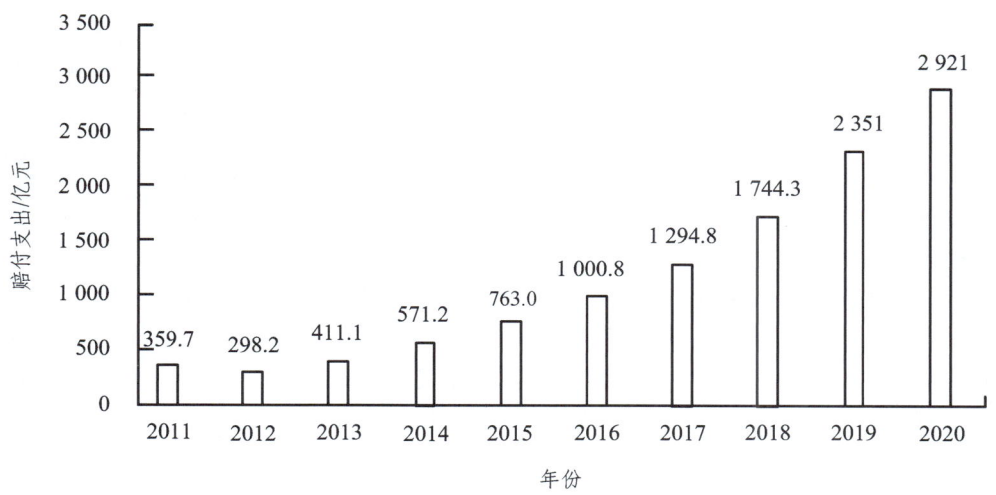

图 1.6　2011—2020 年我国健康保险赔付支出情况

资料来源：中国保险监督管理委员会，智研咨询整理。

3. 我国健康保险规模与产品数量持续增长

2015—2018 年，我国健康保险行业企业数量从 2015 年的 303 家上升到 2018 年的 391 家，2018 年保险业总资产 18 338.92 亿元，比 2017 年年底增长 9.45%。2020 年上半年寿险公司的健康保险保单件数同比增长 25.15%，财险公司健康保险保单件数同比增速高达 102.59%。从保险经营机构看，2020 年上半年新增健康医疗保险相关企业超过 1 200 家，较 2019 年同比增长 97.2%。在新增的健康医疗保险相关企业中，山东省数量最多，新增超过 150 家，河南次之，新增数量超过 120 家。可见，新增健康医疗保险企业存在地区差异。健康保险作为保障人民健康生活的重要手段，在助力国民健康战略实现方面发挥着重大作用。健康保险承保责任主要为疾病或意外事故引起的医疗行为，截至 2019 年，以疾病险为主的产品保费占比 64%，医疗险保费占比 35%，护理险、失能险规模有限，合计保费占比约 1%。2019 年 12 月 1 日实施的新修订的《健康保险管理办法》完善了健康保险的定义及业务种类，在原有的医疗保险、疾病保险、失能收入损失保险、护理保险的基础上增加了"医疗意外保险"，构成 5 大险种。目前，在售的商业健康保险产品已超过 5 000 种。健康保险定义范围的扩大、险种的增加，无疑为健康保险行业发展带来更大的机遇。

4. 服务领域上，保险业的资金融通和社会管理等核心功能不断完善

健康保险行业发展不仅为各类人群提供了商业保险产品和风险管理服务，还通过参与、经办等方式，承接了大量的政府委托业务。健康保险行业与人民健康福祉紧密相连，健康保险在保障和改善民生、疫情防控、技能帮扶方面都发挥了非常重要的作用。2018 年，国家医保局、财政部、国务院扶贫办印发的《医疗保障扶贫三年行动实施方案》中要求，到 2020 年实现农村贫困人口基本医保、大病保险、医疗救助覆盖率分别达到 100% 的任务目标。多家健康险保险公司积极响应国家医改号召，落实健康保险政策，每年度进行社会责任报告，积极开发更多的普惠产品，为

帮扶人员提供更多切实的保障。2020年1月,《关于促进社会服务领域商业保险发展的意见》指出,支持保险资金投资健康、养老等社会服务领域,为社会服务领域提供更多的融资,更好地为创新创业及民营、中小微企业发展服务。

5. 人群覆盖面上,保险业的直接参保和间接覆盖人群大幅提升

我国健康保险尤其是短期险的购买人员越来越多。根据保监会办公厅统计,2019年我国商业健康险个险占总商业健康险的81.1%,2019年保费收入达到5 731亿元人民币,2016—2019年的3年年均复合平均增速达到20.9%,超过健康险团体险18.6%的增速。2020年新冠肺炎疫情发生后,在一定程度上促进了消费者对健康保险的关注,加之政策层面的宣传引导,保险市场的不断成熟,消费者对健康保险的认知将持续提高,健康保险覆盖的人群也会进一步扩大。据统计,在"十三五"期间,健康保险新增保单件超过16亿张,保额近300万亿元,健康保险赔付量达2.5亿人次,人民群众的获得感明显增强。

(三)我国健康保险未来发展趋势

在国家的政策支持下,我国健康保险行业快速发展,但是目前健康保险供需矛盾未得到有效解决,仍存在产品单一、市场规模小、风险控制不完善、人才匮乏和监管水平有待提高等问题,阻碍了健康保险的高质量发展。

"十四五"时期,作为保险行业重要的增长点,健康保险应该从消费者的实际需求出发,增加健康保险产品的多元化、异质化,将"健康保险+健康管理"作为未来的发展方向,助力健康中国战略。新时期健康保险的发展要做好以下几项工作。首先,市场定位清晰化。健康保险不同于基本医疗保险,其属于自愿购买保险,需要根据市场的需求进行科学的市场细分、市场定位,针对每个目标市场采用不同的经营方式,针对不同医疗服务需求的目标群体,提供高层次、多样化的保障和服务。比如,对高医疗服务需求的人群提供高层次的保障,对于低收入群体可提供普惠的产品和服务,实现健康保险的普惠性,让处于各收入阶层的人群都能以合理的价格、能接受的方式购买他们需要的健康保险产品,为更多的人提供健康保障。其次,盈利空间科学性。健康保险行业的经营范围不仅包括健康保险产品的开发、定价与销售,未来的发展更需要与健康管理服务相结合,与医疗服务、药品供应相结合,共同构建大健康服务共同体、利益共同体,因此,需要在明确盈利方向的基础上进行,要形成协同效应。例如,对民众来说,购买健康保险确实能起到转移健康风险的作用,但在承保和投保过程中也存在道德风险和逆向选择现象,要从观念上建立买保险并不是为了想得到赔偿,而是希望自己处于健康状况,没有生病没有意外事故,不需要领赔款的意识。因此,就更应做好健康管理,减少健康风险的发生。再次,战略合作广泛性。健康保险专业化经营可以通过战略性购买使有限的资金产生更大的运行效益。健康保险不仅要与社会保险合作,还可以与医疗、体检、护理机构进行合作,与大健康产业深度融合,渗透在大健康的产业链、服务链和生态圈中,积极探索基本医保未涵盖的药品和医疗费用领域的健康保险,扩大健康保险的服务空

间。除此之外，应实现医疗、医药、保险的高度整合，积极探索建立医疗、医药和保险综合服务体系。最后，技术应用高效性。通过建立各类客户的健康大数据，有效解决健康保险产品提供针对性不强的问题，避免同质化竞争以及信息不对称引起逆向选择问题，实现有效管控健康风险的目标。总之，在市场目标定位清晰、盈利方向科学的基础上，完善健康保险产业布局，通过有效应用健康大数据来加大对健康保险专业化的监管，推动我国健康保险的高质量发展。

 本章小结

　　健康不是仅指一个人身体有没有出现疾病或虚弱现象，而是指一个人生理上、心理上和社会上的完好状态。

　　健康风险指人的身体健康或者健全程度，以及心理、社会适应能力以及道德等方面的一切不确定性，具体影响因素不仅包括个人遗传、营养水平、受教育程度、职业类型、生活习惯，也包括家庭环境、社会环境、经济发展、医疗服务水平、卫生状况、社会道德风俗等非个体方面。健康风险的要素包括健康风险因素、健康风险事故、健康风险损失。健康风险的特征：频率高发性、人身伤害性、原因复杂性、社会蔓延性。

　　健康风险管理是指个人或者经济单位通过对各类健康风险的认识，综合分析和衡量疾病或残疾发生概率以及损害的后果，选择并执行合适的健康风险处理方法，以最小的代价获得最大保障的管理活动。健康风险处理的方法有自留健康风险、预防健康风险、抑制健康风险、转移健康风险。健康风险管理的程序包括：健康风险识别、风险衡量、风险处理、风险管理评估。

　　健康保险指以人的身体为保险标的，由保险公司为被保险人因某种健康因素发生疾病或者遭受意外伤害时产生的医疗费用或者收入损失提供补偿的一种人身保险，主要包括医疗保险、疾病保险、失能收入损失保险、护理保险以及医疗意外保险等。其特征包括健康保险标的、保险事故的特殊性；健康保险承保风险的难以测定性；健康保险承保条件的高标准性；健康保险费率确定方式的复杂性；健康保险保险期限的短期性；健康保险给付方式的补偿性和给付性。

　　健康保险按保障内容划分，分为医疗保险、疾病保险、失能收入损失保险、护理保险以及医疗意外保险；按照保险期限的长短划分，分为长期健康保险和短期健康保险；按照保险金的给付性质划分，分为费用补偿型、定额给付型、津贴给付型；按照投保方式划分，分为个人健康保险和团体健康保险；按照承保条件划分，分为健康体健康保险、次健康体健康保险和特殊疾病健康保险；按续保条件划分，分为不可续保健康保险、条件性续保健康保险和保证续保健康保险。

　　健康保险的作用，从宏观层面来看，它具有维护社会稳定、减轻财政压力、完善我国医疗保障体系的作用；从微观层面来看，它能减轻个人和家庭负担、促进企业的健康发展。

　　健康保险在我国的发展经历了5个阶段，随着经济的持续发展，健康保险相关政策的颁布与实施，我国健康保险发展势头良好，但依然存在问题，需要在市场目标定位清晰、盈利方向科学的基础上，完善健康保险产业布局，通过有效应用健康大数据来加大对健康保险专业化的监管，推动我国健康保险的高质量发展。

复习思考题

1. 如何理解健康？
2. 健康风险的概念、要素及特征是什么？
3. 如何理解健康风险管理？如何进行健康风险管理？
4. 什么是健康保险？它具有哪些特征？
5. 健康保险的分类有哪些？
6. 简述健康保险的作用。
7. 简述我国健康保险发展情况以及未来我国健康保险的发展趋势。

案例分析

商保发展需把握"3个度"

基本医疗保险和商业健康保险是多层次医疗保障体系的重要组成部分。经过20多年发展，中国社会医保已基本实现全覆盖，保障水平不断提高，取得举世瞩目的成就。与此同时，伴随着覆盖全民的基本医保制度的全面建立，商业健康保险也得到迅猛发展，2011—2020年我国商业健康保险原保费收入年均增速达31.57%，2020年保费规模达8 173亿元，已经成为增速最快、最受客户关注的商业保险业务领域。目前，积极发展商业健康保险已经成为各界共识。但在如何处理商业健康保险与基本医保的关系，如何看待普惠险等商业保险产品等方面还存在一些认识上的分歧和误区，如不及时妥善处理，可能会影响基本医保和商业健康保险当前及长远发展。突出表现为，该如何把握基本医疗保险与商业健康保险之间相互关系的3个度。

1. 各自保障程度

基本医疗保险和商业健康保险两者当前和长远的结构关系，即各自保障程度该到什么程度，可到什么程度，涉及重大民生和产业制度安排。保障程度既涉及市场份额上的权重比较，也涉及保障范围与内容上的大小。

（1）从基本关系上，一方面从保障程度看，存在商业医疗保险占比较大的商业医疗保险制度模式和社会医疗保险占比高的社会医疗保险制度模式的争议。另一方面，从相互关系上，要明确竞争关系和补充关系。

（2）从当前状况来看，目前，我国医疗保障体系属于以社会保险（即基本医保）为主，商业保险为补充的制度模式。一是从支付规模看，目前基本医保占据绝对主导地位。二是从发展空间看，2020年，个人卫生支出占全国卫生总费用的27.66%，按照国际10%左右占比标准来看，未来留给商业健康保险的发展空间接近20%，商业健康保险新增市场规模有望超过1.2万亿元。三是从医疗保障制度发展历程看，伴随医保改革，我国商业健康保险得到了快速发展，但总体看覆盖范围、业务规模有限，群众信任基础较为薄弱，对基本医保的补充作用还没有充分发挥出来。四是从我国政治制度和基本国情看，当前基本医保已经基本实现全民覆盖，未来基本医保的待遇水平将呈现渐进提升并趋于相对稳定的发展态势，基本医保之上的个性化、高端化的保障需求将更多依靠商业健康保险来解决。

（3）发展趋势上，从今后发展看，随着我国经济进入新常态，基本医保待遇清单制度正式实施，基本医保为商业健康保险留下了充足的市场空间。在做好基本医保服务基础上，如何更好地鼓励和支持商业健康保险发展，是健康中国战略和我国多层次医疗保障体系建设的重大课题。

2. 相互参与程度

相互参与程度，直接体现社会医疗保险与商业健康保险之间的协同与竞争关系。我国社会医疗保险和商业健康保险的协同发展，大体可以分为3个阶段。第一阶段，2012年之前，在江苏太仓、广东湛江等地开展商业保险机构参与大病保险经办试点，以及在河南洛阳、新乡等地开展商业保险机构参与新农合及城镇居民基本医保经办的项目。第二阶段，2012—2020年，商业保险全方位参与基本医保阶段，以2012年开始实施城乡居民大病保险制度为主要标志。同时基本医保在部分城市创新支持和促进商业保险发展，如深圳、金华等。第三阶段，2020年以来，《中共中央 国务院关于深化医疗保障制度改革的意见》的发布，对多层次医疗保障体系建设提出明确要求，"社商"融合发展进入新阶段。研究基本医保及商业保险合理的相互参与程度，对于商业保险健康发展至关重要。

3. 宣传参照程度

目前，我国建成了覆盖全民的基本医疗保险制度。而商业健康保险在市场拓展过程中，部分商业保险机构以基本医保作为参照对象，将夸大宣传、虚假承诺、误导消费者等作为市场营销手段，不仅会损害宣传的客观性和认可度，也会对基本医保制度的权威性与公益性形成一定冲击，损害基本医保和商业保险协同发展环境。因此，商业健康保险尤其是普惠险等产品在宣传上应该处理好基本定位问题、待遇政策的理性宣传问题、权责关系的约定解读问题和明确个人责任问题，不得有意将商业保险与基本医保相混淆，为后续保障留下隐患。

基于上述3个度的分析和把握，下一步应将促进基本医疗保险与商业健康保险协同可持续发展作为医保改革的重要方向，加快建设中国特色多层次医疗保障体系。在推进基本医保全民覆盖目标实现过程中，按照党中央要求，在完善中国特色医疗保障制度顶层设计中，同步考虑促进商业健康保险发展并加强与基本医疗保险互补衔接，更好地满足参保群众多元化医疗保障需求，切实增强人民群众的获得感、满足感。同时依照法律法规规定加强监督管理，防范和化解风险，有效保护消费者合法权益。

资料来源：刘源. 商保发展需把握"3个度"[N]. 中国医疗保险，2021-10-11.

思考：谈谈我国商业健康保险未来的发展趋势以及工作重点。

提示：从健康保险目前存在的问题、总体发展战略等方面进行阐述。

健康保险学

第二章

健康保险合同及基本原则

本章要点

1. 掌握：健康保险合同的概念、特征，健康保险合同的构成要素，健康保险合同的基本原则。
2. 熟悉：健康保险合同的类型。

课程目标

通过学习健康保险合同的相关内容尤其是健康保险合同基本原则，向学生传递社会主义核心价值观中的"和谐""法治""诚信"观，引导学生对国家层面的价值目标、社会层面的价值取向和公民个人层面的价值准则进行进一步思考。

第一节 健康保险合同

在健康保险关系中，投保人和保险人等的权利和义务要通过订立合同方式加以明确，并在签订和履行保险合同过程中遵循保险的基本原则。理论上，健康保险合同属于人身保险合同，具有一般人身保险合同的特性。但同时健康保险合同又具有自身的特殊性，双方的权利和义务需要通过一些特殊条款的规定来明确。

一、健康保险合同的概念及特征

（一）健康保险合同的概念

2015年修订的《中华人民共和国保险法》（以下简称《保险法》）第十条规定："保险合同是投保人与保险人约定保险权利义务关系的协议。"保险合同按保险标的不同，分为财产保险合同与人身保险合同。健康保险合同是人身保险合同的一种，是投保人和保险人约定健康保险权利、义务关系的协议。具体地说，健康保险合同是指保险人对被保险人因疾病所支付的医疗或康复费用，对因约定的重大疾病发生后的支出，对因疾病或者意外伤害导致工作能力丧失后的收入减少或中断，对因日常生活能力障碍引发护理需要的支出，对因不能归责于医疗机构、医护人员责任的医疗损害依照合同约定负有给付保险金义务的保险合同。在疾病未致残、致死时，保险给付的目的在于填补医疗费用的支出；在疾病致残时，保险给付的目的在于填补医疗费用支出、护理支出及生活收入减少所致的损失；在疾病致死时，保险给付的目的在于填补丧葬费用与遗属生活费用的支出。

（二）健康保险合同的特征

健康保险合同具有一般人身保险合同的特征，如双务性、有偿性、射幸性、附和性和最大诚信等，此外，健康保险与人身保险的其他险种，如人寿保险、人身意外伤害险相比，还具有自身的特殊性。

1. 健康保险合同的保险标的是人的身体健康

人身保险合同的保险标的是人的生命或身体。人寿保险合同则是以人的寿命为保险标的的人身保险，是以被保险人在保险期间内死亡、全残或生存到保险期满为给付保险金的条件。意外伤害保险合同是指以人的生命和身体为保险标的，以被保险人因意外事故而导致身故、残疾或者发生保险合同约定的其他事故作为给付保险金条件的一种人身保险。健康保险合同以被保险人的身体健康为保险标的，因身体健康原因导致损失作为给付保险金条件。根据保障责任不同，健康保险可分为疾病保险、医疗保险、失能收入损失保险、护理保险、医疗意外伤害险等。

2. 健康保险合同承保的风险范围较广泛

健康保险合同承保的风险范围较广泛，总体来说包括疾病风险和残疾风险两大类。疾病种类繁多，因而它所造成的后果具有多样性，如它不仅会增加人们对医疗费用支出，而且还有可能带来残疾失能的风险，更甚者会导致死亡；意外伤害，不仅发生的情形复杂，后果一般也很严重，也会造成医疗费支出、残疾失能甚至死亡。而这些均是健康保险合同承保的风险范围。由于疾病和意外伤害等具有复杂性，健康保险合同无法像财产保险合同那样将承保的风险一一列举出来。

健康保险承保的风险包括被保险人因疾病或意外导致的费用支出，以及因疾病所致伤残、死亡等造成的损失，为非单一风险。

3. 健康保险合同具有双重性

一般来说，财产保险合同属于补偿性合同，人寿保险合同和人身意外伤害保险合同属于给付性合同，在保险责任发生时，保险人将会按照保险合同中所约定的保险金额给付死亡保险金。而健康保险合同既具有给付性又具有补偿性。健康保险合同大部分属于给付性合同，但医疗保险合同、失能收入损失保险合同和护理保险合同等均属于补偿性合同，保险人按被保险人实际支付的医疗费用、护理费用或收入损失进行赔偿，具体赔偿金额的计算要考虑免赔额、给付比例和给付限额的相关规定。如果保险事故是由第三者责任造成的，保险人在赔偿后可依法向责任方行使代位追偿权。由于保险金给付的补偿性，健康保险合同与财产保险合同一样，存在着重复保险和代位追偿的问题。如果被保险人投保了多家保险公司的健康保险，一旦发生保险事故，就可能出现医疗给付保险金高于实际医疗费用的情况，这是不允许的。而如果保险事故是第三者造成的，保险人可以在给付了保险金后，要求被保险人把向第三者追偿的权利转交给保险人，也可以在第三者赔偿后，补足赔偿金和保险金的差额。健康保险中的疾病保险合同、医疗意外保险合同属于给付性合同，出险时保险人按合同约定的保险金额给付保险金。

4. 健康保险合同一般不指定受益人

健康保险合同保障的一般都是被保险人的利益，当保险事故发生后，主要是对被保险人本人进行补偿。因此，一般情况下，健康保险合同的被保险人本人即是受益人，无须再指定其他受益人。但是，健康保险合同中如果涉及了死亡给付责任的，则需要指定受益人。

5. 健康保险合同中有许多限制性条款

由于健康保险自身的特殊性，健康保险合同内容相对复杂，既涉及保险知识也涉及很多医学知识，为了有效保障合同双方的权益，在健康保险合同中规定了许多限制性条款以明确双方的权利和义务。除了适用于一般寿险的不可抗辩条款、宽限期条款、复效条款和不丧失价值条款，还有一些特殊条款。这些特殊条款包括同时适用于个人健康保险合同和团体健康保险合同的一般性条款，如体检条款、免赔额条款、观察期条款、犹豫期条款、给付比例条款、给付限额条款等，也包括仅适用于个人健康保险合同的既往症除外条款、续保条款、防卫原因时间限制条款、超额保险条款和仅适用于团体健康保险合同的既存状况条款、转换条款和协调给付计划条款等。

6. 健康保险合同中规定责任期限

责任期限是指被保险人遭受意外伤害事故之日起的一定时期（90天或180天），是保险人是否承担责任的一个时间界限。健康保险中将意外伤害造成被保险人的医疗费用支出或收入损失列为保险责任，所以在健康保险合同中有责任期限的规定。只有在责任期限内被保险人因意外伤害事故导致的医疗费用、收入损失甚至死亡或伤残，保险人才负责赔偿。如果在责任期限内意外伤害治疗结束的，以结束时的医疗费用作为赔偿的依据；如果责任期限届满时治疗仍未结束的，就按责任期限结束时的医疗费用进行赔偿，保险合同终止。

二、健康保险合同的类型

（一）补偿性合同和给付性合同

按照保险合同的性质，健康保险合同可分为费用补偿性保险合同和定额给付性保险合同。

费用补偿性保险合同又称"评价保险合同"，是指保险事故发生后，保险人的责任以补偿被保险人的经济损失为限并不得超过保险金额的合同。在补偿性保险合同中，保险事故发生后，由保险人对被保险人的损失进行评价，并在保险合同所规定的保险金额范围内予以补偿。

定额给付性保险合同中，保险金额由双方事先约定，在保险事件发生或约定的期限届满时，保险人按合同约定金额给付保险金的合同。

失能收入损失保险合同和长期护理保险合同是费用补偿性合同，在发生保险事故时保险人要对被保险人支付的医疗费用或收入损失进行核定并在保险金额范围内进行赔偿。疾病保险合同、医疗意外保险合同都属于给付性合同，当被保险人被确诊罹患合同约定的某种疾病时，保险人按合同约定金额给付保险金，而无须核定被保险人医治该疾病需要花费多少医疗费，或是否会因病致残遭受收入损失，或者会因病身亡。依据保险金的给付性质，医疗保险合同可能是费用补偿性合同，也可能是定额给付性合同。

（二）长期性合同和短期性合同

按照保险合同期限长短，健康保险合同可分为长期性合同和短期性合同。

长期性合同是保险期间超过1年或者保险期间虽不超过1年但含有保证续保条款的健康保险。保证续保条款，是指在前一保险期间届满前，投保人提出续保申请，保险公司必须按照原条款和约定费率继续承保的合同约定。在长期保险中，投保人可以选择保险期限为一定时期的定期保险，也可以选择保险期限为终身的终身保险。长期健康保险合同由于期限较长，在实践中采取均衡交费的方法，因而合同生效一定时期（一般是 2 年）后具有现金价值。一些寿险合同的常用条款，如不可抗辩条款、宽限期条款、复效条款和不丧失价值任选条款等也适用于长期健康保险合同。

短期健康保险，是指保险期间为 1 年以及 1 年以下且不含有保证续保条款的健康保险。短期健康保险合同是纯保障型合同，如果被保险人在保险期间出险造成健康风险损失时保险人按实际损失赔偿，如果在保险期间不出险、保险人就不用承担责任，也无须退还保费。短期性健康保险的保险费率以事故发生率（患病率、残疾率等）为基础来确定，并采取趸交方式在投保时一次交清全部保险费。

在健康保险中，长期护理保险合同是长期性合同，且保险期间不得低于 5 年。医疗意外保险一般是短期性合同，保险期间自被保险人办妥住院手续，保险人同意承保、收取保险费并签发保险单时起至被保险人本次住院治疗结束，办理出院手续时止。医疗保险合同、失能收入损失保险合同、疾病保险合同既可能是长期合同，也可能是短期性合同。

（三）个人合同和团体合同

按照投保方式，健康保险合同可分为个人健康保险合同和团体健康保险合同。

个人健康保险合同，指个人作为投保人与保险公司之间签订的，以被保险人个人身体的健康状况为保障对象的合同。团体健康保险合同是以团体作为投保人与保险人之间签订的，由保险人对团体内的全体或大多数成员提供保险保障的保险合同。在团体健康保险中，团体是指保险关系的相对方即被保险人。团体保险中的团体除了具有团体的一般属性，还需要满足一定的条件。参加团体保险的团体不能是为投保团体保险而组成的团体，而必须是已经存在的、有特定业务活动、实行独立核算的正式法人团体。

健康保险中的各类业务均既可以个人名义投保，也可以团体名义投保。但是，个人健康保险合同和团体健康保险合同有很大不同。第一，合同所采用的条款不同。个人健康保险通常采用可续保条款、宽限期条款、复效条款等；团体健康保险通常采用转换条款、协调给付条款等。第二，核保时所考虑的因素不同。对个人健康保险核保时，主要审查年龄、性别、职业、业余爱好、生活习惯、家族病史、既往病症等，而对团体健康保险核保时，则主要审查团体规模、新成员流入量、团体的稳定性等。第三，所采用的费率不同。在保障内容、保险金额相同的情况下，团体健康保险的费率一般要低于个人健康保险。第四，保险合同的灵活性不同。个人健康保险一般采用的是标准保险合同条款，投保人一般不能对合同中的内容进行修改，而团体健康保险的投保人可以对合同的保障内容和条款进行商议，较为灵活。第五，承保方式不同。个人健康保险的保单仅有一张，保单上包括投保人、被保人的相关信息和彼此的权利、义务。团体健康保险的保单也仅有一张，但无论投保人有多少，都可用一张保单来提供证明，而每个人得到的是一张保险凭证，团体总保单上和个人保险保单上的信息大致相同,保险凭证上一般不包括所有的条款。

(四)主险合同和附加险合同

按照是否可以独立承保,健康保险合同可分为主险合同和附加险合同。主险是指可以单独投保的险种。附加险是指不能单独投保,只能是在投保某主险之后才可以投保的险种。主险的生效、失效、复效是独立的,不依赖于附加险;但附加险效力的产生和存续却要以主险效力的存在为前提条件,附加险的效力不能独立存在。主险因失效、解约或满期等原因效力终止或中止时,附加险效力也随之终止或中止。如果主险的保险责任与附加险的保险责任有抵触,则主险服从附加险,也就是附加险优于主险,以附加险的约定为准。主险合同是指承保主险的保险合同;附加险合同是承保附加险的保险合同。健康保险中,各险种既可以采用主险合同来单独投保,也可以采用附加险合同将其作为寿险的附加险来投保。在我国健康保险实践中,很多保险公司均将各类健康保险作为终身险的附加险来销售,消费者可以选择附加重疾险、医疗保险等,使消费者通过一张保单就可以获得较全面的健康保障。

三、健康保险合同的构成要素

健康保险合同由主体、客体和内容 3 个要素构成。

(一)健康保险合同的主体

健康保险合同主体是指健康保险合同中享有权利、义务的自然人、法人及其他的组织机构,是保险活动的直接参与者,包括健康保险合同当事人、保险合同关系人和保险合同的辅助人 3 类。

1. 当事人

健康保险合同的当事人是合同订立的直接参与者,包括保险人和投保人。投保人是与保险人订立保险合同,并按照保险合同负有支付保险费义务的人。投保人可以是法人,也可以是自然人。健康保险的投保人必须具备 3 个条件:第一,投保人必须具备相应的民事行为能力。限制行为能力和无行为能力的人不能作为投保人与保险人签订保险合同;未取得法人资格的组织也不能成为保险合同的当事人。第二,投保人对保险标的必须具有保险利益。投保人如对保险标的不具有保险利益则不能申请订立保险合同;已订立的合同也为无效合同。第三,投保人负有交纳保险费的义务。保险合同是有偿合同,无论投保人是为自己的利益,为他人的利益,或是为自己兼顾他人的利益订立保险合同时都要承担支付保险费的义务。《保险法》第四十三条规定,投保人故意造成被保险人死亡、伤残或者疾病的,保险人不承担给付保险金的责任。投保人已交足 2 年以上保险费的,保险人应当按照合同约定向其他权利人退还保险单的现金价值。

保险人又称承保人,是从事保险业务经营的法人,即保险公司,保险人与投保人订立保险合同,并按照合同约定承担赔偿或者给付保险金责任。保险人享有收取保险费的权利，同时当约定的保险事故发生时，承担损失赔偿或给付保险金的责任。由于保险人的特殊地位和作用，各国政府对保险公司的设立和业务经营都做了严格规定，以确保保险公司经营的稳定性，保证社会公众利益。按照各国法律规定，保险人必须是法人。根据《健康保险管理办法》（简称《办法》）的规定，依法成立的健康保险公司、人寿保险公司、养老保险公司，需经银保监会批准，才可以经营健康保险业务。除上述几类保险公司，经银保监会批准，可以经营短期健康保险业务。《办法》强调，除健康保险公司外，保险公司经营健康保险业务应当成立专门健康保险事业部。健康保险事业部应当持续具备下列条件：① 建立健康保险业务单独核算制度；② 建立健康保险精算制度和风险管理制度；③ 建立健康保险核保制度和理赔制度；④ 建立健康保险数据管理与信息披露制度；⑤ 建立功能完整、相对独立的健康保险信息管理系统；⑥ 配备具有健康保险专业知识的精算人员、核保人员、核赔人员和医学教育背景的管理人员；⑦ 银保监会规定的其他条件。

2. 关系人

健康保险合同的关系人是指与保险合同发生间接关系的人，包括被保险人和受益人。在一般民事合同中，当事人订立合同的目的是实现自己的某种经济利益，合同的法律效力也只能约束合同的当事人。保险合同则不同，保险合同可以为第三人利益而订立，投保人也可用他人的财产或自身作为保险标的，故存在着保险合同的关系人。

健康保险的被保险人是指其身体健康受保险合同保障，享有保险金请求权的人，是保险事故发生时遭受损失的人。投保人为自己投保时，投保人本人即是被保险人；投保人为他人投保时，投保人和被保险人是不同的人。当投保人为他人利益投保时，须遵守以下规定：被保险人应是投保人在保险合同中指定的人；投保人要征得被保险人同意；投保人不得为无民事行为能力人投保以死亡为给付保险金条件的人身保险。但父母为未成年子女投保的人身保险不受此限制，只是死亡给付保险金额总和不得超过保险监督管理机构规定的限额。在健康保险合同中，保险事故或事件发生后，被保险人仍然生存的，保险金请求权由被保险人本人行使；被保险人死亡的，保险金请求权由被保险人或者投保人指定的受益人行使；未指定受益人的，保险金请求权由被保险人的继承人行使。

受益人是健康保险合同中由被保险人或者投保人指定的享有保险金请求权的人。投保人、被保险人均可为受益人。投保人指定受益人时须经被保险人同意。投保人为与其有劳动关系的劳动者投保人身保险，不得指定被保险人及其近亲属以外的人为受益人。被保险人为无民事行为能力人或者限制民事行为能力人的，可以由其监护人指定受益人。被保险人或者投保人可以指定一人或者数人为受益人。受益人为数人的，被保险人或者投保人可以确定受益顺序和受益份额；未确定受益份额的，受益人按照相等份额享有受益权。被保险人或者投保人可以变更受益人并书面通知保险人。投保人变更受益人时须经被保险人同意。受益人故意造成被保险人死亡、伤残、疾病的，或者故意杀害被保险人未遂的，该受益人丧失受益权。

受益人的保险金请求权来自人身保险合同的规定，故受益人获得的保险金不属于被保险人的遗产，既不纳入遗产分配，也不用于清偿被保险人生前债务。但是《保险法》规定：被保险人死亡后，有下列情形之一的，保险金作为被保险人的遗产，由保险人依照《继承法》的规定履行给付保险金的义务：第一，没有指定受益人；第二，受益人先于被保险人死亡，没有其他受益人的；第三，受益人依法丧失受益权或者放弃受益权，没有其他受益人的。受益人与被保险人在同一事件中死亡，且不能确定死亡先后顺序的，推定受益人死亡在先。

在补偿性健康保险合同中，通常不指定受益人，由被保险人本人领取保险金。在给付性健康保险合同中，由被保险人或投保人指定受益人，投保人指定受益人必须征得被保险人同意。

3. 保险合同的辅助人

健康保险合同的辅助人又称中介人，是指在健康保险合同的订立、履行过程中起辅助作用的人，包括保险代理人、保险经纪人和保险公估人。

保险代理人是指保险人的代理人，是根据保险人的委托，向保险人收取佣金，并在保险人授权的范围内代为办理保险业务的机构或者个人。我国保险法规定，保险代理人包括专业代理机构、兼业代理机构和个人代理人3类。专业代理机构是指专门从事保险代理业务的保险代理公司，业务范围比较广泛，包括代理销售保险单、代理收取保险费、进行保险和风险管理咨询服务、代理保险人进行损失查勘和理赔等业务。兼业代理机构是指受保险人委托，在从事自身业务的同时，指定专人为保险人代办保险业务的单位，其业务只限于代理销售保险单和代理收取保险费。个人代理人是指根据保险人委托，向保险人收取代理手续费，并在保险人授权范围内代为办理保险业务的人，主要是指营销员。个人保险代理人在代为办理人寿保险业务时，不得同时接受两个以上保险人的委托。保险代理人应当具备保险监管部门规定的资格条件，代理机构应取得其颁发的经营保险代理业务许可证，向工商行政管理机关办理登记，领取营业执照，并交存保证金或投保职业责任保险。保险人委托保险代理人代为办理保险业务，应当与保险代理人签订委托代理协议，依法约定双方的权利和义务。保险代理人根据保险人的授权代为办理保险业务的行为，由保险人承担责任。但代理人不得滥用代理权，不得超出代理人的权限范围。若因代理人的越权行为造成的损失后果，代理人应对保险人承担赔偿责任。但为了保护相对方的利益，《保险法》中规定，保险代理人没有代理权、超越代理权或者代理权终止后以保险人名义订立合同，使投保人有理由相信其有代理权的，该代理行为有效。保险人可以依法追究越权的保险代理人的责任。

保险经纪人是基于投保人的利益，为投保人与保险人订立保险合同提供中介服务，并依法收取佣金的机构。保险经纪人与保险代理人不同，他是基于投保人的利益，向保险人或其代理人洽定保险合同，但保险经纪人并不代订保险合同，仍需投保人自己订立，除非得到投保人的特别委托。但经纪人的洽定必须基于投保人的利益，故必须在最优惠的条件下订立保险合同。而在订立合同之后，经纪人的佣金则由保险人支付。保险经纪人同样也要具备一定的资格条件。《保险法》规定,保险经纪人应当具备保险监管部门规定的资格条件,并取得其颁发的经营保险经纪业务许可证,向工商行政管理机关办理登记,领取营业执照,并缴存保证金或投保职业责任保险。因保险经纪人在办理保险业务中的过失给投保人或被保险人造成损失的,则由保险经纪人承担赔偿责任。

保险公估,是指评估机构及其评估专业人员接受委托,对保险标的或者保险事故进行评估、勘验、鉴定、估损理算以及相关的风险评估。在我国,保险公估人是专门从事上述业务的评估机构,包括保险公估机构及其分支机构。保险公估机构包括保险公估公司和保险公估合伙企业。

(二)健康保险合同的客体

健康保险的保险标的是人的身体,但人们要求保险公司保障的并不是其身体不生病或不受到伤害,而是保障其在生病或受伤害后所遭受的经济损失。因此,健康保险合同实际保障的是被保险人对其身体健康所具有的经济利益,即保险利益,而保险人向被保险人提供保障的也是保险利益。所以说,健康保险合同的客体是人们对其身体健康所具有的保险利益。

(三)健康保险合同的内容

1. 健康保险合同的主要内容

健康保险合同的内容,是指健康保险合同主体在保险合同中所享有的权利和承担的义务。健康保险合同的内容通常包括以下方面:保险人的名称和住所;投保人、被保险人的姓名或者名称、住所,以及受益人的姓名或者名称、住所;保险标的;保险合同的成立与生效、保险期间和保险责任开始时间;保险金额;保险责任和责任免除;保险费以及支付办法;宽限期、保险合同效力的中止和恢复;保险事故的通知、司法鉴定;保险金赔偿或者给付办法;诉讼时效;保险合同的解除;违约责任和争议处理;订立合同的年、月、日等。

2. 健康保险合同特有条款

通常,健康保险合同的内容是以保险条款的形式表现出来的。由于健康保险所承保的内容与一般人寿保险不同,有些条款是健康保险特有的,在投保时需要重点关注。

(1)观察期条款。观察期又称等待期,是指从健康保险合同生效日开始后一定时期内,对被保险人因疾病所致的医疗费用支出、收入损失以及身故等保险事故,保险公司不承担责任。观察期结束后保险公司才按照约定的内容承担保险责任,因此,观察期也可以称为免责期。设定观察期条款,是防止被保险人为了获取保险金而带病投保的行为。观察期的长短根据健康保险险种的不同而不同,长期健康保险(疾病保险)的观察期一般为合同生效后180天,观察期内发生合同约定的疾病,保险公司不承担保险责任,但可以在扣除手续费后退还保费。短期健康保险,如医疗费用保险，初次投保的观察期为 30～90 天。此期间被保险人因疾病发生医疗费用支出，保险公司不承担给付责任，但续保不受观察期的限制。失能收入损失保险的观察期，是指被保险人于丧失工作能力开始后的一定时间（通常为 7～365 天）内，保险公司不承担给付责任，待观察期结束后，保险公司才根据被保险人丧失工作能力的具体情况给付保险金。观察期条款是健康保险合同特有的条款，在人寿保险、人身意外伤害保险合同中没有此项条款。

（2）犹豫期条款。犹豫期也叫冷静期，是指投保人收到保险合同后的一定时期。犹豫期条款是指投保人在收到保险合同后，在犹豫期内有权解除保险合同，保险人应当同意并及时退还全部保险费（扣除成本费）。在健康保险合同中设置犹豫期条款主要是为了保护投保人的权益，是对投保人因一时冲动而做出购买保险的决定的补救。犹豫期通常是从回执日期开始起算的。投保人在收到保险合同后，应该认真阅读保险条款，对自己还不够了解或理解有偏差的内容，要及时向代理人询问。在确保了解合同全部内容后仍认为这是自己想要的保险保障，再亲自填写保单回执，并注明日期。根据《健康保险管理办法》规定，长期健康保险产品的犹豫期不得少于 15 天。

（3）免赔额条款。免赔额条款指在合同规定的免赔额以内的医疗费用支出由被保险人自己负担，保险人不予赔付。只有当实际支付的医疗费用超过免赔额时，保险人才负责。在健康保险中规定免赔额条款，是为了限制经常性的小额医疗费用支出以控制保险公司总的支出水平从而降低成本，并减少道德风险。这样规定的原因在于：一方面，小额医疗费用被保险人在经济上可以承受，还可以减少保险人小额赔付的工作量；另一方面，规定了免赔额，被保险人在得到保险人的赔付前先要自己承担一部分费用，可以促使被保险人加强对医疗费用的自我控制，避免过度医疗造成的医疗资源浪费。免赔额有绝对免赔额和相对免赔额之分。绝对免赔额指当医疗费用支出超过免赔额时保险人负责赔偿超过免赔额的部分；相对免赔额指当医疗费用支出超出免赔额时保险人负责赔偿全部医疗费用。健康保险合同中通常规定绝对免赔额，规定的方式一般有 3 种：一是单赔款免赔额，是针对每次赔款规定的免赔额；二是全年免赔额，是针对全年赔款总计规定的免赔额；三是集体免赔额，是针对集体投保规定的免赔额。

（4）比例给付条款。比例给付条款是在免赔额条款基础上经营采用的一个条款，又称共同分担条款或共保比例条款，是指对超过免赔额的医疗费用部分由保险人和被保险人按照合同约定的比例共同分担。一般而言，被保险人自己需要承担的自付比例一般为 20%～30%，其余部分由保险公司承担。这样的规定，是为了控制被保险人在接受治疗时的医疗费用总额。

（5）给付限额条款。给付限额条款是指在健康保险合同中，通常规定保险人给付医疗保险金的最高限额，在限额以内的医疗费用由保险人全部承担，超过限额的部分需要由被保险人自己承担。给付限额包括分项限额和总限额两种。分项限额是对每个保障项目分别规定各自的给付限额作为赔偿的最高限额；总限额是合同中只规定一个综合的限额，不论被保险人发生的是哪个保障项目费用，保险人都在限额以内负责赔付。

（6）体检条款。体检条款是指为了确认被保险人索赔的有效性，保险人有权要求提出索赔的被保险人接受其指定的医生或医疗机构的体检。体检报告作为保险人是否赔付的依据，保险人只对符合索赔条件的被保险人进行赔付。体检条款主要适用于残疾收入保障保险，要求被保险人定期接受检查以确定被保险人是否丧失工作能力。

（7）受益人条款。受益人条款是指健康保险合同中一般不指定受益人，被保险人本人即是领取保险金的人。如果被保险人死亡，其保险金将作为被保险人的遗产，由其法定继承人继承。这一点与其他人身保险有很大不同。

四、健康保险合同的组成

健康保险合同一般由投保单、保险条款、保险单、其他保险凭证以及合法有效的声明、批单以及其他约定的书面文件共同组成。合同的主要内容包括双方当事人的基本信息、保险标的、保险责任和责任免除、保险期间和保险责任开始时间、保险价值、保险金额、保险费及支付办法、保险金赔偿或给付办法、违约责任和争议处理等。

（一）投保单

投保单又称"投保书""要保书"，是投保人向保险人申请订立保险合同的书面要约。健康保险合同的投保单一般是由保险人事先准备、具有统一格式的书据。投保人必须依其所列项目——如实填写，以供保险人决定是否承保或以何种条件、何种费率承保。投保单本身并非正式合同的文本，但一经保险人接受后，即成为保险合同的一部分。投保人提出保险要约时，均需填具投保单。如投保单填写的内容不实或故意隐瞒、欺诈，都将影响保险合同的效力。健康保险合同的投保单一般包括投保人、被保险人及受益人的相关信息（主要包括姓名或名称、性别、年龄、婚姻状况、职业、工作单位、户籍所在地、有效身份证件类型及证件号码、住址、联系方式等）、投保事项（主要包括投保险种的名称、保险金额、保险期间、交费时间、交费金额与方式等）、健康告知（主要包括被保险人的身体状况、生活习惯、过去投保与理赔情况、有时包括既往病史及家族病史等内容所提出的问题）、财务及其他告知（主要是投保人收入与负债的情况、既往投保与索赔情况等事项的询问）、其他事项（如投保人、被保险人声明和授权、投保申请日期、银行转账授权等）。

（二）保险条款

保险条款是保险合同双方当事人协商一致确定的有关双方权利和义务的条文，是保险合同的核心内容，是保险人对其所承保的保险标的履行保险责任的依据。保险合同是一种定式合同，一般而言，条款由保险公司单方面制定，且内容复杂，专业性强。健康保险合同的保险条款一般由基本条款、附加条款和保证条款3部分构成。基本条款是保险人事先准备并在保险单上订立的基本事项，包括法定条款和任选条款两部分。法定条款是法律规定必须列入的条款，而任选条款则是保险人根据其业务本身的需要而由保险人自己规定的条款。附加条款是保险人为适应各类投保人的特殊需要，在保险单上已有基本条款的基础上，另行增加的一些条款，借以扩大原保险单的责任范围，或变更原保险单的内容，或将原保险单规定的事项加以变更。保证条款（亦称特约条款）是保险人要求被保险人保证做或保证不做某事，或者保证某种事态存在或不存在的条款。保险条款的主要内容包括保险责任及责任免除、保险期间、保险费以及支付办法、保险金额及申请与支付、合同解除、现金价值权益及其他相关事项（如如实告知、年龄错误、争议处理等）。

（三）保险单

保险单是保险公司承保后，记载保险金额、保险费数额等合同具体信息的单证。保险单根据投保人的申请，由保险人签署，交由被保险人收执，保险单是被保险人在保险标的遭受意外事故而发生损失时，向保险人索赔的主要凭证，同时也是保险人收取保险费的依据。保险单是保险合同的一种载体，一个保险合同不仅包含我们常常说的保险单，还包括一些口头、书面要约，如投保单、法定要约等内容，所以一个完整的保险合同包含保险单，也包括投保书、保险合同条款和其他保险凭证。

（四）其他

除了投保单、保险条款和保险单，健康保险合同还可能由其他保险凭证以及合法有效的声明、批单以及其他约定的书面文件共同组成。

其他保险凭证是用以证明保险合同已经生效的证明文件，如团体保险中的保险凭证。团体保险中的主单，一般由团体主持人保管，团体内部的每个成员可持有保险凭证，作为已参加保险的证明。

批单亦称"批改单"或"背书"，是指为变更保险合同的内容，保险人所出立的补充书面证明。保险单出立后，在合同有效期内，保险人和被保险人均有权通过协议更改保险合同的内容。通常，提出批单要求的多是被保险人一方。对于变更保险合同的任何协议，如更改险别、户名、地址、运输工具的名称、保险期限、保险金额、转让保险权益等，均需保险人出立批单。批单可以在原保险单或保险凭证上批注，也可以另外出立一张变更合同内容的单证。保险单经过批注的事项，以批单所规定的内容为准。

第二节　健康保险合同的基本原则

保险的基本原则包括最大诚信原则、保险利益原则、近因原则和损失补偿原则，这些原则是所有保险业务经营过程中都必须遵循的准则和要求。但不同性质的保险业务都具有自身的特殊性，故而保险基本原则对各险种的适用性不同，在保险实践

中的具体要求和实务处理规则也不同。比如，保险利益原则在财产保险和人身保险实务应用中就有很大差别。就健康保险而言，也必须要遵守各项原则，但各原则在健康保险应用中又有一些特殊的要求。

一、最大诚信原则

（一）最大诚信原则的内涵

《民法典》第七条规定："民事主体从事民事活动，应当遵循诚信原则，秉持诚实，恪守承诺。"诚信原则是人们从事任何民事、商事活动都应遵循的基本原则。由于保险合同双方信息不对称以及保险合同自身的射幸性，保险活动中对当事人诚信的要求要高于一般的民事活动，因此民法中的诚信原则在保险法中的体现也被称为最大诚信原则。最大诚信原则要求保险活动当事人要向对方充分而准确地告知与保险相关的重要事实。在保险实践中，这一原则更多地体现为对投保人或被保险人的一种法律约束，当投保人违反该原则时，保险人可解除合同或请求确认合同无效。综上，最大诚信原则的含义可表述为：保险合同当事人订立合同及合同有效期内，应依法向对方提供足以影响对方做出订约与履约决定的全部实质性重要事实，同时绝对信守合同订立的约定与承诺。否则，受到损害的一方，按民事立法规定可以此为由宣布合同无效，或解除合同，或不履行合同约定的义务或责任，甚至对因此受到的损害还可以要求对方予以赔偿。

健康保险由于其承保标的、承保内容和保险事故的特殊性，极易发生道德风险和逆选择，可以说是所有险种中道德风险和逆选择最难以控制的。因此，遵循最大诚信原则对保险双方尤其是保险人具有非常重要的意义。健康保险实务中对最大诚信原则的要求也更为严格，其内容也呈现出一些特殊性。

（二）健康保险合同中最大诚信原则的主要内容

最大诚信原则的内容主要通过保险合同双方的诚信义务来体现，具体包括投保人或被保险人如实告知的义务及保证义务，保险人的说明义务及弃权和禁止反言义务。

1. 投保人或被保险人的义务

（1）如实告知义务。

如实告知义务指健康保险合同订立时，保险人就保险标的或者被保险人的有关情况提出询问的，投保人应当如实告知。保险法规定，在订立保险合同时，保险人应当向投保人说明保险合同的条款内容，并可以就保险标的或者被保险人的有关情况提出询问，投保人应当如实告知。健康保险合同要求保险人在被保险人发生保险责任期间内的保险事故时向其支付保险金，根据公平原则保险人在订立合同时应该熟悉、掌握保险标的的危险状况，进而决定承保并确定保险费率。如果投保人（被保险人）不履行如实告知义务，这不仅违反了诚信原则，而且影响了保险人对风险的估计，最终导致保险人承担了额外的风险：向被保险人支付保险金，这有违公平原则。

由于疾病是健康保险的主要风险，因而保险公司对被保险人的疾病信息要做全面了解，主要通过询问或查看被保险人以往的病历来了解被保险人的既往病史、现病史，有时还需要了解被保险人的家族病史。对于一些重要事项和疾病，还须填写特殊疾病调查问卷，以更加详细地告知。当然也可以通过被保险人的体检报告来判断被保险人的身体健康状况。通常情况下，当保险金额超过一定数额或被保险人达到一定年龄时要求被保险人必须进行查体。

在健康保险实务中，投保人或被保险人违反告知义务的情况主要有：① 未申报。投保人或被保险人由于无意或疏忽的原因，或者对重大事实误认为不重要而遗漏，或没有进行说明。这种情况并不是投保人主观故意隐瞒，而是因为很多客观因素导致未能如实告知。如大多投保人不知道到底哪些项目需要如实告知，也可能是医生病历书写失误造成的等。② 误告，是指投保人或被保险人对重大事实申报不准确但并非故意欺骗。如很多人由于医学知识欠缺从而对自己身体健康状况难以准确判断。③ 隐瞒，投保人明知某些重大事实会影响保险人决定其是否承担某一风险且对这些重大事实有所了解而故意不申报。这是健康保险中道德风险最主要的表现。④ 欺诈，是指投保人对重大事实故意做不正确申报，或有意捏造事实并存有欺诈意图。例如，某人已知自己身患癌症，但他仍向保险公司高额投保，并说自己身体健康，无任何严重疾病，从而诱骗保险人与其订立健康保险合同，这一行为就是欺诈。

健康保险合同中，投保人未如实履行告知义务，根据具体情况保险法规定了不同的处理办法。投保人故意隐瞒事实，不履行如实告知义务的，或者因过失未履行如实告知义务，足以影响保险人决定是否同意承保或者提高保险费率的，保险人有权解除保险合同。投保人故意不履行如实告知义务的，保险人对于保险合同解除前发生的保险事故，不承担赔偿或者给付保险金的责任，并不退还保险费。投保人因过失未履行如实告知义务，对保险事故的发生有严重影响的，保险人对于保险合同解除前发生的保险事故，不承担赔偿或者给付保险金的责任，但可以退还保险费。

（2）保证义务。

保证是指投保人或被保险人对在保险期限内的特定事项作为或不作为向保险人所做的担保或承诺。保证分为明示保证和默示保证。明示保证是以书面形式载明于保险合同中，以"被保险人义务"条款表达的一类保证事项。默示保证是指虽未以条款形式列明，但是按照行业或国际惯例、有关法规以及社会公认的准则，投保人或被保险人应该作为或不作为的事项。

健康保险中投保人的健康保证是确认保证。在健康保险中，当投保人告知被保险人"身体健康"时，是对被保险人在保险合同订立前和订立时的保证，即只有被保险人在订立合同前和订立合同时是健康的，合同才能成立。至于将来被保险人在保险有效期内生病，甚至死亡，并不破坏保证，却可能正是保险人给予保障的责任。如果投保人或被保险人"身体健康"保证不真实，如被保险人患有先天性心脏病但说身体健康，保险人有权解除合同，并不予承担保险责任。

2. 保险人的义务

（1）说明义务。

说明义务的规定是诚实信用原则在保险合同订立过程中的体现。健康保险合同大都由保险人制定，合同中涉及很多医学知识和医学术语，健康保险中的投保方案多是将几种人身保险险种加以组合而成的，有利于满足消费者多样化、个性化保险需求。但如果消费者不同时具备丰富的保险知识和医学知识的话，是很难完全看懂健康保险条款的。保险人因其从事保险业经营而熟悉保险业务，精通保险合同条款，并且保险合同条款大多由保险人制定，而投保人常常受到专业知识的限制，对保险业务和保险合同条款不甚熟悉，加之对合同条款的内容的理解也可能发生偏差、误解，均可能导致被保险人、受益人在保险事故或保险事件发生后，得不到预期的保险保障。因此，保险人在订立保险合同时应当按照最大诚信原则，对保险合同条款的内容做出说明，使投保人正确理解合同内容，自愿投保。《保险法》第十七条规定，采用保险人提供的格式条款的，保险人向投保人提供的投保单应当附格式条款，保险人应当向投保人说明合同的内容。对保险合同中免除保险人责任的条款，保险人在订立合同时应当在投保单、保险单或者其他保险凭证上做出足以引起投保人注意的提示，并对该条款的内容以书面或者口头形式向投保人做出明确说明；未做提示或者明确说明的，该条款不产生效力。可见，保险人的说明义务既包括对保险合同内容的一般说明义务，更包括对免责条款的明确说明义务。

健康保险合同中涉及很多医学知识，有很多医学术语，再加上保险业务人员为消费者设计的投保方案多是将几种人身保险险种加以组合而成的，如目前市场上热销的"国寿福""中意一生保"等，都是将终身寿险作为主险，附加重疾险（包括重大疾病保险、恶性肿瘤保险等）、意外险、意外医疗险等。这样做固然能满足消费者多样化、个性化的保险需求，但如果消费者不同时具备丰富的保险知识和医学知识的话，则很难完全看懂健康保险条款。因此，为了能使消费者明明白白地买到适合自己的健康保险服务，保险业务人员就应该将所有关系消费者切身利益的条款向消费者加以明确说明，而不仅仅只限于免责条款。这也是最大诚信原则中要求保险人如实告知的重要内容。

（2）弃权和禁止反言。

弃权是指保险合同中的一方当事人放弃其在合同中的某种权利。禁止反言也称禁止抗辩，是指保险合同一方既然已经放弃他在合同中的某种权利，将来不得再向他方主张这种权利。在保险实践中，禁止反言主要用于约束保险人，指保险人一旦放弃因投保人或被保险人违反告知义务或保证条款而产生的解约权或抗辩权，则不得重新主张该项权利。《保险法》明确规定："保险人在合同订立时经知道投保人未如实告知的情况的，保险人不得解除合同；发生保险事故的，保险人应当承担赔偿或者给付保险金的责任。"在健康保险中，某些保险代理人可能会出于业绩考虑，对投保人进行误导，从而使投保人没有很好地履行如实告知义务；或者保险代理人没有将被保险人的真实情况通知保险人，保险人与投保人签订了合同。但保险代理人的知情视为保险人的知情。这些情况均可认为保险人在保险合同订立时已知悉投保人未如实告知但仍予承保,构成了弃权,保险公司不能以投保人未履行如实告知义务而拒赔。

二、保险利益原则

(一) 保险利益原则的内涵

保险利益是指投保人或者被保险人对保险标的具有的法律上承认的利益。保险利益必须是合法利益,必须是有经济价值的利益,必须是可以确定的和能够实现的利益。在财产保险中,凡可使投保人产生经济利害关系的保险标的,都具有保险利益。在人身保险中,投保人对以下人员具有保险利益:本人;配偶、子女、父母;除前项以外与投保人有抚养、赡养或扶养关系的家庭其他成员、近亲属;与投保人有劳动关系的劳动者。此外,被保险人同意投保人为其订立合同的,视为投保人对被保险人具有保险利益。

保险利益原则又称"可保利益"或"可保权益",是指在签订和履行保险合同过程中,投保人或被保险人对保险标的必须具有保险利益,否则合同无效。即使订立了保险合同,保险人也有权解除合同或拒绝承担经济赔偿责任。该原则表明,投保人对保险标的具有保险利益是订立保险合同的前提条件,无论是财产保险还是人身保险,投保人只有对保险标的具有保险利益才有资格与保险人订立保险合同,签订的保险合同才能生效。保险利益原则的确定是为了通过法律防止保险活动成为一些人获取不正当利益的手段,从而确保保险活动可以发挥分散风险、减少损失的作用,如防止和遏止投机行为的发生,防止道德危险的发生,同时也规定了保险人赔偿与给付的最高限额。

(二) 保险利益原则在健康保险中的应用

1. 存在不同的保险利益认定与判断标准

保险利益在健康保险中表现为投保人对被保险人的健康、健全与否存在的经济上的利害关系。当被保险人健康或健全时,投保人虽然不会因此而直接享有某种利益,但无须为其支付医疗费,也不会遭受收入损失;当被保险人患病或遭受意外伤害时,就会发生医疗费用支出,也可能会遭受收入损失,从而使其经济利益受到损害。这时就可以认定投保人对被保险人有保险利益。

健康保险属于人身保险,其保险利益的法律规定通常与人身保险一致。各国保险立法通常规定,人们对自己具有保险利益,可以为自己购买任何种类的人身保险,其中包括健康保险。但当人们为他人投保时对于保险利益的确认,各国采取了不同的原则和方法,主要有利益主义、同意主义和折中主义。

2. 强调投保时必须有保险利益

《保险法》第十二条规定:"人身保险的投保人在保险合同订立时,对被保险人应当具有保险利益……"第三十一条第三款规定:"订立合同时,投保人对被保险人不具有保险利益的,合同无效。"这表明,在我国保险实践中,人身保险(包括健康保险)的投保人对被保险人具有保险利益是订立保险合同的前提条件,投保人只有对被保险人有保险利益才有资格与保险人订立保险合同,签订的保险合同才能生效。但保险合同生效后,发生保险事件时不再追究投保人对被保险人的保险利益问题。这是因为健康保险合同生效后,保险合同是为被保险人的利益而存在的,即当保险事故发生时,通常由被保险人本人领取保险金,享受保险合同规定的利益,所以合同生效后强调投保人与被保险人的保险利益毫无意义。而且在健康保险合同中,受益人通常是被保险人本人,只有包含死亡责任的疾病保险中才指定被保险人以外的人为受益人。

3. 以健康保险需求和投保人的交费能力作为确定保险利益价值的依据

健康保险的保险标的是人的身体,不能用货币来衡量其价值大小,因而从理论上讲健康保险的保险利益在量上是无限的。但投保人的交费能力是有限的。因此,健康保险的保险利益价值是根据被保险人的健康风险保障需求与投保人的交费能力来确定的。其中,医疗保险和疾病保险需求主要考虑未来所需医疗费用;失能收入保险需求主要考虑被保险人在一定时期内可能减少的收入;长期护理保险需求以未来可能需要的护理费用为依据。健康保险实践中,通常只考虑有无保险利益而不考虑保险利益的大小,依据投保人的交费能力来确定保险金额。

三、近因原则

(一)近因原则的内涵

近因是指直接促成结果的原因,即效果上的最直接原因。保险关系上的近因并非指在时间上或空间上与损失最接近的原因,而是指造成损失的最直接、最有效的、起主导作用或支配性作用的原因。

近因原则,是指保险人只有在造成损失的最直接、最有效原因即近因为承保范围内的保险事故时才承担保险责任,对承保范围外的原因引起的损失,不负赔偿责任。可见,近因原则是保险人用以判断是否要进行赔付时所依据的原则。当保险标的因事故而致损害时,被保险人或受益人能否获得赔偿或给付,取决于造成保险标的的损害的近因是否属于保险责任。若属于保险责任,保险人必须承担赔偿或给付保险金的责任;若不属于保险责任,保险人可以拒绝承担赔付责任。在保险实践中,造成保险标的损害的原因经常是错综复杂的,有时连续发生,有时同时发生,而且这些原因有的属于保险责任,有的是除外责任。对这类因果关系比较复杂的赔偿案,保险人应以近因原则作为依据来判断和处理。同时,由于保险标的致损情形的多样性且相对复杂,包括单一原因致损、多种原因同时致损、多种原因连续发生致损和多种原因间断发生致损等多种情况,对于近因的判定及运用应根据具体情况进行具体分析。比如:如果是多种原因连续发生致损则以最先发生的事故作为近因;如果是多种原因间断发生致损则以新介入的因素作为近因。

(二)近因原则在健康保险中的应用

健康保险承保内容广泛，保险事故包括疾病和意外伤害，保障责任涵盖医疗费用、收入损失、护理费用和重疾给付等多项内容。对疾病而言，疾病本身具有多样性和复杂性，影响疾病的因素及引发疾病的原因更是纷繁复杂且难以准确判断。而在意外伤害的情形下，从意外伤害事故发生到最终被保险人受到伤害的过程也是复杂多变的。这样，判定意外伤害事故是否是伤害后果近因时也不能简单地二选一或多选一，而要根据行为或灾害所造成人身伤害的各个原因及其作用的程度来判断。因此，近因原则在健康保险实务中的运用也与其他险种有所不同。

1. 疾病致损时的判断

健康保险所承保的疾病不同于医学领域的疾病概念，其并不是对所有的疾病都予以承保。因此，当被保险人因疾病而发生医疗费用支出，或者因病致残失能而遭受收入损失时，保险人是否负责赔偿要依据被保险人所患疾病是否符合健康保险中的"疾病"条件而定。健康保险中的疾病应满足的条件有3个：

第一，内部原因诱发的疾病。这是区分健康保险与意外伤害保险的一个重要标准。健康保险要求的疾病一定是由人身体内部的某种原因导致的，如肺炎会引起发烧、肠炎直接反映为腹泻等。而由于外来剧烈原因导致身体健康的损害，应当视作伤害而非疾病，由此在保险理论上严格区分了两大险种。可事实上，许多疾病是外部原因造成的，如病菌的感染、气候变化影响、环境污染而致病等，这似乎又一次模糊了两者的界限。对此种情况，理论上通常认为即使基本源于外界各种因素，也必然要在身体内部经过一段时间的酝酿，引起身体内部的各种物理、化学反应的影响，才会发作、形成疾病，这与伤害是有所区别的。

第二，非先天性疾病。保险的一个重要特征就是对那些在保险期间内发生的保险事故由保险人根据保险合同履行补偿或给付义务，健康保险要求疾病发生在保险合同的效力期间。参照此原则，一般对于先天存在身体上的缺陷，健康保险都不会进行承保。

第三，偶然性疾病。偶然性疾病的限制来自这样的假设，即认为人生以健康为常态，以疾病为异常。所以疾病的发生应当纯属偶然，而不是人们所能预料到的。可这种偶然性疾病是可以治愈的，并不是一旦得了就无可救药。因而，通常对偶然性疾病又要求其在客观上有药可治，通过各种医药手段、措施减轻痛苦、缓解病势并最终根除病患。符合疾病条件的保险人负责赔偿，对于不符合疾病条件的，保险人就无须承担责任。

2. 意外伤害致损时的判断

当被保险人因意外伤害事故造成医疗费用支出或收入损失时，保险人赔偿与否的判断标准包括两个方面。一是意外伤害是否符合"意外"和"伤害"的条件及要素。"意外"，指侵害的发生是人们事先没有预见到的，或违背人们的主观意愿的，需满足外来的、突然的、非本意3个条件。伤害，指外来致害物使人的身体受到侵害的客观事实，由致害物、侵害对象、侵害事实3个要素构成，缺一不可。二是意外伤害事故是否是可保的。通常情况下，意外伤害保险条款中将被保险人在犯罪活动、寻衅殴斗、酒醉、吸食（或注射）毒品后、自加伤害和自杀行为等造成的意外伤害列为不可保意外伤害；将从事登山、跳伞、滑雪、赛车、拳击、江河漂流、摔跤等剧烈的体育活动或比赛以及核辐射、医疗事故等造成的意外伤害等列为特约保意外伤害；剔除不可保意外伤害、特约保意外伤害，其他属于一般可保意外伤害。只有符合意外伤害的条件且是可保意外伤害造成的损失，保险人才负责赔偿。如果是特约保意外伤害，经过投保人与保险人特别约定保险人才予以承保的，出险时保险人也负责赔偿。

3. 疾病和意外伤害并存时的判断

有些情况下，致损的原因既有疾病也有意外伤害，就需要同时运用疾病条件、意外伤害条件和可保与否来判断。例如：一个患有某种疾病的人在意外交通事故后受伤致残，就不能简单地判定完全由意外事故致残或与意外事故无关，而应该依据意外事故和疾病在致残过程中的作用大小或占的比例（确定事故的寄与度）确定保险人应负责任的程度及赔偿比例。如果符合疾病条件而不符合意外伤害条件，保险人按比例负责因疾病造成的损失；相应的，如果不符合疾病条件而符合意外伤害条件，保险人则按比例负责因意外伤害造成的损失；如果同时符合疾病及意外伤害条件，保险人赔偿所有损失。

四、损失补偿原则

（一）损失补偿原则的内涵

损失补偿原则是指在补偿性保险合同中，保险标的遭受保险责任范围内的损失时，被保险人从保险人处获得的经济补偿金额不能超过其实际损失，即保险人的赔偿只能使被保险人在经济上恢复到受损前的状态，而不能通过赔付获得额外利益。保险人确定赔偿金额时要考虑保险金额、保险利益和实际损失等因素。损失补偿原则有两个派生原则：代位原则和分摊原则。代位原则，是指在补偿性保险中，保险标的发生保险事故造成推定全损，或者保险标的由第三者责任导致保险损失，保险人按照保险合同的约定履行赔偿责任后，依法取得对保险标的所有权或对保险标的损失负有责任的第三者的追偿权。分摊原则，是在重复保险的情况下当保险事故发生时，各保险人应采取适当的分摊方法分配赔偿责任，使被保险人既能得到充分的补偿，又不致获得额外利益。保险人可以采取比例责任方式、限额责任方式或顺序责任方式来分摊损失责任。

（二）损失补偿原则在健康保险中的应用

损失补偿原则是针对补偿性保险合同而规定的在理赔时应遵循的规则，不适用于给付性合同。人身保险是给付性保险，出险时通常按照合同约定的保险金额给付保险金。但健康保险是人身保险中的例外，健康保险中的医疗保险、收入损失保险和长期护理保险合同是补偿性合同，只有疾病保险合同是给付性合同。因而，损失补偿原则对健康保险不具有普遍适用性，只适用于具有补偿性的健康保险合同，不适用于疾病保险合同。其在健康保险中的特殊性主要表现在以下几个方面：

1. 保险人的赔偿以被保险人的医疗费用或收入损失为限

在补偿性健康保险中，保险人的赔偿要以被保险人因疾病或意外伤害而造成的医疗费用支出或收入损失作为赔偿的最高数额。实践中，对医疗费用的赔偿通常要规定绝对免赔额、给付比例和给付限额，保险人对超过免赔额的医疗费用按规定的比例给付，不超过给付限额。对收入损失的赔偿规定等待期、按伤残程度规定给付比例并不超过合同约定的给付金额。

2. 保险人对第三者责任造成的医疗费用或收入损失可以行使代位追偿权

补偿性健康保险合同中，如果是由第三者责任造成被保险人支付了医疗费用或遭受了收入损失，对属于保险责任的，保险公司在对被保险人赔偿后，可以依法行使代位追偿权，向责任方追偿。否则，被保险人可能会获得双重赔偿而取得额外利益，或者使责任方逃脱法律责任。《保险法》仅对人身保险第三者责任的处理进行了笼统的规定，并没有对健康保险的第三者责任应如何处理加以明确说明。《保险法》第四十六条规定："被保险人因第三者的行为而发生死亡、伤残或者疾病等保险事故的，保险人向被保险人或者受益人给付保险金后，不享有向第三者追偿的权利，但被保险人或者受益人仍有权向第三者请求赔偿。"在保险实务中，为了避免与被保险方就《保险法》第四十六条的规定引起争议，通常在保险合同条款中就第三者责任的追偿加以约定和说明。

3. 重复保险情况下保险人可以按比例分摊医疗费用或收入损失

如果被保险人同时拥有两份以上的补偿性健康保险合同，这就构成了重复保险。但出险时被保险人并不能获得多重补偿，而是由保险人按照各自保险金额占保险金额总和的比例来分摊医疗费用或收入损失。

4. 损失补偿原则不适用于具有给付性的疾病保险

疾病保险具有给付性，当被保险人被确诊罹患合同中约定的某种疾病时，保险人按合同约定的保险金额给付保险金，而不受实际支付的医疗费用和收入损失多少的限制。如果由第三者责任造成被保险人罹患合同中约定的某种疾病时，保险人在给付后不能向责任方追偿，即被保险人可以同时拥有保险人给付的保险金和责任方的赔偿。同样，当被保险人同时拥有多份疾病保险合同时，出险后可以获得多重给付。

本章小结

健康保险合同是人身保险合同的一种，是投保人和保险人约定健康保险权利和义务关系的协议。健康保险合同具有一般人身保险合同的特征。健康保险与人身保险的其他险种，如人寿保险、人身意外伤害险相比，还具有自身的特殊性，体现为健康保险合同的保险标的是人的身体健康、健康保险合同承保的风险较广泛、健康保险合同既具有给付性又具有补偿性、健康保险合同中有许多限制性条款、健康保险合同中规定责任期限。

健康保险合同由主体、客体和内容3个要素构成。健康保险合同主体包括健康保险合同当事人、保险合同关系人和保险合同辅助人3类。健康保险合同的当事人包括保险人和投保人，关系人包括被保险人和受益人，辅助人包括保险代理人、保险经纪人和保险公估人。

健康保险的保险标的是人的身体，但人们要求保险公司保障的并不是其身体不生病或不受到伤害，而是保障其在生病或受伤害后所遭受的经济损失。

健康保险合同的内容通常包括：保险人的名称和住所；投保人、被保险人的姓名或者名称、住所，以及受益人的姓名或者名称、住所；保险标的；保险合同的成立与生效、保险期间和保险责任开始时间；保险金额；保险责任和责任免除；保险费以及支付办法；宽限期、保险合同效力的中止和恢复；保险事故的通知、司法鉴定；保险金赔偿或者给付办法；诉讼时效；保险合同的解除；违约责任和争议处理；订立合同的年、月、日等。

健康保险合同特有条款主要有观察期条款、犹豫期条款、免赔额条款、比例给付条款、给付限额条款、体检条款、受益人条款等。

健康保险合同的类型从不同的角度可以划分为不同的类型，主要有补偿性合同和给付性合同、长期性合同和短期性合同、个人合同和团体合同、主险合同和附加险合同。

健康保险合同的基本原则包括保险利益原则、最大诚信原则、近因原则和损失补偿原则，这些原则是所有保险业务经营过程中都必须遵循的准则和要求，但在健康保险的应用中又有一些特殊的要求。

 复习思考题

1. 健康保险合同与一般保险合同相比，有哪些特有的特征？
2. 健康保险合同的要素有哪些？
3. 健康保险合同的类型有哪些？
4. 健康保险合同的基本原则有哪些？

案例分析

2018年1月,陈某因患肺癌住院,其家属害怕其不能接受而未告知。2020年6月,陈某经保险业务员小王推荐,购买了某保险公司的健康保险并办妥了有关手续。填写投保单时由于陈某不知道自己患癌症的实际情况,故未告知身患癌症的事实。2021年3月,陈某因肺癌复发并转移,经医治无效死亡。陈某的家属以指定受益人的身份,到保险公司申请给付保险金。保险公司在审查提交的理赔资料时,发现死亡病史上,载明陈某曾于2018年1月患肺癌并动过手术,保险公司核实并找到了当初手术的记录,于是拒绝给付保险金。陈某家属则以陈某并不知自己身患何病并未违反告知义务为由抗辩,双方因此发生纠纷。

思考:保险公司是否应承担赔偿责任?

第三章 医疗保险

本章要点

1. 掌握：医疗保险产品的概念、种类，医疗保险合同的概念、特点、分类，医疗保险合同的订立、生效和终止的规定。
2. 熟悉：医疗保险的概念、特征及发展历程。
3. 了解：多层次医疗保障制度体系。

课程目标

通过学习医疗保险合同条款，学生能更好地领悟合同条款所反映出的公平平等、公正法治等保险理念；通过医疗保险案例教学，学生对生命安全、身体健康更加重视，能更好地理解医疗保险的意义和价值。

第一节　医疗保险概述

一、医疗保险的概念

医疗保险从社会属性上分，可以分为社会医疗保险和商业医疗保险。

社会医疗保险是指一个国家或地区按照保险设定的原则，为解决居民基本医疗卫生问题而筹集、分配和使用医保基金的制度，它是社会保障制度体系的重要组成部分。中国的社会医疗保险制度目前已基本实现全民覆盖。社会医疗保险可以满足国民的基本医疗服务需求，但随着医疗费用的逐年提升，社会医疗保险发挥保障作用的压力也日益增大。国务院 2014 年颁布《关于加快发展商业健康保险的若干意见》，提出要着力实现商业健康保险与社会医疗保险的衔接，表现出政府在新医改的背景下对商业健康保险发展的重视，同时也为其发展创造了良好的机遇。

商业医疗保险，是指以保险合同约定的医疗行为的发生为给付保险金条件，为被保险人接受诊疗期间的医疗费用支出提供保障的保险。商业医疗保险是相对于社会医疗保险而言的，是保险公司经营并以盈利为目的，向投保人收取保险费用，保险公司按照合同约定为被保险人因疾病或意外伤害产生医疗费用损失提供保障的一类健康保险。商业医疗保险是社会医疗保险的有力补充，也是我国多层次医疗保障体系的组成部分，对于丰富和完善医疗保障体系，促进和谐社会的构建具有重要作用。

二、医疗保险的特征

1. 保险期限短，保费与年龄正相关

商业医疗保险的保险期限一般较短，通常不超过一年。由于疾病种类的增多以及医疗技术的不断进步，药品和就医服务的成本增加，再加上我国的商业医疗保险还处于起步阶段，可参考的数据和统计资料有限，保险精算人员难以制定出长期适用的保险费率。保险费多数是在投保时一次交纳，也有少数保单采用分期交纳的方式。保险费的核定主要考虑被保人的职业、性别、年龄和保险金等因素，理论上随着被保人的年龄增长而价格上涨。

2. 遵循损失补偿原则

商业医疗保险与其他人身保险种类赔付方式不同，例如重大疾病保险与人寿保险的赔付遵照定额给付原则，发生保险事故时，按照签订合同时约定的保险金额进行给付。但是商业医疗保险遵循的是损失补偿原则，参保人员患病后可享有到医院就医，享受医疗服务的待遇，其经济水平或者社会地位这些因素不会对就医产生影响。但由于病种、病情的差异，每个患者所花费的金额是不同的，获得保险公司的补偿也不同。保险公司将按照合同约定，根据被保险人实际花费的医疗费用进行补偿，且补偿金额不得超过保险事故造成的实际损失。

3. 合同对被保险人健康风险控制严格

由于商业医疗保险理赔频繁，且逆选择严重，承保风险相对较高，所以保险公司对被保险人健康要求较高，"健康告知"条款要求严格，以此来筛选带病投保的群体，降低经营风险。同时，商业医疗保险还有免赔额条款和等待期条款的规定。免赔额条款的规定意味着被保险人对一部分的医疗费用需自行承担，而规定免赔对于减少道德风险的发生有一定作用，同时也会减少运营成本。目前，商业医疗保险基本都会设立等待期或观察期，由于保险公司或是保险产品不同，等待期的时间也会有所不同，一般是30天到90天，目的也是防止消费者带病投保，减少逆选择和道德风险，保护投保人和保险公司的权益。

4. 可设计有针对性的附加条款

针对一些特殊的疾病，需要一些特殊的治疗或药品，而这些药品或治疗不一定包含在保险责任范围内或费用非常昂贵。如需要血液透析的病人，需使用骁悉或升白药等价格昂贵且大部分不在医保范围内的药物，参保人员一旦需要使用便导致个人负担沉重。保险人可针对这些治疗项目和药品设计出相应的附加条款，使被保险人能以较低的费率最终获得较充分的保障。

5. 不保证续保

商业医疗保险虽然保费较便宜，但是除税优健康险外，绝大多数产品并不保证续保。由于被保险人年龄或者身体状况的改变，同时还有医疗技术的进步导致医疗费用的增加，保险公司会及时调整费率或者有条件续保，从而达到规避风险、提高盈利水平的目的。保险监管机构明确规定，保险公司开发的"短期健康险产品"应当在保险条款中明确表述为"非保证续保"条款，严禁以"保证续保"的概念对消费者进行误导宣传。

6. 无指定受益人

医疗保险产品是为被保险人提供医疗费用的保险，基本以被保险人的存在为条件，受益人与被保险人一致，故无须指定受益人。

7. 一般只覆盖医疗支出的直接费用

对于类似误工费、营养费等间接医疗费用支出，保险公司一般不承担赔付责任。当然，除了保险双方事先约定的可附加条款提前列明的。

8. 理赔程序相对复杂

由于医疗保险遵循"损失补偿原则"，所以合同中明确规定理赔时必须提供就医期间各项开支的原始发票或单据，保险公司需要对各项开支的真实性以及是否符合赔偿条件进行审核。

三、医疗保险的发展

我国商业医疗保险的发展演进过程是随着改革开放和医疗保障体系改革的深化而变化的，从其发展历程来看，经历了初步发展、快速发展和新发展3个阶段。

（一）初步发展阶段

在改革开放前，我国实行计划经济体制，国家针对不同人群建立了不同的医疗保障制度，对农村居民实行的是农村合作医疗，对机关事业单位职工和家属、伤残军人和大学生群体实行的是公费医疗，对工厂、民航、航运等行业职工和亲属这类人群实行劳保医疗，这3类医疗保障制度对国民医疗保障发挥了重要作用。

改革开放后，我国经济体制发生改变，开始走市场经济，农村合作医疗、公费医疗和劳保医疗制度发生了巨大的变革，在农村，1978年左右农村合作医疗的覆盖率超过90%，但是自此后却快速下滑，1984年覆盖率已经低于10%；在城市，由于市场经济体制的改变，国有企业发展并不顺利，公费医疗和劳保医疗也开始逐渐衰落。由于原有的医疗保障体制开始逐渐解体，为了分散居民的医疗费用风险，保险公司开始经营商业医疗保险。商业医疗保险自此进入了起步发展阶段。

（二）快速发展阶段

随着原有的医疗保障制度的瓦解，全国缺乏医疗保障的人口比例越来越高，1993年该比例接近70%，1998年没有医疗保障的人口比例更是增加到76%（城市人口占44%、农村人口占87%）。2000年，我国个人卫生支出占卫生总费用的比例高达60%。"看病贵、看病难"问题日益显现，这也推动了全国各地试点推行新的医疗保障体系。新制度在政策上鼓励个人与企业在加入了基本医疗保险的背景下继续参加商业医疗保险。中国商业医疗保险的发展离不开政策的调整，保监会也在出台各项文件推动健康保险专业化经营。我国商业医疗保险随着政策的不断调整而快速发展。

（三）新发展阶段

2006年6月，国家开始进行新医改政策研究，进入新医疗改革阶段。2008年10月，国家发布新医改政策征求意见稿，2009年3月，正式颁布新医改方案。商业医疗保险作为补充的地位在新的医改方案中得到了进一步的明确，同时还明确了商业性质的保险公司可以承办基本医疗保障等内容。随着新医改政策的推进，商业医疗保险带来新的发展机会。

党的十九大报告提出："全面建成覆盖全民、城乡统筹、权责清晰、保障适度、可持续的多层次社会保障体系。"2020年2月，《中共中央国务院关于深化医疗保障制度改革的意见》（下称《意见》）正式出台。《意见》提出"到2030年，全面建成以基本医疗保险为主体,医疗救助为托底,补充医疗保险、商业健康保险、慈善捐赠、医疗互助共同发展的医疗保障制度体系",对多层次医疗保障制度体系的内涵进行了规范和诠释,并提出了明确的发展要求。

基本医疗保险制度设计的一个重要原则就是建立分担机制,以期在一定程度上约束供方和需方的行为。但因为基本医保要求待遇普惠、公平、均等,一个制度下同样标准的分担机制,如起付线、封顶线和报销比例等,对不同群体的医疗费用负担影响是不一样的,对同一群体内"小病"和"大病"患者的负担影响也是不一样的。进行分层保障后,可在一定条件下缓解这种"不一样"造成的个体负担偏重的问题,是用制度设计降低成本、提升效率的一个优选方案。

随着城乡居民基本医疗保险的发展,形成了"两纵三横"的构架(见图3.1)。从纵向看,城镇职工基本医疗保险制度和城乡居民基本医疗保险制度构成了多层次医疗保障制度体系的主体和基石。从横向看,分为主体层、主体层之上的补充保障层、主体层之下的兜底保障层,体现了医疗保障制度体系的分层属性。

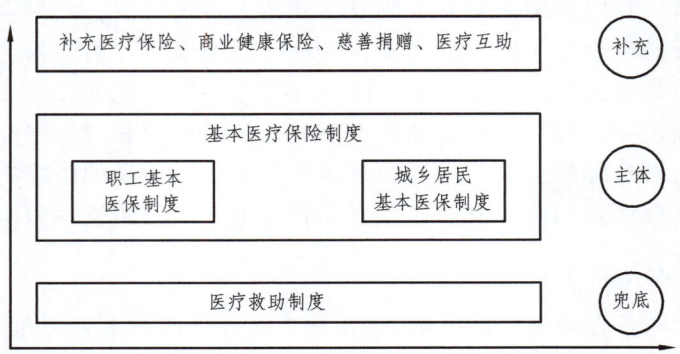

图 3.1 "两纵三横"的多层次医疗保障制度体系

《意见》对补充保障层进行了阐释,把商业健康保险、慈善捐助和医疗互助放在与补充医疗保险并列的位置,共同组成补充保障层,发挥补充保障作用。把"两纵三横"的板块结构进行重新排列,梳理多层次医疗保障制度体系(见图3.2),总体上形成功能不同、机制各异的6大板块。左边3个板块基本医疗保险、大病保险(最重要的补充医疗保险)和医疗救助,连在一起即三重制度综合保障,属于政府责任;右边3个板块,商业健康保险、慈善捐助、医疗互助,体现社会、市场的责任和作用,满足不同群体多样化、个性化的医疗保障需求。

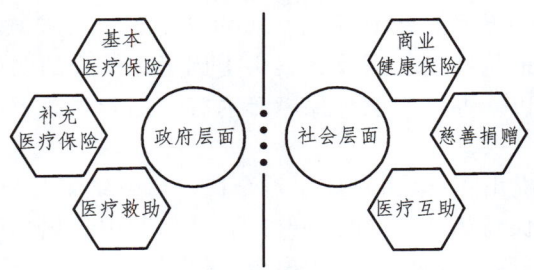

图 3.2 板块化的多层次医疗保障制度体系

2022 年上半年，大病医疗保险保费约 172 亿元，已超过 2014 年全年的 156 亿元。当前，商业医疗保险市场消费用户呈现出不断年轻化的发展趋势，"90 后"逐渐成为商业医疗保险的购买主力军。据数据显示，接近三成的"90 后"已经为自己购买了商业医疗保险，商业医疗保险对于年轻群体，除了规避风险，也逐渐成为人生规划、财富配置的一种理性认知。与重大疾病保险相比，报销型医疗保险的保费更低，灵活性也相对更强，所以绝大多数的消费者都对之有强烈的兴趣。"十四五"全民医疗保障规划提出，鼓励商业保险机构提供医疗、疾病、康复、照护、生育等多领域的综合性健康保险产品和服务，逐步将医疗新技术、新药品、新器械应用纳入商业健康保险保障范围。整体来看，预期相关领域内的新商业医疗保险产品将会不断涌现，商业医疗保险的发展空间将进一步提升。

第二节　医疗保险产品

一、医疗保险产品分类

医疗保险产品，又称医疗费用保险产品，是一种通过商业保险合同约定，对被保险人因疾病或意外事故所致伤害时，接受诊疗期间的医疗费用支出进行报销或补偿的保险产品。根据不同的标准，医疗保险产品有不同的分类。

（一）根据承保人的不同分类

根据承保人的不同，医疗保险产品可分为社会医疗保险产品和商业医疗保险产品。

社会医疗保险产品是由政府通过国家立法强制实施，当居民发生医疗支出时，为其提供基础性的经济补偿的法定保障制度，具有福利性。

商业医疗保险产品是由用人单位和个人自愿参加的，对被保险人治疗疾病产生的合理必要的医疗费用损失进行补偿的保险产品。商业医疗保险是由保险公司经营的、营利性的医疗保障。

（二）按照支付方式的不同分类

按照支付方式的不同，医疗保险产品可分为费用报销型医疗保险产品、津贴型医疗保险产品（定额支付型医疗保险产品）。

费用报销型医疗保险产品，是指保险公司根据被保险人的实际医疗费用，按照合同约定的比例进行报销的保险产品。

津贴型医疗保险产品，属于定额支付型医疗保险产品，一般见于住院医疗保险，这种医疗保险产品与实际发生的医疗费用无关，理赔时无须提供发票，保险公司按照合同规定的补贴标准，向被保险人按次、按日或按项目直接支付保险金的医疗保险。

（三）根据承保内容的不同分类

根据承保内容的不同，医疗保险产品可分为基本医疗保险产品、高额医疗保险产品、特种医疗保险产品。

1. 基本医疗保险产品

基本医疗保险产品包括门诊医疗保险产品（包含普通门诊医疗费用保险、特殊门诊医疗费保险）、住院医疗保险产品（包括手术费用、床位费、护理费、药品费、膳食费、检验费、救护车费、重症监护床位费、加床费、精神疾病治疗费等）、手术医疗保险产品（无论门诊还是住院发生的手术费用）和综合医疗保险产品（包括门诊、住院、手术等一切费用）。基本医疗保险是最常见的医疗保险，一般保障期限较短，通常是保障期限为1年的短期保险。在这段时间内，保险公司报销被保险人的相关医疗费用，同时采用非定额补偿。不同患者之间所患的疾病、病情的严重程度、医治医院、医疗服务水平都不同，因此获得的保险公司的赔偿也不相同。此外，综合医疗保险根据被保险人的实际医疗费用进行补偿，也就是说，保险公司赔偿的保险金不会超过被保险人的实际花费。

手术医疗保险只承担被保险人因手术的实施而花费的医疗费，这里的手术既包括门诊手术也包括住院手术。它是一种单项医疗保险，可以作为寿险或意外险的附加险，也可以单独承保。支付方式上，手术医疗保险有补偿支付与定额支付两种方式。若采用补偿支付方式，只规定一个累计最高的保险金额，无论被保险人在保险期内做过几次手术，只要累计手术费用没有达到合同规定的给付限额，保险公司就应按照被保险人实际花费的医疗费用进行补偿。

2. 高额医疗保险产品

高额医疗保险产品能为被保险人提供高额度的医疗费用的补偿。目前，除了基本医疗保险和大病保险外，很多健康保险公司都能提供高额医疗保险产品。

意外伤害医疗保险一般是作为意外伤害保险的附加责任险，对被保险人因遭受意外伤害所花费的医疗费用进行一定补偿的保险。它的保障范围仅在于意外事件所导致被保险人就医产生的医疗费用的报销，一般是采用补偿方式给付医疗保险金。意外伤害医疗保险一般是附加险，投保人不能单独投保，必须和其他主险组合购买。具体的保障内容涵盖意外门诊医疗、意外住院医疗以及意外住院津贴保障3项，其中以提供意外住院医疗保障和意外住院津贴保障最为常见，可以对被保险人在保险期内发生的意外医疗事故提供医疗费用报销和经济补助。

3. 特种医疗保险产品

特种医疗保险产品是指针对一种或几种特定疾病的医疗费用或者特种人群开展保障的保险，主要包括牙科费用医疗保险产品（包括基本牙科治疗：简单补牙费、简单拔牙费、牙周治疗费；重大牙科治疗：根管治疗费、牙冠修复费、义齿、智齿拔除费）、眼科医疗保险产品（包括眼科常规：检查费和视力检查费；眼镜：购买镜架及镜片费用）、女性生育保险产品（包含产前和产后的检查费、自然分娩费、必要的手术分娩费、流产费、婴儿出生后一定时间内的护理费、免疫费和治疗费等）、重症海外医疗险等。这些保险一般以附加险的形式来进行承保。例如，百年医无忧特定疾病医疗保险，仅保障癌症、原位癌和4项特定手术，由于保障范围比一般的百万医疗险窄，所以产品的健康告知要求也比较宽松，三高、风湿和糖尿病人群均可投保。同时投保年龄也放宽到0~80岁，续保年龄最高可到105岁。这类保险对于上了年纪且身体状况不好的消费者，或者有家族史以及格外关注某些重疾的人，是一种不错的选择。

此外，根据档次不同，还分为普通医疗、中端医疗（百万医疗）和高端医疗。通常普通医疗保险保费较低，许多企业为员工购买的商业医疗保险便是这种医疗保险。中端医疗保险保费从几百到几千元不等，价格相对较为适中，这类医疗保险不受社保用药的限制，进口药品、自费药等也可报销，一些产品也提供一些增值服务，如重疾绿色通道、住院垫付服务等。该类保险性价比较高，比较适合作为社会医疗保险的补充。高端医疗保险价格较为昂贵，但其保障额度高，报销范围广，牙科、眼科等也在可选报销范围内，医疗网络更加全面，可以去许多昂贵的私立医院（如和睦家、明德医院等）就诊。被保险人在直付网络医院就医时，可直接刷卡，由保险公司和医院直接结算。同时，这类保险能提供更高端的服务，提升了被保险人的就医体验。

各类型商业医疗保险特点对比如表3.1所示。

表 3.1　各类型商业医疗保险特点对比

保障责任	补充/普通商业医疗险	中端医疗保险	高端医疗保险
地域限制	社保缴纳城市	全国	无限制
医院限制	限定为本人医保卡指定医院，且必须是公立医院普通部	二级以上公立医院普通部/医疗国际部/特需部/一般私立医院	无限制
报销比例/起付线	强制设置较高自付比例以及起付线	无自付比例/无起付线或极低起付线	客户自主选择
赔付方式	先垫付后报销	先垫付后报销（部分保险公司提供垫付功能）	可先刷会员卡看病，无须先垫付
药品限制	医保目录内药品费、治疗费	不受医保目录限制	不受医保目录限制

二、医疗保险产品介绍

商业医疗保险是单位和个人自愿参加的，是医疗保障体系的重要组成部分，可针对被保人因治疗疾病产生的医疗费用进行报销，属于一种损失补偿险种。按照保额划分，当前市场上，商业医疗保险可以分为小额医疗险和百万医疗险。小额医疗险，主要指保额不高的医疗险。这类医疗险主要针对小病医疗费提供报销服务，如感冒、发烧等，通常保额在几千到几万不等。而百万医疗险则是能提供百万医疗保额的医疗保险，这类保险由于保额较高，且有起付线，所以主要针对大病医疗费提供报销服务。本章选取目前较热门的商业医疗险产品——百万医疗险产品进行介绍，如表 3.2 所示。

表 3.2　众安尊享 e 生 2022 百万医疗险

	保险公司	众安保险
	保险产品	尊享 e 生 2022
投保规则	投保年龄	0~70 岁
	保障时间	1 年
	等待期	30 天
	可报销医院	二级及以上公立医院普通部门
	智能核保	有
保障内容	一般住院保额	300 万元
	一般免赔额	1 万元
	重疾住院保额	600 万元/100 种重疾
	重疾免赔额	0
	住院前后门急诊	前后 30 天
	特殊门诊	有
	门诊手术	有
	质子重离子	600 万元/100%报销
	恶性肿瘤外购药	600 万元
	未成年罕见药品	100 万元
	未成年/恶性肿瘤特定器材耗材费	100 万元 未成年耗材费：出生满 30 天~17 岁 恶性肿瘤特定器材耗材费：限成年女性
增值服务	医疗费用垫付	有
	肿瘤特药	有
	术后家庭护理服务	有
	就医绿通	有
	其他	图文咨询、视频问诊等

续表

		保险公司	众安保险
		保险产品	尊享 e 生 2022
可选责任	重疾关爱加油包	重大疾病	1 万元
		重疾住院津贴	100 元/天，0 免赔 累计 30 天/次，累计限 180 天
		重疾 ICU 住院津贴	200 元/天，0 免赔 累计 30 天/次，累计限 180 天
	癌症特别医疗加油包	赴日医疗	100 万元/70%
		特定地区医疗	100 万元/71%
		国际二诊	5 万元/100%
		特种进口药品费用	200 万元/100%
	互联网医疗加油包	在线问诊	5 000 元/70% 0 免赔，限 500 元/次，限 4 次/年
		急诊费用	200 元/50% 免赔额 100 元，限 500 元/次，限 4 次/年
	家庭共享免赔额		同一订单下所有保单共享 1 万免赔额
	100 种重疾拓展特需医疗		600 万元/100%
	住院津贴医疗		个人起付线达 5 万元，赔付 10 万元保额
	住院医疗费用补偿		1 万元，经社保报销 90%，未经社保 60%
	中老年特定疾病		5 万元（首次投保限 41~65 岁）
保费测算			交 1 年，保 1 年（有社保）
30 岁			293 元
60 岁			1 456 元

第三节  医疗保险合同的主要内容

一、医疗保险合同的概念与特征

（一）医疗保险合同的概念

保险合同是指根据双方当事人约定，投保人支付规定的保险费，保险人对承保标的因保险事故所造成的损失，在保险金额范围内承担赔偿责任，或者在合同的约

定期限届满时，承担给付保险金义务的协议。《保险法》第十条将保险合同定义为：保险合同是投保人与保险人约定保险权利义务关系的协议。

医疗保险合同，是指为被保险人提供医疗费用保障的保险合同，所保障的医疗费用支出包括诊疗费、检查费、手术费、医药费、护理费、住院费和医院杂费等。医疗保险合同适用损失补偿原则，如果医疗保险与社会保险产生保险竞合，具有强制性的社会保险应当优先赔付，医疗保险承担社会保险赔付之外的其他损失补偿。

（二）医疗保险合同的特征

1. 承保风险具有综合性

承保风险包括合同约定的疾病、合同约定的费用支出、伤残和死亡等，不是单一的风险。

2. 标的是被保险人的健康利益

标的既包括疾病或意外所致医疗费用的支出，也包括疾病、伤残或死亡导致的收入损失。

3. 被保险人的资格会受到一定限制

首先是被保险人的身体健康情况要达到一定水平。其次是如果投保人非被保险人本人，签订健康保险合同又涉及身故责任，那么必须经由被保险人的同意并亲笔签名，不能以无行为能力的人为被保险人签订含身故责任的健康保险合同。

（三）医疗保险合同拟定的原则

1. 保险利益原则

投保人或被保险人对保险标的具有合法确定的经济利益，又称可保利益，即投保人不能拿不属于自己的生命健康或财务来投保。比如说，你不能给一个陌生人买保险，因为你不认识这个人，也不了解他的情况，最重要的是他对你没有经济利益，也就不能形成保险利益，保单是不能成立的。因此，保险利益原则主要是为了避免赌博行为，防止道德风险以及保险欺诈。

2. 最大诚信原则

当事人真诚地向保险公司充分而准确地告知有关保险的所有重要事实，不允许存在任何虚伪、欺瞒、隐瞒行为。告知就是最大诚信原则的内容之一，如果没有如实填写投保信息，或者是对保险人有所欺瞒，保险公司可以宣布合同无效或解除合同。

3. 近因原则

导致保险损失的原因可能有多个，近因原则对认定保险公司是否承担保险责任有重要的意义。如果近因是属于被保风险，则保险公司承担赔偿责任，如果属于除外风险或未保风险，则保险公司不负赔偿责任。例如，买了意外险的被保险人走在路边被车撞倒，身体没有受伤却突然身故了，检查后确定是心脏病致死。由于被保险人死亡的近因是心脏病，属于除外风险，所以保险公司不承担赔偿责任。又如，买了意外险的被保险人在家心脏病发，寻找药的过程中触电死亡。由于被保险人死亡的近因是触电，属于保险风险，所以保险公司应承担赔付责任。换言之，近因原则是看造成保险标的损失最直接、有效、起决定作用的那个原因。

4. 损失补偿原则

保险人通过补偿让被保险人的保险标的恢复到受损前的经济原状，但不能因为损失而获得额外利益。也就是说，即使发生了保险事故但是被保险人没有遭受到损失，也无权要求保险人赔偿，如果遭受到损失，得到的赔偿也不会超过保险标的实际损失。比如，一家工厂投保财产险，保额是50万元，发生一起火灾事故将其烧毁，损失的固定资产市价为30万元，那么保险人会按照实际损失赔偿给被保险人30万元。损失补偿原则主要适用于财产保险以及其他补偿性保险合同，这一原则也是为了防止道德风险和骗保行为的产生。

5. 代位求偿原则

保险人依法对被保险人所遭受到的损失进行赔偿后，同时向造成保险事故的第三方要求赔偿损失。代位求偿权可以看作是一种债权的转让，适用于财产险和费用型的医疗保险，但不适用于意外险和人寿险。假如你开车在路上被甲的车子撞到了，发生事故后则由甲负全责，但是甲不愿赔偿损失，这时你可以向保险人申请代位求偿，保险人按照合同赔偿给你之后，向甲追偿的权利就转让给保险人了。如果发生事故后，甲赔偿一笔，保险公司也赔偿一笔，那么受害人会获得两份赔偿，这样相当于受害人通过事故额外获得一笔收益，这样可能导致一些人想要发生事故，从而引发道德风险。因此，代位求偿原则同损失补偿原则一样，都是为了防止有人利用保险事故获得额外的收益。

6. 重复保险分摊原则

投保人向多个保险人重复保险时，投保人的索赔只能在保险人之间分摊，赔偿金额不得超过其损失金额。例如，某人向多家保险公司同时投保，如果保险事故发生后，一个保险标的的损失某人同时向不同的保险人索赔，那么就会获得额外的收益，但这样却违背了损失补偿原则。因此，重复保险分摊原则也是为了防止被保险人因重复购买保险而获得额外利益。

总之，保险六大原则的目的可归纳为：防止因损失而获得额外利益的骗保诈保行为，甚至出现道德风险而引起社会不稳定。

二、医疗保险合同的内容

（一）主要内容

1. 双方当事人的权利及义务

保险合同的当事人包括保险人和投保人。保险人，又称承保人，根据《保险法》

的规定，保险人是指与投保人订立保险合同，并承担赔偿或给付保险金责任的保险公司。我国的保险公司形式包括国有独资公司、股份有限公司以及国有独资公司之外的其他有限责任公司形式。投保人是指与保险人订立保险合同，并按照保险合同负有支付保险费义务的人。投保人必须具备相应的主体资格，即投保人应具备民事行为能力，并对保险标的必须具有保险利益，且负有支付保险费的义务。

医疗保险合同中的当事人包括医疗保险机构、参保单位、参保人的姓名或法人名称、经济组织名称及其住址或工作地点、营业地址等。

医疗服务机构应依据法律和合同要求，配备医务人员和医疗服务设施，提供医疗服务，及时准确地向医疗保险人经办机构报告参保患者医疗费用情况和有关信息。医疗保险经办机构要加强对合同医院参保患者医疗费用的检查和审核，及时正确地支付医疗费用。合同双方在对方违反协议时，有权变更和解除合同，但一般需要提前3个月通知对方。

2. 服务项目和质量

医疗保险合同中，医疗保险所保障的标准根据参保单位对其利益程度和保障愿望的不同而异，医疗保险机构可按照参保人的实际需要和交付保险费的能力确定不同档次的医疗费用偿付标准或者是赔款的最高金额。

医疗保险合同的服务项目和质量一般由国家统一规定，例如我国劳动保障部和有关部门共同制定的《关于城镇职工基本医疗保险诊疗项目管理的意见》《城镇职工基本医疗保险用药范围管理暂行办法》《关于确定城镇职工基本医疗保险医疗服务设施范围和支付标准的意见》。如果无相关规定的，既可协商，也可以在国家规定之外做补充规定。

3. 医疗服务费用支付方式和标准

医疗保险费是按照医疗保险机构对其保险利益保障的程度即保险金额的一定比率，参保单位为请求医疗保险机构对其保险标准及利益承担风险，向医疗保险机构交纳的与医疗保险责任大小相适应的金额。

医疗服务费用的支付方式和标准是构成不同类型医疗保险合同的主要依据，主要有3种类型：一是扣除保险，即患者在就医时先自付一笔固定金额医疗费，其余费用的全部或部分由医疗保险人支付。扣除保险这种方式交易成本低，可以分担大额医疗费用的风险；如果扣除的金额比报销金额高，就会刺激患者寻找便宜医疗服务。二是共付保险，即保险人作为第三方付款人为患者偿付一定百分比的医疗费。共付率80%，即保险人支付医疗费用的80%，患者自付20%。共付保险这种方式可以降低医疗服务价格，促使患者寻找更便宜的医疗服务。共付保险的有效程度取决于医疗服务利用率对价格下降的反应程度，即需求的价格弹性，可改变医疗费用分布情况。三是限额保险，即为患者医疗费用建立最高限额或者最大就诊量限制。限额保险这种方式是把大笔的医疗费用留给患者及家庭，而不是在投保人中间进行分摊。美国蓝十字保险即采用这种做法，保险公司规定只报销30天以内的住院治疗费。

4. 违约责任

医疗保险合同中的责任条款，规定医疗保险机构对于参保人以医疗保险责任范围为依据，发生实际医疗费用而承担的支付责任。医疗保险的责任范围是指医疗保险机构按照医疗保险合同对参保人所承担的保险责任的大小。因一方违反合同给对方造成健康和经济损失的，对方当事人可以通过专家和高科技设备鉴定后要求协商、仲裁或判决。

5. 服务期限

医疗保险期限既是医疗保险合同的有效期限，也是医疗保险合同从生效之日到终止之日的时间，是订立医疗保险合同双方当事人履行权利和义务的起止时间。医疗保险合同的服务期限以季度或者年为限，通常1年期限居多。换言之，当事人在保险期满以后可以继续此合同，也可以重新选择其他合作者。

6. 争议处理

医疗保险机构与参保人发生争议和纠纷时，双方当事人应协商解决。若协商不成，可向当地仲裁机关申请仲裁或向人民法院提起诉讼。

（二）医疗保险合同相关规定

1. 医疗保险合同的分类

按保险保障范围不同，医疗保险合同可分为门诊医疗费用保险合同、住院医疗费用保险合同、外科医疗费用保险合同、综合医疗费用保险合同、大额医疗费用保险合同等。

（1）门诊医疗费用保险合同。

门诊医疗费用保险合同有门诊费、检查费、化验费、医药费等，其保费成本较低，比较适宜于社会大众投保。由于保险人对被保险人门诊处方的合理性难以监督检查，医药费用和检查费用支出控制也有一定难度，加上被保险人和医院工作人员的道德风险，保险人开办门诊医疗费用保险的风险较大。为控制保险人的经营风险，门诊医疗费用保险合同条款中一般都有免赔额、比例给付和给付限额的规定，如保单条款往往规定每年可报销的门诊次数和每次门诊医疗费用的报销限额。当治疗疾病的医疗费用累计额超过保险金额时，保险人不再负责赔付保险金。

（2）住院医疗费用保险合同。

住院医疗费用保险合同床位费、检查费、医药费、治疗费、医院杂费等，实际发生的医疗费用较大，为防范被保险人的道德风险，防止其无故延长住院时间，住院医疗费用保险合同一般都规定了每日的给付金额、免赔天数和最长给付天数，保险人只负责承担超过免赔天数而未超过最长给付天数的医疗费用。

在我国健康保险实务中，凡1周岁以上、60周岁以下，身体健康的城乡居民，均可作为被保险人参加住院医疗费用保险。保期通常为1年，保险期限届满，投保人申请并经保险人同意后可续保，保险金额一经确定，保险期间内不得变更。保险费还可根据被保险人的年龄，按照个人住院医疗保险费率表确定，在投保时一次交清。在合同有效期内，对被保险人因意外伤害或合同生效 60 日后因疾病在指定医院住院所支付的医疗费用，保险人按照合同约定承担相应保险责任。保险人累计支付保险金达到保险金额全数时，保险合同的效力终止。

(3) 外科医疗费用保险合同。

外科医疗费用保险可作为住院医疗费用保险合同的附加险投保，是为被保险人在患病治疗过程中进行各种必要的大小外科手术而支付的医疗费用提供保险保障的保险合同。在该险种中，保险人负责的主要是所有手术费用。一是在合同中规定各种手术的保险金额。这种方法又有两种具体的处理方法：其一只要被保险人在保险期间接受外科手术的费用不超过保险金额，保险人就按照实际发生额进行赔付；其二则不论被保险人实际发生的手术费金额多少，保险人只按合同的约定给付固定的保险金。二是制定外科手术表。这种方法也有两种具体处理方式：要么在表中列明各种外科手术及相对应的保险人给付的最高金额，要么根据外科手术的复杂程度确定保险金额的给付。

(4) 综合医疗费用保险合同。

综合医疗费用保险合同是为被保险人提供的一种保障范围比较广泛和全面的医疗保险合同。其保障项目包括医疗、住院、手术等费用，它实际是上述几个险种的板块式组合。一般情况下，综合医疗保险合同的保险费率较高，因此会确定一个较低的免赔额及适当的分摊比例。

(5) 大额医疗费用保险合同。

大额医疗费用保险合同涉及门诊医疗费用、住院医疗费用和外科医疗费用，它的除外责任很少，其除外责任仅包括战争或军事行动引起的医疗费用、整容外科手术费用、牙科治疗费用、产科医疗费用以及社会保险所支付的医疗费用。大额医疗费用保单承保非一般性的巨额医疗费用，因此为防范被保险人道德风险，大额医疗费用保单通常都规定了免赔额条款和比例支付条款。

大额医疗费用保险主要有补充大额医疗费用保险和综合大额医疗费用保险两种。补充大额医疗费用保险在某一基本医疗费用保险的基础上补充签发，综合大额医疗费用保险则是将补充高额医疗费用保险和基本医疗费用保险结合在一起的保险。

2. 医疗保险合同的订立

保险合同的订立，是指投保人向保险人提出保险请求，经与保险人协商，保险人同意承保而成立保险合同的过程。保险合同是保险人和投保人意思表示一致的双方法律行为，医疗保险合同的订立是指缔约各方就医疗保险合同内容通过协商达成协议的过程。根据《保险法》和《合同法》的规定，保险合同的订立必须经过要约和承诺两个阶段。

(1) 要约。

要约，是由投保人向保险人做出的要求和保险人订立保险合同的意思表示，简称投保。由于保险活动和保险合同的特殊性，在订立保险合同过程中，要约通常由投保人提出，投保的要约是订立保险合同的首要和必经程序。

在实践中，投保体现为投保人向保险人索取并如实填写投保单，如实回答保险人所需了解的重要事项，认可保险人规定的保险费率和相应的保险条款后，将投保单交付给保险人，即生产保险要约的效力。值得注意的是，投保可以是投保人本人向保险人提出，也可以是投保人的代理人向保险人提出。投保人既可以为自己投保，也可以为自己具有保险利益的财产或被保险人投保。

在医疗保险合同中，一般参保单位为要约人，参保单位根据医疗保险机构事先拟定好的保险条款内容并填写保单，交由医疗保险机构的行为即为要约。要约具有一定的法律意义，要约生效后不得再有撤回或变更。

（2）承诺。

承诺，是保险人做出的同意投保人的保险要约的意思表示，也称承保。在实践中，保险人收到投保人填写的投保单后，经必要的审核或者与投保人协商保险条款，没有其他疑问而在投保单上签字盖章的，就构成承诺。保险合同的成立，并不总是表现为投保人提出投保要约和保险人做出保险承诺的简单过程。有时，在投保人提出保险要约后，保险人会提出反要约，这时投保人与保险人单纯作为要约人或承诺人的地位互易，而且可能经过几个反要约的过程才能得到一方的最后承诺。

要约一经承诺，医疗保险合同即宣告成立，承诺人就要承担发生合同的义务和承诺不得附带任何条件，亦不能对要约进行修改，只能无保留地表示同意。

3. 医疗保险合同的生效

保险合同生效是指保险合同对保险双方当事人产生法律约束力，具备法律效力，同时规定保险合同双方当事人、关系人都应按照保险合同的约定承担义务或享有权利，否则将承担相应的法律后果。

《保险法》第十三条规定："投保人提出保险要求，经保险人同意承保，保险合同成立。保险人应当及时向投保人签发保险单或者其他保险凭证。保险单或者其他保险凭证应当载明当事人双方约定的合同内容。当事人也可以约定采用其他书面形式载明合同内容。依法成立的保险合同，自成立时生效。投保人和保险人可以对合同的效力约定附条件或者附期限。"

保险合同是合同的一种，必须具备相应的条件方可生效：

（1）主体资格，即作为订立保险合同的双方当事人具备相应的缔约资格。就保险人而言，必须是依法设立并经核准从事商业保险业务的保险公司。就投保人而言，必须具有完全的民事行为能力，且对标的具有保险利益。

（2）当事人的意思表示一致，且为自愿、真实。订立保险合同，必须保险人和投保人的意思表示达成一致，就保险合同的主要条款达成协议方可成立。除了法律、行政法规规定的强制保险，其他任何单位和个人不得强制他人订立保险合同。并且当事人订立保险合同的意思表示必须真实，不存在欺诈、胁迫和重大误解等情形。

（3）内容合法。保险合同内容合法是获得法律认可其效力的实质要件，只有内容合法才能得到法律的保护。保险合同内容合法的要求是：保险合同的内容不得与我国现行的保险法律、法规相抵触；保险合同的标的必须是法律允许保险的财产、财产利益及人的身体和寿命；保险合同的内容不得违背社会的公序良俗，不得损害公共利益和他人利益。

4. 医疗保险合同的终止

保险合同的终止，是指保险合同因发生特定事由而使其效力消灭。其终止的效力指向未来，而不同于保险合同的解除那样具有使合同自始无效的溯及力。保险合同终止的情形一般有：保险合同因期限届满而终止；保险合同因保险赔偿金或者保险金的给付而终止；保险合同因解除而终止；保险标的发生部分损失的，在保险人赔偿后 30 日内，投保人可以终止保险合同。除合同约定不得终止的以外，保险人也可以终止合同。在以生存作为支付条件的人身保险合同中，被保险人或者受益人死亡，保险合同终止。

保险合同终止后，自终止之日起，不论保险标的发生何种损失，保险人对被保险人或受益人均不再承担支付责任。对于已经收取的合同效力终止后的保险费，保险人应当退还给投保人；属于人身保险的，符合法律规定或者保险合同约定退还保险金条件的，保险人还应当按照保险合同的约定退还保险单的现金价值。

医疗保险合同的终止是指医疗保险合同当事人一方或双方的意思表示，使医疗保险合同所确定的权利义务关系消灭。医疗保险合同成立后，可以由下列原因发生医疗保险合同的终止：

（1）自然终止。医疗保险期限届满，医疗保险机构的保险责任即宣告终止，这是保险终止最普遍、最基本的原因。

（2）协议终止。医疗保险合同双方当事人在合同自然终止之前，出现原约定的终止条件，医疗保险合同即宣告终止。

（3）履约终止。参保单位或参保人违反合同规定的义务，或按照合同规定，医疗保险机构已经支付全部赔款或保险金额后，则终止医疗保险合同。

（4）原始无效。参保单位或参保人以欺诈、捏造、隐瞒真相等不正当手段蒙骗医疗保险机构签订的医疗保险合同自始无效。

（5）第三人要求终止。因第三人要求变更合同或解除合同的，医疗保险合同终止。

5. 医疗保险合同的其他条款及规定

医疗保险是按照保险合同规定的条件，为被保险人在接受医疗服务期间支付一定医疗费用的保险。医疗费用是病人为了治病而产生的各种费用，如药费、住院费用、手术费用、检查费用等。医疗保险的保险期限通常为一年，投保人需注意保险到期要及时续保。除此之外，还需特别注意以下几项条款：

（1）等待期条款。

等待期（观察期、试保期）条款，即医疗保险合同生效后的约定时期内（多为 90 天、180 天）所发生的保障范围内的费用，保险公司无赔付责任。

医疗保险合同中设立等待期条款的目的是防止被保险人带病投保，也是从另一层面保障保险公司的权益。需要注意的是，因意外伤害导致的住院治疗无等待期。

（2）免责条款。

免责条款是指保险合同中的除外责任，是为了避免保险人过度承担责任，以维护公平和最大诚信原则对保险责任的限制。

在医疗保险中有这样几个特殊的免责条款：既往症、遗传性疾病、被保险人感染艾滋病病毒（HIV 呈阳性）或患艾滋病（AIDS）、产前产后检查以及由此原因引起的各类并发症、美容矫形的康复治疗、非意外事故所致的整容手术。

（3）比例支付（共保）条款。

为了使保险人有费用节约意识，减少过度医疗消费，保险公司会在费用报销过程中，对超出免赔额部分按事先约定比例来支付保险金，其余部分即由被保险人自己负担。

支付比例一般是固定比例，如事先合同中约定为 80%，剩余 20%由被保险人负担，也可以是累进支付比例，即随着实际医疗费用支出的增大，保险人承担的比例累计递增，被保险人自己负担的比例累计递减。

（4）支付限额条款。

为了保证被保险人和保险公司利益，更好地控制总支出水平，一般对保险人医疗保险金的最高支付有限额规定，对于实际医疗支出超过最高限额的部分，由被保险人自行承担。

此外，医疗保险对单项医疗费用也规定了限额：规定住院费用的支付限额（包括每天的支付限额和住院天数的限制）、规定外科手术费用限额、规定门诊次数及每次或一定时期内的门诊费用限额、规定各种疾病的支付限额。

 本章小结

商业医疗保险，是指以保险合同约定的医疗行为的发生为给付保险金条件，为被保险人接受诊疗期间的医疗费用支出提供保障的保险。商业医疗保险的特征包括：保险期限短、遵循"损失补偿原则"、合同对被保险人健康风险控制严格、可设计有针对性的附加条款、不保证续保、无指定受益人、一般只覆盖医疗支出的直接费用、理赔程序相对复杂。

医疗保险产品，又称医疗费用保险产品，是一种通过商业保险合同约定，对被保险人因疾病或意外事故所致伤害时，接受诊疗期间的医疗费用支出进行报销或补偿的保险产品。根据承保人的不同，医疗保险产品可分为社会医疗保险产品和商业医疗保险产品；根据支付方式的不同，医疗保险产品可分为费用报销型医疗保险产品、津贴型医疗保险产品（定额支付型医疗保险产品）；根据承保内容的不同，医疗保险产品可分为基本医疗保险产品、高额医疗保险产品、特种医疗保险产品；根据档次的不同，医疗保险产品可分为普通医疗保险产品、中端医疗（百万医疗）保险产品和高端医疗保险产品。

医疗保险合同，是指为被保险人提供医疗费用保障的保险合同，所保障的医疗费用支出包括诊疗费、检查费、手术费、医药费、护理费、住院费和医院杂费等。

医疗保险合同的特征包括：承保风险具有综合性、标的是被保险人的健康利益、被保险人的资格会受到一定限制。

医疗保险合同拟定的原则包括：保险利益原则、最大诚信原则、近因原则、损失补偿原则、代位求偿原则、重复保险分摊原则。

医疗保险合同的内容包括主要内容及合同的相关规定。医疗保险合同的主要内容包括：双方当事人权利及义务；服务项目和质量；医疗服务费用支付方式和标准；违约责任；服务期限；争议处理。医疗保险合同的相关规定则包括合同的订立、生效和终止的内容，以及医疗保险合同的其他特殊规定。

复习思考题

1. 简述我国商业医疗保险的概念。
2. 简述我国多层次医疗保障制度体系的内涵。
3. 试述商业医疗保险产品特点及产品类别。
4. 什么是商业医疗保险合同？有何特点、原则？
5. 试述商业医疗保险合同的主要内容。

案例分析

长寿时代健康产业的挑战与机遇

21世纪初，中国快速进入老龄化社会，数以亿计的人口即将以老年人的状态生存，就医形势严峻。我国众多保险公司里，泰康保险公司从2007年开始就最先萌生养老产业构想，逐步建立活力养老、高端医疗、卓越理财、终极关怀"四位一体"的大幸福工程战略。2014年泰康公司首次提出医养融合的理念；2015年，国家卫计委、民政部等多部门联合发文，提出医养结合将作为应对人口老龄化的长久之计；2019年，党的十九大将健康中国上升为国家战略，满足人民对美好生活的向往；同年，泰康公司提出建立大健康产业生态体系，深耕寿险产业链；2020年10月，国家"十四五"规划将积极应对人口老龄化上升为国家战略，泰康公司也积极应对人口老龄化，提出"长寿时代、泰康方案"理念。

随着5G、物联网、智能时代的到来，我们聚焦科技对经济和社会的影响，但更应将目光聚焦到我们自身，有一个比科技更能够冲击人类社会的新现象出现了，那就是长寿时代到来了。长寿时代伴随着五大特征：低死亡率，低生育率，预期寿命持续提升、在相当长的时间内人们预期寿命每10年会增长2~3岁、若干年后相当多的人可能进入百岁人生，人口年龄结构从金字塔结构转变为柱状结构，平台期老龄人口占比超越1/4。因此，长寿经济是老龄人口推动的所有经济活动及其带来的连锁反应的总和，是应对长寿时代挑战的必然路径。

健康事业经过多年发展，虽然具有一定基础，但总量普遍不足、布局与结构不合理，总体发展明显滞后。我国的医疗保险事业也经历了漫长的发展历程，形成了基本医疗保险、补充医疗保险和商业医疗保险的体系。泰康公司正是作为商业保险的代表和领军企业，紧跟时代步伐，创新医养融合新模式，在全国覆盖长三角、华中、大西南、粤港澳大湾区等核心区域布局，建有仙林鼓楼医院、同济医院、拜博口腔等综合和专科医院。"医养康宁"实体机构运营数量达250余家，特别是对慢性病的防控，希望老年人有尊严、有能力、有质量地活着，最终实现幸福安康的长寿。同时，这为医疗需求高度增长的人民群众提供了更多有益的医疗补充。

保险的本质是让人更健康、更长寿，泰康保险公司通过打造"保险＋医疗"体系，推进健康-保险闭环建设，建立良好医疗系统和控费机制，以患者为中心，让群众少生病，生病后少花钱。长寿时代扑面而来，百岁人生不再是梦想。

案例来源：https://www.taikang.com/。

思考：学习医疗保险相关理论知识，思考长寿时代给我们带来的挑战和机遇。

第四章 重大疾病保险

健康保险学

本章要点

1. 掌握：重大疾病保险的基本概念、特征；重大疾病保险产品的分类和选择。
2. 熟悉：重大疾病保险的起源和发展。
3. 了解：重大疾病保险的相关产品及合同条款。

课程目标

通过学习本章知识，一方面学生能提高对重大疾病保险的认识，并重视自身及家人身体健康；另一方面能识别重大疾病风险，学会利用保险抵御重大疾病风险。

第一节　重大疾病保险概述

一、重大疾病保险的概念

2019 年 12 月 1 日实施的新修订的《健康保险管理办法》(以下简称"新办法")中将健康保险分为医疗保险、疾病保险、失能收入损失保险、护理保险以及医疗意外保险等类型。该办法里所称的疾病保险，是指发生保险合同约定的疾病时，为被保险人提供保障的保险。在商业健康保险发达的国家，疾病保险通常包括特种疾病保险（如生育保险、牙科费用保险、眼科保健保险等）、重大疾病保险（如癌症保险、重大器官移植保险等）和普通疾病保险。在我国，疾病保险主要是指重大疾病保险。重大疾病保险简称"重疾险"，是健康保险的主要内容之一，是指当被保险人在保险期限内发生保险合同约定的疾病、达到约定的疾病状态或者实施约定的手术时，给付保险金的健康保险产品。

为进一步保护消费者合法权益，提升重大疾病保险产品供给质量，更好地发挥对社会保障体系的重要补充作用，结合我国重大疾病保险发展及现代医学最新进展情况，并广泛研究参考国际经验，中国保险行业协会与中国医师协会共同对 2007 年发布的《重大疾病保险的疾病定义使用规范》（以下简称"旧规范"）进行了修订。《重大疾病保险的疾病定义使用规范（2020 年修订版）》（以下简称"新规范"）于 2021 年 2 月 1 日正式生效。与"旧规范"相比，"新规范"中出现了以下新变化：

一是保障范围进一步扩展。在原有重疾定义范围的基础上，新增了严重慢性呼吸功能衰竭、严重克罗恩病、严重溃疡性结肠炎 3 种重度疾病；同时，对恶性肿瘤、急性心肌梗死、脑中风后遗症 3 种核心重疾病种进行科学分级，新增了对应的 3 种轻度疾病的定义，扩展了保障范围。

二是赔付条件更为合理。根据最新医学实践，放宽了部分定义条目赔付条件，如对"心脏瓣膜手术"，取消了原定义规定的必须"实施了开胸"这一限定条件，代之以"实施切开心脏"，切实提升了消费者的保障权益。

三是引用标准更加客观权威。尽可能采用可以量化的客观标准或公认标准、减少主观判断，使重大疾病的认定更清晰、透明；如对恶性肿瘤分级，旧规范仅参考了世界卫生组织（WHO）《疾病和有关健康问题的国际统计分类》（ICD-10）的恶性肿瘤类别，本次在原定义基础上，引入了世界卫生组织（WHO）《国际疾病分类肿瘤学专辑》第三版（ICD-O-3）的肿瘤形态学标准，使定义更加准确规范，最大限度地避免了可能出现的理赔争议和理解歧义。

四是描述更加规范统一。如在人体损伤标准相关内容上，对"旧规范"中"肢体机能完全丧失"的表述，修改为使用行业标准《人身保险伤残评定标准及代码》

（JR/T 0083-2013）中"肌力"的相关表述，描述更权威、更统一，消除广大消费者对于重疾定义在人体损伤标准方面与伤残标准描述不一致的困扰。

"新规范"中对重大疾病保险中的疾病名称和疾病定义进行了说明，保障范围包括：

（1）重度疾病：恶性肿瘤——重度、较重急性心肌梗死、严重脑中风后遗症、重大器官移植术或造血干细胞移植术、冠状动脉搭桥术（或称冠状动脉旁路移植术）、严重慢性肾衰竭、多个肢体缺失、急性重症肝炎或亚急性重症肝炎、严重非恶性颅内肿瘤、严重脑炎后遗症或严重脑膜炎后遗症、瘫痪、双目失明、双耳失聪、深度昏迷、心脏瓣膜手术、严重阿尔茨海默病、严重脑损伤、严重原发性、帕金森病、严重Ⅲ度烧伤、严重特发性肺动脉高压、严重运动神经元病、语言能力丧失、重型再生障碍性贫血、主动脉手术、严重慢性呼吸衰竭、严重克罗恩病、严重溃疡性结肠炎。

（2）轻度疾病：恶性肿瘤——轻度、较轻急性心肌梗死、轻度脑中风后遗症。

二、重大疾病保险的特征

（一）定额给付型

重大疾病保险属于定额给付型保险产品，但需要注意这里的定额给付与人寿保险的定额给付是不同的，重大疾病保险是以疾病为保险金给付条件的，而人寿保险是以被保险人的生存或者死亡作为保险金给付条件的。另外，还需要注意高额医疗保险是对被保险人因所患所致的疾病高额医疗费用进行补偿，属于损失补偿型保险产品。

（二）保障重大疾病

重大疾病保险所保障的"重大疾病"通常具有以下3个基本特征：一是"病情严重"，会在较长一段时间内严重影响患者及其家庭的正常工作与生活；二是"治疗花费巨大"，此类疾病需要进行较为复杂的药物或手术治疗，需要支付昂贵的医疗费用；三是不易治愈，此类疾病往往会持续较长一段时间，甚至是永久性的。重大疾病保险金的给付一方面为被保险人因疾病、疾病状态或手术治疗所花费的高额医疗费用，另一方面为被保险人患病后提供经济保障，尽可能避免被保险人的家庭在经济上陷入困境。

（三）长期性

由于重大疾病的治疗需要持续较长的时间，甚至治疗过程是永久性的，所以重大疾病保险一般以长期为主。而大额医疗保险以短期为主，一年期的较多。

（四）交费期限长

重大疾病保险以长期为主的特点，决定了交费期限的长期性。重大疾病保险交费方式灵活，被保险人可以灵活选择交费方式：趸交、5年、10年、20年、30年等。

（五）等待期或观察期的规定

重大疾病保险中一般都规定了一个观察期或者等待期。等待期是指重大疾病保险合同开始生效后的一定时期（通常为180天）。在等待期内，被保险人因重大疾病导致的医疗费用支出、收入损失及身故等保险事故，保险人不负保险责任。重大疾病保险在观察期后出险，被保险人达到保险合同中病种、患病程度、治疗手段等规定，就可以获得保险公司的偿付。

（六）理赔成本较高

重大疾病保险涉及保险、医学方面的知识，专业性强，对重大疾病定义不明确或者对保险条款的曲解都会引起理赔争议，因此重大疾病保险理赔的调查程序比一般寿险的理赔更复杂，理赔成本更高。

（七）社会保险的补充

对于没有社会医疗保险的人来说，重大疾病保险尤其重要。而对社会医疗保险覆盖对象来说，重大疾病保险可作为一种必要补充。

（1）社会医疗保险只报销因疾病引起的医疗费用，因意外伤害导致的医疗费用不能报销；社会医疗保险不对非工作期间发生的意外伤害和意外医疗责任进行赔付；无论意外身故还是疾病身故，社会保险都没有身故赔偿，身故后只是返还当时个人账户的金额，而这部分的金额很少。

（2）社会医疗保险的报销范围有限，不在国家基本医疗保险药品目录的进口药和营养药是不能报销的。

（3）社会医疗统筹基金对医保参保人员的保障是"保而不包"的，社会医疗保险有起付线和封顶线的限制，起付线以下封顶线以上的费用需要自付。

（4）社会医疗保险重在保障基本，支付的标准是以保障被保险人基本生活为前提的，对于追求高品质医疗保障的人群来说是远远不够的。

三、重大疾病保险的起源与发展

（一）重大疾病保险起源于南非

目前，大家普遍认为重大疾病保险起源于20世纪80年代的南非，是由心脏外科医师马里优斯·巴纳德博士（Dr.Marius Barnard）提出的。巴纳德发现自己的病人手术很成功，但是一些病人为了偿还手术期间高昂的医疗费用，手术后便拖着病体回到工作岗位，病人在手术后没有得到足够的休息，导致部分病人去世。考虑到上述情况，巴纳德在1983年联合南非的一家保险公司推出了世界上第一款重大疾病保险。当时的重大疾病保险只为4种重大疾病提供保障，分别是突发性心脏病（急性心肌梗死）、癌症（恶性肿瘤）、脑中风和冠状动脉搭桥术。只要被保险人确诊了上述4种疾病，就可以获得保险金给付，为被保险人提供治疗和康复所需的医疗费用，保证被保险人生活水平不受到影响。随后，重大疾病保险迅速传到英国，之后又发展到澳大利亚、美国、新加坡、瑞士、德国等发达国家（见表4.1）。

表 4.1 引入重大疾病保险的国家

首次引入重大疾病保险的年份	国家和地区
1887	英国、澳大利亚
1888	美国
1889	新加坡、中国香港、马来西亚、泰国
1890	瑞士
1991	德国、法国、意大利、中国台湾
1992	日本
1995	中国内地

（二）重大疾病保险在中国的发展

1. 初步引入

1995年，中国内地首次引入重大疾病保险产品，1995年3月，中国平安保险公司推出了"重大疾病保险"产品。1996年，中保人寿保险有限公司（即中国人寿保险股份有限公司前身）推出了"重大疾病终身保险产品"和"重大疾病定期保险产品"。当时的保障范围有限，只保障恶性肿瘤、心肌梗死、脑中风、冠状动脉搭桥术、尿毒症、瘫痪和重大器官移植7种重大疾病。经过20多年的发展，重大疾病保险已成为人身保险产品市场上最重要的保障型产品之一。但是在引入之初，重大疾病保险的定义没有统一标准，产生了较多理赔纠纷。其中"友邦重疾险集体诉讼案"引起了较大的讨论。2006年，梁某等6名投保人以《友邦守护神两全保险及重大疾病保险》合同条款存在明显欺诈内容"为由，要求友邦深圳分公司全额退还保险费。投保人认为保险合同中对疾病的不合理定义使重大疾病保险"不保病只保死"。这一事件的核心点在于，当时中国保险行业处于初期阶段，保监会尚没有明确的重疾定义，全行业没有统一标准前提下，投保人对重疾险存在理解上的误区，即认为只要是得了合同里列举的重疾就会被理赔，而事实却是每个重疾都有其对应的条款释义，很多需要从医学角度去理解，只有达到这个条款定义的标准才会被理赔，而并不是得了这个病就会被理赔。这次事件使中国整个保险行业认识到了重疾险标准化的重要性，进一步推动了我国重大疾病保险的标准化进程。

2. 规范发展

2007年中国保险协会与中国医师协会联合推出行业规范《重大疾病的疾病定义使用规范》，对25种重大疾病名称和定义进行了统一规范。明确规定保险公司开发的重大疾病产品保障范围必须包括发生率和理赔率最高的6种重大疾病（恶性肿瘤、急性心肌梗死、脑中风后遗症、重大器官移植术或造血干细胞移植术、冠状动脉搭桥术和终末期肾病)。《重大疾病的疾病定义使用规范》(2007年版)的实施标志着中国重大疾病保险产品进入了标准化、规范化发展阶段。2013年,中国精算师协会组织行业首次编制了中国人身保险业重大疾病经验发生率表(2006—2010),此次行业重疾表项目主要编制完成了4张主表[含6种重大疾病和25种重大疾病的重大疾病经验发生率表,以及相应的因重疾死亡比例表(K值表)]和3张参考表(恶性肿瘤、急性心肌梗死、脑中风后遗症3个主要病种的单病种发生率参考表),为重大疾病保险法定准备金评估提供参考依据。

3. 进一步发展

近年来,随着保险行业和经济社会环境的变化,重大疾病保险进一步发展,在不断变化的环境下,行业协会对重大疾病保险相关规范进一步进行了修订。

2020年,中国保险行业协会与中国医师协会结合我国重大疾病保险发展及现代医学最新进展情况,广泛参考国际经验,发布了《重大疾病保险的疾病定义使用规范(2020年修订版)》,并于2021年2月1日起正式实施。中国精算师协会在中国银保监会的指导下于2020年11月正式发布了《中国人身保险业重大疾病经验发生率表(2020)》。上述修订工作为保护消费者合法权益、提升重大疾病保险产品供给质量发挥了重大作用。

第二节 重大疾病保险产品

1995年,重大疾病保险引入中国,经过20多年的发展,重疾险已经成为人身保险市场占比最大的保险类型。现阶段,保险市场上重大疾病保险产品种类繁多,根据不同的标准,重疾险产品可以分为不同的类型。

一、重大疾病保险产品分类

(一) 按照保障期限分类

按照保障期限分类,重大疾病保险产品可以分为定期类和终身类两类。

定期类重大疾病保险产品包括两种情况:一种是保障到某个固定的年龄,一般保障到70岁,超过限制年龄,就无法享受重大疾病保险的保障;另一种是保障某个固定的年数,比较常见的有1年、5年等情形供投保人选择。

终身类重大疾病保险产品是指人的一生中,只要发生合同规定的重大疾病,保险公司都会给付保险金。

与终身类重大疾病保险相比,定期类产品的保费比终身类便宜。以保障期为1年的定期类产品为例,保费便宜,而保额高,如果在规定的保障期间没有罹患重大疾病，合同到期后保险责任自动终止，保费不返还，这种可以理解为纯消费型的重疾险产品。对于保障到某个固定年龄的定期类产品，基本都带有保费返还的性质，如果在到达固定年龄后没有理赔，就返还保费，只是返还方式不同，有的以保险金额返还，有的以所交保费总额返还。

（二）按产品给付形态分类

按产品给付形态划分，重大疾病保险产品可以分为独立主险型、比例给付型、附加给付型、提前给付型。

独立主险型产品包括死亡责任与重大疾病责任两部分。两种责任是独立的，保额也是分开的，主要分为两种情况：若被保险人罹患保险合同中所列的重大疾病，就会获得重大疾病保险金，不会获得死亡保险金；若被保险人未患保险合同中所列的重大疾病，就会获得死亡保险金。这种重大疾病保险产品在定价时只考虑重大疾病的发生率和死亡率。例如，小王购买了保额为30万元的独立型重大疾病保险，若罹患重大疾病，则可获得30万元重大疾病保险金，若未发生重大疾病，则可获得30万元死亡保险金。

比例给付型产品主要是针对重大疾病保险的疾病种类设计的，与独立型产品保险责任相同，都包含重大疾病责任和死亡责任。当被保险人罹患保险合同中规定的某种重大疾病时，保险公司按保险金额的一定比例进行给付，比例的确定由重大疾病的发生率、死亡率、治疗费用等因素确定。对于发生率较高、治疗费用较高的重大疾病，给付率较高，一般为80%；对于治愈率高、治疗费用较低的重大疾病，给付比率较低，如20%。例如，投保人购买了保险金额为10万元比例给付型重大疾病保险产品，如果被保险人患一类重大疾病（发生率和治疗费用都较高），保险公司给付8万元；如果患二类重疾（治愈率高且治疗费用低），保险公司则给付2万元；如果在保险合同期限内没有患重大疾病，保险公司则给付10万元身故保险金。

附加给付型产品不能单独购买，作为寿险的附加险，与寿险一起购买，并且和寿险共用一个保额。保险责任与上述两种产品一样，都包括重大疾病责任和死亡责任。此类产品的一个显著特点是死亡保障始终不变，不会因为重大疾病保险金的给付而减少。若被保险人身患重大疾病，则保险公司给付重大疾病保险金，同时寿险身故的保额保持不变；若被保险人没有发生重大疾病，当被保险人身故时，保险公司则按照寿险身故责任进行赔偿。

提前给付型产品一般作为寿险的附加险出现，保障时间较长，保额比较灵活。此类产品的一个特点是重疾险保额和寿险保额共用，在重疾险赔付后，寿险的保额相应减少或者寿险责任终止，也就是说在购买此保险产品后，若被保险人罹患重大疾病，保险公司给付重疾险保险金后，保额也随之下降。例如，一份主险40万元的终身寿险，附加20万元的重大疾病保险产品组合，被保险在保险期限内罹患了保险合同中列明的重大疾病，保险公司给付20万元的重大疾病保险金，主险的保额随之减少到20万元。这种保险产品就是提前给付型。

（三）按保费的流向分类

按保费流向划分，可以分成消费型重疾险产品和返还型重疾险产品。消费型重疾险产品只提供保障，保费是完全用于支出的，不会返还。返还型重疾险在获得保障的同时还会得到保费返还。两者的不同主要集中在以下 3 点：一是保费方面，短期来说，消费型重疾险由于期限短且不需要返还，所以相对于返还型重疾险来说，保费比较便宜，用较少的保费就可以获得较大的保障，一般来说 30 岁的男性花费 300 元就可获得 10 万元的重疾保障。但是从长期看，返还型重疾险产品保费比消费型重疾险更划算。二是保障方面，消费型重疾险产品期限短，一般每 1 年或者每 5 年续保一次，便于灵活调整保险组合。但是随着被保险人年龄的增长，保险公司拒保的可能性也会增大，若被保险人曾在保险期限内获得过赔偿，保险公司可能会拒绝续保或者提高保费标准。而返还型重疾产品则不存在续保问题。所以从保障方面来讲，返还型重疾险适用于长期保障，如果人的一生中完全依赖消费型重疾险，可能在后期会面临无保可续的尴尬局面。三是投保方面，消费型重疾险适用于收入积累较少的年轻人，可以用较少的保费获得较高的保障。随着年龄的增长，消费型重疾险产品的保费大幅度增加，尤其在 40 岁之后，再投保消费型重疾险不划算，这个时候在经济能力范围内可以选择长期返还型重疾险产品满足长期保障的需要。

（四）按保险责任组合的形态分类

按保险责任组合的形态划分，可以分为重症单一形态、重症+轻症组合形态、重症+中症+轻症组合形态。解释 3 种组合形态之前先要弄清楚什么是重症、中症和轻症。重症是死亡率高、治疗费用高，直接影响患者的生活、工作能力，危及生命的重大疾病，如癌症等。轻症是重症的早期阶段，像早期肝硬化、原位癌等重大疾病，还没达到重症的严重程度。中症是介于重症和轻症之间的一种疾病状态。下面就详细解释 3 种组合形态。重症单一形态，只保障重症责任，没有中症和轻症责任，在当下重疾险产品市场上，此种产品越来越少，比如爱心人寿的"爱一生"重疾险产品，只承保 105 种重疾。重症+轻症组合形态，只保障重症和轻症责任，不包括中症责任，不同重疾险产品承保病种和赔付次数也不同，如泰康人寿的"健康有约"产品，重症 60 种 1 次赔付、轻症 26 种 1 次赔付；平安人寿"平安福"，重症 100 种 1 次赔付、轻症 30 种最多 3 次赔付；中荷人寿"一生关爱 G 款"，重症 90 种最多可赔付 5 次、轻症 45 种最多可赔付 5 次。在赔付率上，重症一般 100%赔付，轻症一般赔付重症保额的 20%~30%。重症+中症+轻症组合形态同时保障重症、中症、轻症责任，不同重疾险产品承保病种和赔付次数也不同，复星联合的"康乐一生 2019"重疾产品，重症 108 种 1 次赔付、中症 25 种最多 2 次赔付、轻症 40 种最多 3 次赔付；天安人寿"健康源悦享"重疾产品，重症 106 种最多可赔付 6 次、中症 20 种最多 2 次赔付、轻症 35 种最多赔付 4 次。就赔付额度而言，重症 100%赔付，中症一般赔付重症保额的 50%，轻症一般赔付重症保额的 20%~30%。

关于重大疾病保险产品的分类是多种多样的，除了上述划分，还可以按适用人群划分，分为女性（男性）重大疾病保险和儿童重大疾病保险；按保险金额是否变动分类，可分为不变额型产品和变额型产品；按保费交费形式分类，分为自然保费型产品和均衡保费型产品。

二、我国重大疾病保险产品介绍

（一）国寿附加国寿福提前给付重大疾病保险（臻享版）

1. 产品特色

该产品是一款重大疾病保险产品，为被保险人提供 100 种重大疾病保障和 30 种特定疾病保障。

2. 基本信息

投保年龄：18～50 周岁；

交费方式：19/29 年交。

3. 保险责任

（1）重大疾病保险金。

被保险人于本附加合同生效（或最后复效）之日起 180 日内，因首次发生并经确诊的疾病导致被保险人初次发生并经专科医生明确诊断患本附加合同所指的重大疾病（无论一种或多种），本附加合同终止，保险人按照本附加合同所交保险费（不计利息）给付重大疾病保险金。

被保险人于本附加合同生效（或最后复效）之日起 180 日后，因首次发生并经确诊的疾病导致被保险人初次发生并经专科医生明确诊断患本附加合同所指的重大疾病（无论一种或多种），本附加合同终止，保险人按本附加合同基本保险金额给付重大疾病保险金。若因意外伤害导致上述情形，不受 180 日的限制。

（2）特定疾病保险金。

被保险人于本附加合同生效（或最后复效）之日起 180 日内，因首次发生并经确诊的疾病导致被保险人初次发生并经专科医生明确诊断患本附加合同所指的特定疾病（无论一种或多种），本附加合同终止，保险人按照本附加合同所交保险费（不计利息）给付特定疾病保险金。

被保险人于本附加合同生效（或最后复效）之日起 180 日后，因发生并经确诊的疾病导致被保险人发生并经专科医生明确诊断患本附加合同所指的特定疾病（无论一种或多种），保险人按照本附加合同基本保险金额的 20%给付特定疾病保险金。若因意外伤害导致上述情形，不受 180 日的限制。

本附加合同的特定疾病保险金累计给付以 3 次为限，每种特定疾病限给付 1 次，当累计给付的特定疾病保险金达到 3 次时，保险人不再承担给付特定疾病保险金的责任，本附加合同继续有效；若被保险人因同一疾病或同一事故导致其发生本附加合同所指的 2 种或 2 种以上的特定疾病，保险人仅按一种特定疾病给付特定疾病保险金；若保险人已经给付或应给付重大疾病保险金，保险人不再承担给付特定疾病保险金的责任。

本附加合同按基本保险金额给付的重大疾病保险金与主合同的身故保险金保险人仅给付一项，并以一次为限。

（二）光大永明爱多多（尊享版）重大疾病保险

1. 投保范围

投保范围主要指投保时被保险人的年龄，投保年龄以周岁计算。本合同接受的投保年龄为0周岁（指出生满30日且已健康出院的婴儿）至55周岁。

2. 保险期间

本合同的保险期间为终身，自本合同生效日零时起计算。

3. 等待期

自本合同生效（或最后复效）之日起90日内（含当日）为等待期。

4. 保险责任

（1）轻症疾病保险金。

若被保险人于等待期内因意外伤害以外的原因，确诊首次患有本合同所定义的轻症疾病中的任意一种或多种，保险人将按本合同已交保险费向轻症疾病保险金受益人给付轻症疾病保险金，本合同终止。

若被保险人因意外伤害，或于等待期后因意外伤害以外的原因，确诊首次患有本合同所定义的轻症疾病的任意一种或多种，保险人将按本合同基本保险金额的30%向轻症疾病保险金受益人给付轻症疾病保险金。

（2）轻症疾病豁免保险费。

若被保险人因意外伤害，或于等待期后因意外伤害以外的原因，确诊首次患有本合同所定义的轻症疾病中的任意一种或多种，自确诊日后首个保险费到期日开始至最后一期保险费到期日止，保险人豁免上述期间内应支付的本合同保险费，本合同继续有效。

（3）中症疾病保险金。

若被保险人于等待期内因意外伤害以外的原因，确诊首次患有本合同所定义的中症疾病中的任意一种或多种，保险人将按本合同已交保险费向中症疾病保险金受益人给付中症疾病保险金，本合同终止。

若被保险人因意外伤害，或于等待期后因意外伤害以外的原因，确诊首次患有本合同所定义的中症疾病的任意一种或多种，保险人将按本合同基本保险金额的50%向中症疾病保险金受益人给付一次中症疾病保险金，本项保险责任终止，本合同继续有效。

（4）中症疾病豁免保险费。

若被保险人因意外伤害，或于等待期后因意外伤害以外的原因，确诊首次患有本合同所定义的中症疾病中的任意一种或多种，自确诊日后首个保险费到期日开始至最后一期保险费到期日止，保险人豁免上述期间内您应支付的本合同保险费，本合同继续有效。

（5）重大疾病保险金。

若被保险人于等待期内因意外伤害以外的原因，确诊首次患有本合同所定义的重大疾病中的任意一种或多种，保险人将按本合同已交保险费向重大疾病保险金受益人给付重大疾病保险金，本合同终止。

① 第一次重大疾病保险金。

若被保险人因意外伤害，或于等待期后因意外伤害以外的原因，确诊首次患有本合同所定义的重大疾病中的任意一种或多种，保险人将按以下3项金额中的最大者向重大疾病保险金受益人给付第一次重大疾病保险金：被保险人确诊首次患有本合同所定义的重大疾病时本合同已交保险费；被保险人确诊首次患有本合同所定义的重大疾病时本合同的现金价值；本合同的基本保险金额。

② 第二次重大疾病保险金。

若被保险人自第一次重大疾病确诊日180日后（不含当日），确诊首次患有本合同所定义的且与第一次确诊的重大疾病所属不同组别（参照重大疾病分组）中的重大疾病中的任意一种或多种，保险人将按本合同基本保险金额向重大疾病保险金受益人给付第二次重大疾病保险金。

③ 第三次重大疾病保险金。

若被保险人自第二次重大疾病确诊日180日后（不含当日），确诊首次患有本合同所定义的且与前两次确诊的重大疾病均所属为不同组别（参照重大疾病分组）中的重大疾病中的任意一种或多种，保险人将按本合同基本保险金额向重大疾病保险金受益人给付第三次重大疾病保险金。

④ 第四次重大疾病保险金。

若被保险人自第三次重大疾病确诊日180日后（不含当日），确诊首次患有本合同所定义的且与前三次确诊的重大疾病均所属为不同组别（参照重大疾病分组）中的重大疾病中的任意一种或多种，保险人将按本合同基本保险金额向重大疾病保险金受益人给付第四次重大疾病保险金。

⑤ 第五次重大疾病保险金。

若被保险人自第四次重大疾病确诊日180日后（不含当日），确诊首次患有本合同所定义的且与前四次确诊的重大疾病均所属为不同组别（参照重大疾病分组）中的重大疾病中的任意一种或多种，保险人将按本合同基本保险金额向重大疾病保险金受益人给付第五次重大疾病保险金。

⑥ 第六次重大疾病保险金。

若被保险人自第五次重大疾病确诊日180日后（不含当日），确诊首次患有本合同所定义的且与前五次确诊的重大疾病均所属不同组别（参照重大疾病分组）中的重大疾病中的任意一种或多种，保险人将按本合同基本保险金额向重大疾病保险金受益人给付第六次重大疾病保险金。

（6）重大疾病豁免保险费。

若被保险人因意外伤害，或于等待期后因意外伤害以外的原因，确诊首次患有本合同所定义的重大疾病中的任意一种或多种，自确诊日后首个保险费到期日开始至最后一期保险费到期日止，保险人豁免上述期间内应支付的本合同保险费，本合同继续有效。

（7）身故保险金。

若被保险人于等待期内因意外伤害以外的原因导致身故，保险人将按本合同已交保险费向身故保险金受益人给付身故保险金，本合同终止。

若被保险人因意外伤害，或于等待期后因意外伤害以外的原因导致身故，保险人将按以下约定向身故保险金受益人给付身故保险金，本合同终止：

① 若被保险人身故时未满 18 周岁的，保险人将按以下 2 项金额中的较大者给付身故保险金：被保险人身故时本合同已交保险费；被保险人身故时本合同的现金价值。

② 若被保险人身故时已年满 18 周岁（含）的，保险人将按以下 3 项金额中的最大者给付身故保险金：被保险人身故时本合同已交保险费；被保险人身故时本合同的现金价值；本合同的基本保险金额。

（8）高度残疾保险金。

若被保险人于等待期内因意外伤害以外的原因导致本合同所定义的高度残疾，保险人将按本合同已交保险费向高度残疾保险金受益人给付高度残疾保险金，本合同终止。若被保险人因意外伤害，或于等待期后因意外伤害以外的原因导致本合同所定义的高度残疾，保险人将按以下约定向高度残疾保险金受益人给付高度残疾保险金，本合同终止：

① 若被保险人高度残疾时未满 18 周岁的，保险人将按以下 2 项金额中的较大者给付高度残疾保险金：被保险人高度残疾时本合同已交保险费；被保险人高度残疾时本合同的现金价值。

② 若保险人高度残疾时已年满 18 周岁（含）的，保险人将按以下 3 项金额中的最大者给付高度残疾保险金：被保险人高度残疾时本合同已交保险费；被保险人高度残疾时本合同的现金价值；本合同的基本保险金额。

（9）疾病终末期保险金。

终末期阶段，保险人将按本合同已交保险费向疾病终末期保险金受益人给付疾病终末期保险金，本合同终止。

若被保险人因意外伤害，或于等待期后因意外伤害以外的原因确诊首次达到本合同所定义的疾病终末期阶段，保险人将按以下约定向疾病终末期保险金受益人给付疾病终末期保险金，本合同终止：

① 若被保险人达到疾病终末期阶段时未满 18 周岁的，保险人将按以下 2 项金额中的较大者给付疾病终末期保险金：被保险人达到疾病终末期阶段时本合同已交保险费；被保险人达到疾病终末期阶段时本合同的现金价值。

② 若被保险人达到疾病终末期阶段时已年满 18 周岁（含）的，保险人将按以

下 3 项金额中的最大者给付疾病终末期保险金：被保险人达到疾病终末期阶段时本合同已交保险费；被保险人达到疾病终末期阶段时本合同的现金价值；本合同的基本保险金额。

（10）特定疾病保险金（本项保险责任为可选责任）。

若被保险人因意外伤害，或于等待期后因意外伤害以外的原因，确诊首次患有本合同所定义的特定疾病中的任意一种或多种，且同时满足第五项"重大疾病保险金"责任中"第一次重大疾病保险金"的给付条件，保险人在给付第一次重大疾病保险金的同时，将按本合同的基本保险金额的 50%额外向特定疾病保险金受益人给付一次特定疾病保险金，本项保险责任终止，本合同继续有效。

三、重大疾病保险产品的选择

每个家庭的财务状况、成员结构以及风险承受能力都是不同的，在《国民防范重大疾病健康教育读本》中，从保险期间、交费期间、病种数量、额外责任、增值服务等方面对如何选择合适自己的重疾险产品做出了指导。

（一）保险期间

重疾险按照保险期间可以分为定期重疾和终身重疾。定期重疾险的选择很灵活，保险期限从一年到数十年不等，也可以是保到某个年龄，如 70 岁、80 岁等。终身重疾险的保险期间为终身，就是保障被保险人一生。两者之间如何做出选择，还是要衡量自己的实际需求与支付能力。对于有长期保障需求的消费者来说，建议考虑投保终身重疾险，然后根据个人预算情况，选择购买合适的保障额度。对于预算有限，同时又想拥有一定重疾保障的消费者来讲，可以先投保定期重疾作为过渡，如一年期消费型重疾或者 30 年定期重疾等。当然，在预算充裕以后，可根据已有保障情况适当加保终身重疾险，长短结合，兼顾人生不同阶段需求。部分重疾险在满足消费者重疾保障需求的同时，还设计有一定的身故保障，尤其是对终身重疾来讲，如果客户无疾而终，那么这份重疾险的身故保障还可以作为遗产或者通过指定受益人的方式留给受益人。

（二）交费期间的选择

在相同的保障责任和保险期间前提下，交费期间越长，每期交费金额越少，但是累计总交费越多。所以在选择交费期时，可以根据个人情况量力而行。在未来收入预期稳定的前提下，可以选择较长交费期限的重疾险，同时还可以搭配投保人豁免责任一起购买，这样既可以减轻交费压力，降低经济负担，还能充分发挥投保人豁免责任的保障功能。因为一旦触发豁免责任，剩余未交保费消费者就不需要继续交了，而保障仍然继续有效。当然，保障期限的选择并非越长越好，根据消费者个人年龄、收入情况酌情选择，如果支付能力较强，又觉得太长的交费期比较麻烦，就可以选择 5 年或者 10 年的交费，省去很多年都要每年定期往扣款账户存钱的麻烦，累计交的总保费也少于长期限交费的总保费。

（三）病种数量的选择

中国保险行业协会和中国医师协会联合发布的重疾定义规范中纳入的疾病，发病率总计超 95%，覆盖了普通人一生当中绝大部分的重疾风险，也是目前绝大多数重疾保险产品的基础保障范围。关注病种的"质量"比关注病种的数量更有意义。

此外，在给孩子选择重疾险时，除关注重疾数量外，还应重点关注少儿阶段高发的疾病是否包含在内。如重症手足口病、严重肌营养不良、严重川崎病等疾病，都属于少儿阶段高发疾病，占到了少儿重疾的 25.4%，其中重症手足口病占到了 13.8%。

（四）额外责任的选择

重疾险的额外责任主要包括轻症责任、多次给付和特定疾病额外给付 3 种。总体来看，在基本保障责任相同的情况下，选择的额外责任越多，被保险人的保障就越充足，但投保人需要交纳的保费就越高。所以，消费者在购买重疾险时，是否选择额外责任，选择哪些额外责任，建议根据自身的实际需求和财务状况进行判断。重疾责任的理赔门槛较高，要在患者病情十分严重时才能赔付。随着医疗技术的进步，疾病的检出呈现早期化、轻度化的特点，客户的病症往往达不到重疾理赔的标准。轻症责任的出现弥补了客户病症较轻时的保障缺失，对于消费者来讲非常实在且有必要。同样，轻症责任的选择也要优先考虑轻症病种的质量而非数量。关注病种的质量，也就是轻症责任所包含的病种类型，比如有没有包含理赔概率高的高发轻症。同时，轻症赔付比例以及是否包含轻症豁免责任也需要消费者重点关注。

多次给付责任的意义在于，在患者罹患重疾且重疾预后较好的情况下，还可以继续享有其他重疾保障，"赔了还可以再赔"。给孩子购买重疾险时，多次给付责任的意义更加突出。如果预算足够，重疾险的基础保额已经投保了充分的保额，可以考虑附加多次赔付责任。但如果预算不足，建议还是首要关注首次赔付的保障额度。

特定疾病额外给付是指当重疾险的被保险人罹患特定疾病时，保险公司将给予额外的保险金给付，包括少儿特定疾病（如少儿白血病等）保障金、女性特定疾病（如乳腺癌、宫颈癌等）保障金、男性特定疾病（如前列腺癌等）保险金、心脑血管特定疾病保险金等类型。特定疾病额外给付责任的增加可以为被保险人提供阶段性、针对性的额外保障，也可以说是在一定程度上对不同性别、年龄客群的定制，被保险人可根据自己的身体状况、人生规划、预算情况等综合考虑是否增加特定疾病保障。

随着保险和大健康市场的发展，保险产品不仅在保障功能上不断升级和优化，其所提供的增值服务也在不断扩展和创新。这些增值服务在支持保险产品保障功能的同时，也极大地提升了出险前后的客户体验。目前，市场上常见的增值服务包括重疾绿色通道、线上问诊、多学科会诊、二次诊疗意见、海外医疗、恶性肿瘤特药、就医陪同、心理咨询、重疾护理等。客户在重点关注保险产品保障责任的同时，也可以对相关增值服务进行了解。

第三节  重大疾病保险合同的主要内容

一、重大疾病保险合同的概念与特征

重大疾病保险合同是指为一些特定的重大疾病与手术,如心肌梗死、恶性肿瘤、糖尿病、尿毒症、四肢瘫痪、脊髓疾病、严重烧伤、心脑血管疾病、爆发性肝炎、重要器官移植手术、冠状动脉绕道手术、主动脉手术等所引起的高额医疗费用支出提供保险保障,并采取定额给付方式的保险合同。

重大疾病保险合同具有自身的特征,具体表现为:一是定额给付性。重大疾病保险合同的保险金额不是由保险标的价值确定的,而是由保险人与投保人双方约定的,当被保险人在保险期限内罹患保险合同规定的重大疾病,被保险可以获得合同约定的赔偿。二是合同性质的特殊性。射幸性是指当事人之间在合同中所取得的利益或遭受的损失具有不确定性。若被保险人没有罹患重大疾病,将不会获得保险赔付,若被保险人罹患重大疾病,保险人将给付保险金,且数额是投保人交付保险费的数倍乃至数十倍。三是合同条款的特殊性,重大疾病保险通常会规定观察期条款和生存期条款,这一部分内容会在后面详细讲解,这里不再赘述。

二、重大疾病保险合同的内容

《保险法》第十八条规定,保险合同应当包括:保险人名称和住所;投保人、被保险人的姓名或者名称、住所,以及受益人的姓名或者名称、住所;保险标的;保险责任和责任免除;保险期间和保险责任开始时间;保险金额;保险费及支付办法;保险金赔偿或者给付办法;违约责任和争议处理;订立合同的年、月、日。保险合同的内容体现在保险合同的条款中,可分为一般条款和特殊条款两大类。下面就重大疾病保险合同一般条款和特殊条款做介绍。

(一)重大疾病保险合同的一般条款

1. 保险责任

重大疾病保险合同通常都规定了保险责任条款。这一条款中规定了保险合同由保险人承担的责任范围,通常重疾险合同保险责任包括:(1)重大疾病保险责任,即在保险合同的有效期内,被保险确诊患有合同中约定的重大疾病,保险人给付重大疾病保险金;(2)身故保险责任,即在合同有效期间内被保险人身故,保险人向被保险人给付身故保险金;(3)保费豁免责任,即交费期间内被保险人确诊合同约定的重大疾病,豁免投保人后期应交保险费。上述所列举的保险责任是所有重疾险

保险责任集合，不是具体某一险种，投保具体产品时还应具体分析。

2. 除外责任

在"新规范"中对重大疾病保险除外责任进行了具体规定。因下列情形之一，导致被保险人发生疾病、达到疾病状态或进行手术的，保险公司不承担保险责任：

（1）投保人对被保险人的故意杀害、故意伤害；

（2）被保险人故意犯罪或抗拒依法采取的刑事强制措施；

（3）被保险人故意自伤或自本合同成立或者本合同效力恢复之日起 2 年内自杀，但被保险人自杀时为无民事行为能力人的除外；

（4）被保险人服用、吸食或注射毒品；

（5）被保险人酒后驾驶、无合法有效驾驶证驾驶，或驾驶无合法有效行驶证的机动车；

（6）被保险人感染艾滋病病毒或患艾滋病；

（7）战争、军事冲突、暴乱或武装叛乱；

（8）核爆炸、核辐射或核污染；

（9）遗传性疾病，先天性畸形、变形或染色体异常。

3. 保险期间和保险责任开始

重大疾病保险合同一般会规定保险期间，有的短期保险合同规定可以续保。比如，有的重大疾病保险合同对保险期间做出如下规定：本保险合同保险期间以保险人和投保人协商确定，由保险单载明的起讫时间为准。除另有规定外，本保险合同的保险期间为 1 年。若保险人同意，投保人可于每个保险期间届满时或之前，按照续保当时保险人执行的条款和费率向保险人交纳续保保费，则本合同的保险期间将延续一年。

保险责任开始的时间，是指保险人开始承担风险、履行保险责任的时间。保险责任开始后，保险合同终止之前，如果发生保险合同约定的保险事故或者被保险人生存至约定年龄或期限，保险人即应当承担保险责任，给付保险金。若保险事故发生于上述期间之外，则保险人不承担保险责任。保险责任开始的时间与保险合同生效的时间是两个不同的概念，在重大疾病保险中，保险合同生效，但是保险责任不一定开始，只有过了保险合同中规定的观察期，被保险人确诊重大经，保险人才会履行保险责任。

4. 保险金额和保险费

保险金额是保险人承担给付被保险人保险金责任的最高限额。重大疾病保险合同以定额给付为主，所以保险金额一般由投保人、保险人双方约定。重大疾病保险保险费与保险金额、交费年限、被保险人年龄有关，保险费可以采取趸交和分期交付的方式。

5. 保险金给付

保险金给付是被保险人享有权利的具体反映，又是保险人履行其义务的重要方面。不同类型的重疾险产品给付方式不同，一般来说付方式主要有：额外给付、提前给付、独立给付、比例给付。

（二）重大疾病保险合同的特殊条款

1. 观察期条款

在重大疾病保险合同中一般会设有观察期条款。此条款是健康保险合同所特有的条款，在人寿保险、人身意外伤害保险合同中没有此项条款。所谓观察期又称等待期或者免责期，是指从健康保险合同生效日开始后一定时期内，对被保险人因疾病所致的医疗费用支出、收入损失以及身故等保险事故，保险公司不承担责任。观察期结束后保险公司才按照约定的内容承担保险责任。之所以设定观察期条款，是防止被保险人为了获取保险金而带病投保的行为。根据保险原理，要求被保险人在投保健康保险时，身体没有任何疾病，但由于保险公司对被保险人身体健康状况的了解主要来自被保险人自己的介绍，即使体检也不能全面、准确地反映被保险人的身体状况，如果被保险人带病投保又不如实告知，保险公司很难判断和甄别。于是，从理论上做了一个假设，即被保险人在合同生效后的180天内因疾病导致保险事件的发生，保险人可以假定该疾病在投保时就已经存在，故不负责任；如果是在合同生效180天后发生因疾病而导致的费用支出等保险事故，则假定为投保后所患疾病，保险人对此承担保险责任。设定观察期的主要目的是保证保险公司尽可能地控制被保险人带病投保的风险，维护经营的安全和稳定。

2. 生存期条款

生存期指被保险人在确诊身患重大疾病后，还需要经过一个特定的时间（一般规定为30天或者更短）才能领取重大疾病保险金，如果被保险人在生存期之内死亡只能领取身故保险金。生存期计算的起点是重大疾病确诊日期，计算的终点是发起理赔的日期。具体地，可以分为3种不同的情况：

（1）重疾险附带身故赔偿，且重疾险对于重大疾病单次赔付。对于目前大部分的重疾险，都附带"身故赔付"。如果这些产品是单次赔付的，是不设生存期的。也就是说，无论保单提出的是"身故赔偿"还是"重疾赔偿"的申请，保险公司的理赔额是相同的。在这种情况之下，无论患者理赔时是否生存，都可以获得理赔。

（2）重疾险不附带身故赔偿。如果重疾险不附带"身故赔付"，那么保险条款一般都会设置"生存期"。受保人必须生存至生存期结束，才可以提出"重疾赔偿"，否则不能提出任何赔偿。

（3）重疾险附带身故赔偿，且重疾险对于重大疾病多次赔付。如果是附带"身故赔付"的重疾险，而重疾险对于重大疾病进行多重赔付，首次理赔的时候，和情况一相同，不需要生存期。而在第二次重疾索赔的时候，就设置了"生存期"。在第二次确诊重疾之后，不仅需要一段时间的间隔期，还需要被保险人在生存期之后依然生存，保单才会再次进行"重疾理赔"。这是因为只有重疾理赔是多次的，身故理赔只有一次。如果受保人不幸在生存期之内身故，那么对于保险公司来说，身故赔偿在首次赔付的时候已经支付过了,因而不会再次赔偿。

例如:王先生有一份生效的重疾险,对于重疾多次赔付,其中两次重疾之间,需要间隔3年。生存期为15天。2015年3月1日,王先生不幸入院治疗并确诊重疾,发起第一次索赔。王先生如果需要发起第二次重疾索赔,需要同时满足以下的条件:第二次重疾确诊日期,在2018年3月1日或以后,这是间隔期限制。

在王先生第二次被确诊重疾之后,王先生必须至少再生存15天。可以看出,生存期的限制,是为了将第二次重疾索赔和身故索赔区分开来。"再生存15天",意思是除了在第一次确诊重疾之后依然生存,在第二次确诊重疾之后还需要额外生存的时间。因此,此类"多重赔付"的重疾其实限制条款是比较多的,而生存期限制只是其中之一。

总结起来,如果是附带身故赔偿的单次重疾,对于生存期没有要求;而其他情况,理赔均会受到生存期的影响。在选择不同产品的时候,对于这类条款应当仔细阅读。

本章小结

重大疾病保险通常简称"重疾险",是健康保险的主要内容之一,是指当被保险人在保险期限内发生保险合同约定的疾病、达到约定的疾病状态或者实施约定的手术时,给付保险金的健康保险产品。重大疾病保险的特征主要体现在定额给付型、保障重大疾病、长期性、交费期限长、规定等待期、理赔成本较高、社保的补充等方面。重大疾病保险起源于南非,1995年中国内地首次引入重大疾病保险,并得到规范和进一步发展。

重大疾病保险按照不同的标准可以划分成不同的类型,按保障期限划分,可以分为定期类重疾险产品和终身类重疾险产品;按产品给付形态划分,可以分为独立主险型产品、比例给付型产品、附加给付型产品和提前给付型产品;按保费的流向划分,可以分成消费型重疾险产品和返还型重疾险产品;按保险责任组合的形态划分,可以分成单一重症形态产品、重症+轻症组合形态产品和重症+中症+轻症组合形态产品。每个家庭的财务状况、成员结构以及风险承受能力都是不同的,在《国民防范重大疾病健康教育读本》中,从保险期间、交费期间、病种数量、额外责任、增值服务等方面对如何选择合适自己的重疾险产品做出了指导。本章介绍了国寿附加国寿福提前给付重大疾病保险(臻享版)和光大永明爱多多(尊享版)重大疾病保险两款重疾险产品。

《保险法》第十八条规定,保险合同应当包括投保人名称和住所、投保人、被保险人的姓名或者名称、住所、受益人的姓名或者名称、住所、保险标的、保险责任和责任免除、保险期间和保险责任开始时间、保险金额、保险费及支付办法、保险金赔偿或者给付办法等内容。本章重点介绍了重大疾病保险合同的保险责任、除外责任、保险期间和保险责任开始、保险金额和保险费、保险金给付、观察期和生存期等条款。

复习思考题

1. 重大疾病保险的定义及特征是什么？
2. 简要介绍重大疾病保险产品的分类。
3. 请说明重大疾病保险的起源和发展情况。
4. 列举出一种重大疾病保险产品，并说明其保险责任、除外责任、保险金额等内容。

案例分析

如何挑选重疾险很重要

顾先生，今年30周岁，是一家互联网科技公司的职员，由于工作压力大，生活作息不规律，想要一份性价比高、保障时间长、保障全面的重疾险。经过考虑，他为自己投保了钢铁战士1号重大疾病保险，保至80周岁，保额50万元，30年交，附加恶性肿瘤关爱保险金、特定心血管重大疾病关爱保险金、身故或全残保险金，年交保费6 860元。90天等待期后，在保险期间内，顾先生可享以下保障：

（1）50种轻症保障金，不分组最多可赔付3次，每次给付20万元；

（2）5种特定心血管轻症关爱保险金：20万元；

（3）20种中症保险金，不分组最多可赔付2次，每次给付30万元；

（4）重疾+重疾额外给付（120种）：50万元，60周岁前确诊，额外给付25万元；

（5）恶性肿瘤关爱保险金：初次确诊重疾非恶性肿瘤，180天后，确诊初次新发恶性肿瘤，给付60万元；初次确诊重疾为恶性肿瘤，3年后，恶性肿瘤持续、新发、复发或转移，给付60万元；

（6）特定心血管重大疾病保险金（5种）：初次确诊重疾非特定心血管疾病，1年后，确诊初次新发特定心血管疾病，给付60万元；初次确诊重疾为特定心血管疾病，1年后，同种特定心血管疾病复发，给付60万元；

（7）身故/全残保险金：50万元；

（8）含轻症/中症/重疾豁免。

通过上述案例可知，钢铁战士1号重疾险是一款单次赔付重疾险，60周岁前确诊初次重疾给付150%基本保额；特定心血管重疾、恶性肿瘤可选二次赔付，给付120%基本保额；轻中症保额高，保障全，还有多项人性化保障，能减轻家庭负担。这款产品支持智能核保，甲状腺结节、乳腺结节、乙肝、高血压人群也有机会投保，健康告知宽松，交费压力小。

因而在挑选重疾险要考虑如下因素：

（1）保额。

购买重疾险就是购买保额。在购买重疾险的时候，一定要把保额尽可能地提上去，只有这样才能在风险来临时，得到充足的赔偿金渡过难关。

（2）单次赔付还是多次赔付。

同一投保条件下，单次赔付重疾险的保费价格低一点，但是重疾只能赔付一次，一旦出险理赔，保险合同失效。多次赔付重疾险的保费价格高，但是重疾可以多次赔付，即使有过重疾理赔记录，也不用担心缺少重疾保障的问题。具体选择哪一类，建议结合家庭预算来确定。

（3）多次赔付重疾险分组是否合理。

选择购买多次赔付重疾险的人，还需要留意重疾是否分组，不分组最好；如果重疾分组赔付，那么留意一下分组是否合理，恶性肿瘤单独放在一组的产品分组还是比较合理的，提高了重疾多次理赔的概率，除了恶性肿瘤，其他几个高发重疾也要尽量分散到各组；因为重疾分得越散，多次赔付的可能性就越大。

通过上述钢铁战士1号重疾险投保案例分析可知购买重疾险的必要性，用较少的保费来获取较高保额的保障。买重疾险的时候，应掌握一些投保技巧，谨慎选择最合适自己的产品。同时也提醒大家一定要端正自己的心态，保险的本质是保障，而不是为了在发生风险后让自己更有钱。

案例来源：https：//www.huize.com/hz-planet/article/12543。

思考：结合案例分析如何选择重大疾病保险产品？

健康保险学

第五章

失能收入损失保险

 本章要点

  1. 掌握：失能收入损失保险的概念、特征以及残疾的界定。
  2. 熟悉：失能收入损失保险合同相关条款。
  3. 了解：失能收入损失保险的发展；失能收入损失保险产品。

 课程目标

  通过学习失能收入损失保险的概念、特征以及发展，学生能增强对失能收入损失保险的认识，学会识别失能收入损失风险；通过学习失能收入损失保险合同条款以及产品，学生能掌握失能收入损失保险的相关知识，学会用保险的方法应对失能收入损失风险。

第一节 失能收入损失保险概述

一、失能收入损失保险的概念

失能收入损失保险是指被保险人由于疾病或意外伤害导致残疾,丧失部分或者全部工作能力而不能获得正常收入或者正常收入减少时,为被保险人的收入损失提供经济补偿的健康保险产品。其主要目的是为被保险人因丧失工作能力导致收入的丧失或减少提供经济上的保障,但不承担被保险人因疾病或意外伤害所发生的医疗费用。《健康保险管理办法》(2019年修订版)规定:失能收入损失保险,是指以保险合同约定的疾病或者意外伤害导致工作能力丧失为给付保险金条件,为被保险人在一定时期内收入减少或者中断提供保障的保险。

残疾是失能收入损失保险中非常重要的概念。残疾指由于伤病等原因在人体上遗留的固定症状,并影响正常生活和工作能力。导致残疾的原因通常有先天性的残障、后天疾病遗留、意外伤害遗留等。失能收入损失保险对先天性的残疾不给付保险金,并规定只有满足保单载明的残疾定义时,才可以给付保险金。在失能收入损失保险保单中,关于残疾的定义有很多种,这里讨论完全残疾和部分残疾。

(一)完全残疾

完全残疾一般指永久丧失全部劳动能力,不能参加工作(原来的工作或任何新工作)以获得工资收入。商业保险中常见的全残定义有以下几种:

1. 全残

目前多将残疾分成两个阶段:在致残初期,如被保险人不能完成其惯常职业的基本任务,则可认定为全残或完全丧失工作能力,被保险人就可按规定领取保险给付;在致残2~5年后,被保险人仍不能完成任何与之所受教育、训练或经验相当的职业任务,可认定为全残,并继续领取残疾收入给付直至保险期满。这种定义可能导致被保险人自愿重返任何一种有收入的职业后就不能再领取全残保险给付。

2. 绝对全残

失能保险单中将全残定义为绝对全残,即该残疾使被保险人不能从事任何职业。现在大多数公司已经不再采用此种苛刻的定义。

3. 原职业全残

一些收入保障保险对从事某些特定职业者(如钢琴师、医师、牙医、律师或会计师等)签发的保单进一步放宽了对全残的限制,规定如被保险人因伤残不能完成原职业的基本任务时,就可认定为全残,也可以领取约定的保险金,而不论他是否从事其他有收入的职业。

4. 收入损失全残

被保险人由于残疾而遭受收入损失，就可被认定为全残。这种保险单提供的残疾收入保险金包括两种情况：一是被保险人因全残而丧失工作能力；二是被保险人尚能工作，但因伤残而致使其收入降低。

5. 推定全残

在某些情况下，被保险人患病或遭受意外伤害，最终是否残疾在短期内难以判定，为此，保险公司往往在保险条款中规定一个定残期限，如180天。如果被保险人发生的伤残在定残期限届满时尚无明显的好转征兆，将自动被认定为全残。

6. 列举式全残

有的保险公司还在保单中列举出被保险人可以被认定为"全残"的情况。这些情况通常包括：双目永久完全失明；两上肢腕关节以上或两下肢踝关节以上缺失；一上肢腕关节以上及一下肢踝关节以上缺失；一目永久完全失明及一上肢腕关节以上缺失；一目永久完全失明及一下肢踝关节以上缺失；四肢关节机能永久完全丧失；咀嚼、吞咽机能永久完全丧失；中枢神经系统机能或胸、腹腔部脏器机能极度障碍，终身不能从事任何工作，为维持生命必要的日常生活活动，全需他人扶助等。

全部残疾给付金额一般比残疾前的收入少一些，通常是原收入的75%~80%。

（二）部分残疾

部分残疾是指部分丧失劳动能力。如果我们把全部残疾认为是收入全部损失，那么，部分残疾则意味着被保险人还能从事一些有收入的其他职业（显然这种职业的收入比原来职业的收入少）。在这种情况下，保险人给付的将是全部残疾给付的一部分，其计算公式如下：

部分残疾给付＝全部残疾给付×(残疾前的收入－残疾后的收入)/残疾前的收入

二、失能收入损失保险的特征

（一）给付金额

为了防止道德风险，失能收入损失保险提供的保险金低于被保险人在残疾前的正常收入，但是被保险人领取的残疾保险金与他残疾前的收入水平有一定的关系。通常，被保险人的残疾收入给付金额的确定有两种方法，即固定给付金额法和收入给付公式法。

1. 固定给付金额法

固定给付金额法通常使用于个人失能收入损失保险。在固定给付金额法中，保险双方事先在保单中约定一个固定金额作为保险金额，当被保险人因疾病或意外事故造成残疾时，保险人按照约定给付保险金，给付金额的大小取决于投保时被保险人的收入水平。这种方式下，无论被保险人在残疾期间是否还有其他收入来源，保险人都要如数给付残疾收入补偿保险金。

2. 收入给付公式法

收入给付公式法通常适用于团体残疾收入补偿保险。保险事故发生后，保险人根据被保险人的残疾程度，给付相当于被保险人原收入一定比例的保险金。长期团体残疾收入补偿保险给付比例通常为60%~70%，团体短期保险的比例通常会高一些。

（二）给付方式

失能收入损失保险保险金的给付方式主要有一次性给付和分期给付两种。一次性给付可分成两种。一是按约定金额一次性给付，如果保单中规定保险金的支付方式为一次性给付，而且被保险人因患病或意外伤害导致全残，则保险人通常按照约定的保险金额给付保险金。二是按一定比例一次性给付，如果保单中规定被保险人可以领取部分伤残保险金，则保险人通常根据被保险人的残疾程度，按照一定的比例向被保险人一次性支付保险金。分期给付，通常指保险人根据被保险人的选择，按月或按周期提供合同约定金额的收入补偿。

（三）给付期限

给付期限是指收入保障保单支付保险金的最长时间。给付期限可以是短期，也可以是长期。短期补偿是为了补偿被保险人在身体恢复前不能工作的收入损失；长期补偿是为了补偿被保险人全部残疾而不能恢复工作的收入损失。一般而言，失能保险期间，不论是生病致残还是受伤致残均相同，从13周、26周、52周，到2年、5年或给付至65岁。如全残始于55岁、60岁或65岁，可提供终身给付。多数失能为短期失能，即失能者的恢复期在12个月内。若恢复期超过12个月，恢复工作能力的概率也锐减，尤其是年老者，对此更宜于选择较长的保险给付期间。

（四）免责期间

免责期间是指在残疾失能开始后无保险金可领取的一段时间，即残疾后的前一段时间。免责期间类似于医疗费用保险中的免责期或自负额，在此期间保险人不给付任何补偿。免责期的设定目的在于排除一些不连续的疾病或受伤，因其所致丧失劳动能力可能只有几天，或者在短时间内，被保险人还可以维持一定生活。同时，设置免责期还可以通过取消对短期残疾的给付而减少保险成本。各保险公司的免责期不同，如30天、2个月、3个月、6个月和1年等，免责期越长，保费愈便宜。此外，免责期间允许中断，如被保险人在短暂恢复后（一般限定为6个月以内）再度失能，可将两段失能期间合并计算免责期。

三、失能收入损失保险的发展

（一）国外失能收入损失保险的发展

从国际上看，失能收入损失保险的发展可以追溯到几百年以前，早在14世纪的德国就出现了失能收入损失保险的雏形：私营的救助基金为失能的矿工提供收入补偿。到 18 世纪，德国和奥地利都设有行业基金和救济组织为失能的商人提供收入补偿。在德国，为工厂工人设立的救济基金成为第一个国家计划——工人补偿保险的先驱。其他国家延续至今的一些类似救济基金的组织，如英国和美国的友爱社，也为其成员提供失能收入补偿金。现代失能收入损失保险创立于 19 世纪末，1884 年由英国医疗疾病社提出。一年以后，爱丁堡世纪保险公司发售个人失能收入损失保险保单，该公司或许是第一家发售个人失能收入损失保险保单的私营保险公司。在德国，首次失能保障是在 19 世纪 70 年代以人寿保单附加险的形式出现的。而在美国，马萨诸塞州意外保险公司于 1915 年开始为从事任何职业的个人提供失能收入损失保险。随后，失能收入损失保险传入欧洲和美洲的其他国家。

（二）我国失能收入损失保险的发展

目前，我国商业失能收入损失保险还处于初级发展阶段，供给主体是寿险公司和专业健康保险公司。从产品结构上看，现在的失能收入损失保险以附加险的形式和独立个险的形式销售，但以附加险为主，团体保险也刚刚起步。从产品保险责任来看，各个公司推出的保险产品存在很大的相似性。目前，商业失能收入损失保险覆盖面比较窄，购买者多为城市中高收入人群，而农村市场还有待开发。

第二节  失能收入损失保险产品

失能收入损失保险已经成为发达国家应对劳动者失能风险的重要措施，是其社会保障体系必不可少的组成部分。在我国，商业失能收入损失保险还处于初级发展阶段，没有发挥其在经济发展中的应有作用。发展商业失能收入损失保险不仅是中国经济发展的客观需要，也是增进劳动者身体健康、保障人力资源的必要措施。综合国内外学者对失能收入损失保险的研究经验，下面具体介绍失能收入损失保险产品的类型和我国的失能收入损失保险产品。

一、失能收入损失保险产品分类

（一）按照保障内容划分

失能收入损失保险按照保障内容，可以划分为工资收入保险、失能买断保险和重要员工失能收入保险。张晓（2014）所著的《商业健康保险》中，借鉴美、英等国失能收入保险发展经验，将失能收入保险划分为上述 3 类，并对 3 种失能收入保险做了介绍。

1. 工资收入保险

被保险人所获得的收入补偿是以遭受工资损失为条件的，必须丧失工作能力又未领取任何疾病休息津贴，并能提供无法工作的医疗证明书，才能得到收入补偿，给付标准一般为被保险人月平均工资的 50%~70%。

2. 失能买断保险

这种失能保险在美国也只有少数保险公司出售。保单提供给企业或合伙人或小型公司以现金，用于购买一个完全失能的合伙人或股东在该公司的股权。保单将在失能后的 12 个月、24 个月或 36 个月后支付保险金。失能买断保险的保险金额是在核保时根据会计核算的原则计算出的该企业价值来决定的。一般为一个人对该企业权益的 80%，且这个百分比将自被保险人年满 60 岁以后迅速减少，如在 61 岁时为 50%，在 62 岁时为 25%。

3. 重要员工失能收入保险

重要员工失能收入保险是指当某企业所特定投保的重要员工完全失能时，由保险人提供该企业每月固定的赔偿额。失能后经过免责期间保险金给付开始，并且被保险人持续失能 12 个月或 24 个月内继续给付。保险金额反映该员工对于该企业的价值，因此保险金额很高，而且其额度一般与保险人所设立的个人保险的限制无关。投保企业可用这笔保险金支付其暂时性或永久性更换该员工所需的人员工资。这笔钱也可以用来维护企业信用。

这种保险的风险巨大，管理技术要求较高，因此在国外这种重要员工失能保险也基本上是由一些可以提供巨额风险保障的保险人承保，如伦劳合社、美国国际集团。很少有一般商业保险公司提供类似这样保障的保单。

（二）按照承保对象划分

失能收入损失保险按照承保对象，可以划分为个人保险和团体保险两类，团体保险是我国保险市场上主要的保险产品类型。我国的团体失能收入保险是由公司或者企事业单位根据其经济效益或作为激励措施来决定是否为员工购买团体保险的。

（三）按照保险期限划分

失能收入损失保险按照保险期限，可以划分为短期失能收入损失保险和长期失能收入损失保险。

二、我国失能收入保险产品介绍

（一）附加失能收入损失保险产品

在我国健康保险中，失能收入保险起步比较晚。而且失能收入损失保险一般不单独承保，主要作为人寿保险和人身意外伤害保险的附加险进行销售，限制了本身的发展，作为主险销售得较少。表 5.1 中列举的失能收入保险均是作为附加险销售的，前 3 种为短期失能收入损失保险，保险期限一般在 1 年内，若被保险人因疾病或意外事故而丧失工作能力时就给付保险金；第 4 种为长期失能收入损失保险，保险期限为 20 年，因意外全残丧失工作能力的，给付意外全残保险金。

表 5.1　我国附加失能收入保险产品及特征

公司名称	险种名	保险期限	保险责任	投保范围	保险金给付
平安养老保险公司	附加残疾保障失能收入保险	保险期间为 1 年	疾病全残保险金、意外全残保险金、意外残疾保险金	与定期寿险或意外伤害险主合同相同	一次性给付
北大方正寿险公司	附加豁免保费型失能收入保险	合同生效日至附加合同的交费期满日	符合全残定义豁免主合同和附加合同保费	18 周岁至 60 周岁	以豁免保费形式给付
中德安联寿险公司	附加豁免保费失能收入保险	保险期间为 1 年	根据全残及合同约定的豁免保险费类型豁免相应的保险费。	出生满 18 周岁至 65 周岁之间	以豁免形式给付
中宏人寿保险有限公司	附加安享无忧长期失能收入损失保险	保险期间为 20 年	意外全残利益给付和期满利益给付	符合承保条件者	一次领取或者分期领取
友邦保险公司	附加新永安豁免保费失能收入损失保险	和主合同相同，如果在主合同生效后附加，保险期间则为主合同所剩余的保险期间	全残豁免保险费	18 岁到 55 岁或者不超过 60 岁减去本附加合同的付费年限	以豁免保费形式给付

（二）失能收入损失保险主险产品

在我国的失能收入保险产品中，作为主险在市场上销售的保险品种较少，且市场竞争能力不强。

1. 我国第一款失能收入损失保险产品——金福利团体失能收入损失保险

2008 年 10 月 10 日，中国人保寿险股份有限公司成功推出我国第一款失能收入损失保险产品——金福利，通过团体营销渠道在全国销售，主要目标客户为那些对劳动保护要求较高的行业，如铁路、地铁等基础建设行业的企事业单位，具有较强的公益性。

（1）产品特色。

金福利是国内市场上第一个推出失能收入损失保险，可与医疗、疾病和意外等产品组合较完整的企业员工福利保障计划，能够设计差异化的保障水平以满足企业投保的需求；金福利保障功能全面，涵盖工伤原因、非工伤原因；完全失能及部分失能的功能，可对不同类别按不同额度进行给付。

（2）投保说明。

投保对象：团体客户；

保险期间：1年；

投保年龄：16～60周岁的在职职工；

交费方式：一次性交费。

（3）保险责任。

① 完全失能保险金。自保险人对被保险人承担保险责任之日起因意外伤害原因，或30天后因意外伤害之外的其他原因（续保时，自保险人对被保险人承担续保保险责任之日起），被保险人完全丧失劳动能力，保险人自失能鉴定结果最终确定之日起，对该被保险人的保险责任终止，保险人按照约定的保险金领取方式和保险金额给付完全失能保险金。

完全丧失劳动能力分为非工伤原因和工伤原因两类。因非工伤原因者须符合《职工非因工伤残或因病丧失劳动能力程度鉴定标准（试行）》规定的完全丧失劳动能力的条件；因工伤原因者须符合《劳动能力鉴定——职工工伤与职业病致残等级分级》中列明的一至四级标准。

完全失能情况下保险金领取方式如表5.2所示。

表5.2 完全失能情况下保险金领取方式

完全失能原因	保险金领取方式
非工伤原因	（1）月领：按月给付至120期满、被保险人身故或恢复健康，上述3种情况发生任一情况时给付即行终止； （2）一次性领取
工伤原因	（1）月领：按月给付至240期满、被保险人身故或恢复健康，上述3种情况发生任一情况时给付即行终止； （2）一次性领取

② 部分失能保险金。自保险人对被保险人承担保险责任之日起因意外伤害原因，或30天后因意外伤害之外的其他原因（续保时，自保险人对被保险人承担续保保险责任之日起），被保险人部分丧失劳动能力，保险人自失能鉴定结果最终确定之日起，对该被保险人的保险责任终止，保险人按照约定的保险金领取方式和保险金额的50%给付部分失能保险金。

部分丧失劳动能力分为非工伤原因和工伤原因两类。因非工伤原因者须符合《职工非因工伤残或因病丧失劳动能力程度鉴定标准（试行）》规定的大部分丧失劳动能力的条件；因工伤原因者须符合《劳动能力鉴定——职工工伤与职业病致残等级分级》中列明的五至六级标准。

部分失能原因下保险金领取方式如表5.3所示。

表 5.3 部分失能原因下保险金领取方式

部分失能原因	保险金领取方式
非工伤原因	（1）月领：按月给付至 24 期满、被保险人身故或恢复健康，上述 3 种情况发生任一情况时给付即行终止； （2）一次性领取
工伤原因	（1）月领：按月给付至 48 期满、被保险人身故或恢复健康，上述 3 种情况发生任一情况时给付即行终止； （2）一次性领取

注：自保险人对被保险人承担保险责任之日起 30 天内（续保除外）因意外伤害之外的其他原因，被保险人全部或部分丧失劳动能力，保险人返还投保人已为该被保险人交纳的保险费，对该被保险人的保险责任终止。

2. 人保寿险飞行员团体失能收入损失保险

（1）投保范围：凡年龄在 55 周岁以下（含 55 周岁），持有相关飞行体检合格证，从事民用航空飞行工作的在职飞行员，均可作为被保险人参加本保险。对被保险人具有保险利益的团体可作为投保人为符合条件的人员投保本保险。单位投保时人数不得低于 5 人，而且本单位符合投保条件的人员必须在 75%以上。

（2）保险期限：1 年。

（3）保险责任。

① 暂时丧失飞行能力保险金。因意外伤害或自合同生效 90 日后因疾病由民航管理机关确定其暂时丧失飞行能力，保险人按合同约定的暂时丧失飞行能力每日给付金额与有效暂时停飞日数的乘积给付保险金，累计给付日数以 120 日为限。

② 永久丧失飞行能力保险金。因意外伤害或自合同生效 90 日后因疾病，由民航管理机关确定其永久丧失飞行能力，合同终止；若自民航管理机关吊销其注明 I 级体检合格证的《航空人员体检合格证》之日起 1 年后仍生存，保险人按合同约定的永久丧失飞行能力保险金额扣除已经给付的暂时丧失飞行能力保险金后的余额给付永久丧失飞行能力保险金。

3. 国寿安翔飞行员失能收入损失保险

（1）投保范围。

凡年龄在 60 周岁以下，持有相关飞行体检合格证，从事民用航空飞行工作的在职飞行员，均可作为被保险人，由本人或对其具有保险利益的人作为投保人向中国人寿保险公司投保该保险。

（2）保险期间和续保。

合同的保险期间为 1 年，除另有约定外，自本合同生效之日起至约定终止日 24 时止，由投保人在投保时与保险人协商确定。投保人可于保险期间届满之前或在本合同约定的交费宽限期内，经保险人同意后，交付续保保险费，合同于保险期间届满的次日起延续有效 1 年。合同可按上述方式续保至被保险人年满 60 周岁后的第一个年生效对应日。保险人保留终止本合同续保的权利，并有权调整保险费收费标准。

（3）交费宽限期。

保险期间届满日的次日起60日为交费宽限期。在交费宽限期内发生保险事故，保险人仍承担保险责任，但有权从给付的保险金中扣除该保单年度投保人应交而未交付的保险费。超过交费宽限期投保人仍未交付保险费的，本合同自交费宽限期届满的次日起终止。

（4）保障项目。

① 永久丧失飞行能力保险金。因意外伤害或疾病（90天观察期后）由民航管理机关在保险期间内确定其永久丧失飞行能力，合同终止；若自民航管理机关吊销其注明Ⅰ级体检合格证的《航空人员体检合格证》之日起一年后仍然生存，保险人按合同约定的永久丧失飞行能力保险金额扣除已经给付的暂时丧失飞行能力保险金后的余额给付永久丧失飞行能力保险金。

② 暂时丧失飞行能力保险金。因意外伤害或疾病（90天观察期后）由民航管理机关在保险期间内确定其暂时丧失飞行能力，保险人按合同约定的暂时丧失飞行能力每日给付金额与有效暂时停飞日数的乘积给付暂时丧失飞行能力保险金，但累计给付日数以120日为限。

4. 新华卓越人生A款失能收入损失保险

（1）投保年龄：年满18周岁至45周岁。

（2）保险责任：

① 重度失能保险金。被保险人因意外伤害或于本合同生效（或合同效力恢复）之日起180日后患疾病，由保险人指定鉴定机构确诊发生本合同所指的重度失能，保险人自被保险人被确诊发生本合同所指的重度失能之日起按本合同保险金额对应的重度失能保险金标准按月给付重度失能保险金，直至被保险人重度失能状态消失。被保险人于本合同生效之日起180日内患疾病，由保险人指定鉴定机构确诊发生本合同所指的重度失能，保险人返还本保险实际交纳的保险费，本合同终止。

② 一般失能保险金。被保险人因意外伤害或于本合同生效（或合同效力恢复）之日起180日后患疾病，由保险人指定鉴定机构确诊发生本合同所指的一般失能，保险人按下述两者中较大者给付一般失能保险金，本合同继续有效：

一是确诊发生本合同所指的一般失能之日所在保单年度在附表中对应的贷款余额×一般失能程度等级对应的给付比例。

二是10%×本合同保险金额。被保险人在保险期间内如发生多次本合同所指的一般失能，则保险人累计支付的一般失能保险金最高以本合同保险金额为限。被保险人于本合同生效之日起180日内患疾病，由保险人指定鉴定机构确诊发生本合同所指的一般失能，保险人返还本保险实际交纳的保险费，本合同终止。

（3）身体全残保险金。

被保险人因意外伤害或于本合同生效（或合同效力恢复）之日起180日后患疾病，由保险人指定鉴定机构确诊发生本合同所指的身体全残，保险人扣除累计已支付的重度失能保险金及一般失能保险金后给付身体全残保险金，本合同终止。被保险人于本合同生效之日起 180 日内患疾病，由保险人指定鉴定机构确诊发生本合同所指的身体全残，保险人返还本保险实际交纳的保险费，本合同终止。

（4）满期生存保险金。

被保险人生存至本合同期满，保险人给付满期生存保险金，其金额为本保险实际交纳的保险费（不包括已豁免部分的保险费），本合同终止。

（5）保险费豁免。

被保险人发生本合同规定的重度失能，保险人免收自被保险人被确诊发生本合同所指的重度失能之日起至重度失能状态消失期间应交的整年度续期保险费，本合同继续有效。被保险人因意外伤害或于本合同生效（或合同效力恢复）之日起 180 日后患疾病，由保险人指定鉴定机构确诊发生本合同所指的身体全残，如同时满足本合同规定的重度失能，则被保险人只能从重度失能保险金与身体全残保险金中选择一项申请理赔，保险人仅对被保险人在上述两项保险金中选择的一项承担给付责任。

第三节　失能收入损失保险合同的主要内容

一、失能收入损失保险合同的概念与特征

失能损失保险合同是指以保险合同约定的疾病或者意外伤害导致工作能力丧失为给付保险金条件，为被保险人在一定时期内收入减少或者中断提供保障的保险合同。

失能收入损失保险合同具有自身的特征，具体表现为：一是合同性质的特殊性，失能收入损失保险合同是补偿性质而非给付性质的，保险金额由保险人根据被保险人的职业、教育、工作经验以及收入水平确定。二是合同条款的特殊性。在失能收入损失保险主合同中可以为被保险人提供补充利益，这些补充利益包括豁免保费条款、部分失能保险金给付、加保选择权益以及通货膨胀条款或生活费用调整给付等。

二、失能收入损失保险合同的内容

保险合同的内容通常由保险人与投保人依法约定，以条款的形式在保险合同中体现。下面从失能收入损失保险主合同条款和附加合同条款两方面来介绍。

（一）失能收入损失保险主合同条款

1. 失能收入损失保险主合同的一般条款

（1）保险责任。

失能收入损失保险的保险合同中通常会加入保险责任条款，明确保险人应承担

的责任和义务。例如，保险人在保险合同中规定：在保险合同有效期内，保险人承担以下责任：被保险人患病或遭受意外伤害，并因该疾病或意外伤害为直接原因导致永久且不可逆完全丧失劳动能力的，保险人在满足以下所有条件后一次性给付永久完全失能保险金：① 完全丧失劳动能力发生在退休之前；② 在退休之前已经至少6个月持续处于完全丧失劳动能力状态。

（2）责任免除。

一般所有保单都有免责条款，它规定了在哪些情况下保险人可以不承担保险责任。当被保险人的失能由某些特定原因引起时，失能收入损失保险单也将不负责给付失能收入损失保险金。通常保险合同中规定的除外责任包括以下内容：

① 投保人故意造成被保险人身故、伤残或疾病；
② 被保险人故意自伤、故意犯罪或抗拒依法采取的刑事强制措施；
③ 被保险人主动吸食或注射毒品；
④ 被保险人酒后驾驶，无合法有效驾驶证驾驶或驾驶无有效行驶证的机动车；
⑤ 被保险人感染艾滋病病毒或患艾滋病；
⑥ 战争、军事冲突、暴乱或武装叛乱；
⑦ 核爆炸、核辐射或核污染；
⑧ 正常怀孕或分娩，但因怀孕或分娩引起的并发症除外；
⑨ 被保险人从事或参加潜水、跳伞、攀岩、探险、武术比赛、摔跤、特技表演、赛马、赛车等高风险活动；
⑩ 在对被保险人的保险责任开始后，与其既往病症直接或间接相关的情形，保险人在承保时知晓并同意的既往病症除外。

（3）保险期间。

保险期间是计算保费的依据之一，也是保险合同双方履行权利与义务的责任期限。保险期间内发生保险事故时，保险人须承担赔付责任。在失能收入损失保险合同内都会规定保险期间。但应该注意，保险期间的开始时间与合同成立时间两者不是一个概念。

（4）保险费和保险金额。

这一条款中规定了保险费的交费水平和交费方式。一般情况下，保险费的高低受年龄、性别、职业、健康状况的影响，失能收入损失保险通常有分期交费、趸交等方式供投保方选择，并在合同中约定。失能收入损失保险合同的性质是补偿性的，保险金额的确定要综合考虑被保险人的收入水平、职业、工作经历等多种因素。

（5）免责期间。

免责期间又称免赔期或者推迟期，具有免责期间是失能收入保险的特征之一，类似于医疗保险中的免赔额。失能收入保险合同中一般会规定免责期间，比如有的失能收入损失保险合同中对免责期间这样规定：被保险人在保险期间内发生疾病或遭受意外事故，且在该意外发生之日或者疾病被确诊之日起的180天内接受所有可能恢复机能的治疗后，经符合一定资质的医疗机构专科医师鉴定为完全失能，保险人自意外或疾病发生之日起的第180天所在月份的下一月起向被保险人按月给付完全失能收入损失保险金。关于免责期间的其他内容已在本章第一节中予以论述，这里不再过多赘述。

（6）给付期间。

给付期间是支付保险金的最长时间，既可以是长期又可以是短期，这是失能收入损失保险的主要特征之一。失能收入损失保险合同中，通常也规定了给付期间，比如某份团体失能收入损失保险合同中这样规定：本合同中每一被保险人失能保险金给付最大月数为 24 四个月或者 60 个月，由投保人与保险人双方约定并载于合同中，关于免责期间的其他内容已在本章第一节中予以论述，这里不再过多赘述。

2. 失能收入损失保险主合同的特殊条款

失能收入损失合同还规定了一些特殊条款，主要包括豁免保费条款、部分失能保险金给付、加保选择权和通货膨胀条款，这些条款可以包含于基本保险之内，也可以通过增加附加保费的方式规定。

（1）豁免保费条款。

豁免保费条款又称失能免交保费条款，常附加在主合同后面，它是指保险公司承诺豁免被保险人在完全失能后的应交保费，人寿保险的续期保费和失能收入保险附加合同的保费都可以免交。豁免保费是对被保险人在连续失能超过 90 天或超过免责期间豁免其应交纳保费。只要被保人还是失能状态，保费豁免可以一直到 65 岁。有些保险公司还可豁免在康复之后 90 天之内的保费。豁免保费条款本身通常也包含一些限制条件，如等待期、有效年龄、交费方式变更、除外责任等。

（2）部分失能保险金给付。

部分伤残是指导致被保险人不能完成其原有职业的某些工作或全日从事其职业的伤残。作为对原有失能收入损失保险业务的扩展，许多保险公司提供部分失能收入保险金。这些公司在某些失能收入保险单中规定，当被保险人部分伤残时，可在约定期间内领取失能收入保险金。通常，该保险金可以是一个约定金额（通常是完全失能收入保险金的一个固定比例），也可以应用保单所规定的公式确定。在应用公式法时，给付金额将取决于被保险人因部分伤残而导致的收入损失程度。

（3）加保选择权益。

如果失能收入保险单按照约定的固定金额给付，那么它就可能包含一种加保选择权益。加保选择权的全称是未来增加保险金额选择权，又可以叫作保证未来的可保性，即被保险人在未来某个时期内如果收入有所增加，就有增加保险金额的权利，而不论当时的健康状况如何。被保险人在增加保险额度时，不必提供可保证明，但通常需要证明收入有相应的增加。一般而言，被保险人每年可以做一次增加购买，直到合同条款中规定的截止购买年龄（一般为 50 或 55 周岁）为止。每年可增加购买的保险额度依各公司的规定而不同，但一般不会超过最初合同给付额的 2 倍。有的保险公司还进一步规定,被保险人在 45 岁之前按上面规定的额度购买,在此之后，每年可购买的额度降为原始额度的 1/2 或 1/3。

（4）通货膨胀条款或生活费用调整给付。

对于永久失能者来说，保险金的支付是长期性的，在一个比较长的时期内，通货膨胀发生的概率较大，为防止被保险人不因物价上涨而使生活困难，许多公司提供的保单中含有通货膨胀条款，即规定保险金额自动增加，调整的比例取决于通货膨胀率，调整的依据是物价指数。一般为每 5 年以一固定比率增加。该比率通常为 5%～6%，而其所增加部分的年交保费将以其增加时的年龄来计算。被保险人有权利拒绝任何一次或多次自动增加保险金额的机会。有些保单提供此条款却不需交纳额外保费。生活费用调整给付能够有效地保证失能的被保险人的生活不会因通货膨胀而受到很大的影响。但是，为了防止给付金额过大，有些保险公司还规定调整后的保险金额不能高于原有金额的 2 倍。

（二）失能收入损失保险附加合同条款

失能收入损失保险既可以作为独立保险产品的主险，又可以作为附加险，附加在其他主险后（主要是人寿保险和人身意外伤害保险）。失能收入保险作为人寿保险的补充保险时，如果被保险人成为全残，保单所有人兼被保险人可以领取失能收入保险金，保单原来提供的人寿保险保障仍然有效。如果被保险人在失能康复前死亡，保险公司必须如数给付死亡保险金。常见的失能收入损失保险附加合同主要有以下几种。

1. 附加在个人人寿保险计划中的失能收入保险

失能收入损失保险作为个人人寿保险附加险，通常有下列规定：

（1）合同效力。

失能收入损失保险作为附加险，通常要在条款中说明其效力。例如，有的失能收入损失保险合同条款这样规定："失能收入保险附加合同附加于主保险合同投保。主合同条款适用于本附加合同。若本附加合同与主合同条款互有冲突，则以本附加合同条款为准。若本附加合同的承保事项未在保险单上载明或批注，则本附加合同不产生效力。"

（2）保险责任的开始。

失能收入损失保险附加合同如果与主合同同时投保，那么主合同的保险责任开始条款也适用于该附加合同；如果投保人在主合同有效期内的对应日前申请投保失能收入损失保险附加险，那么附加合同的保险责任开始日期即为主合同当时的年生效对应日。

（3）保险责任。

在保险责任这一条款中，附加合同不同，保险责任也不同，综合我国当前失能收入损失保险市场上的合同条款，保险责任主要包括以下几种：

① 疾病全残保险金。被保险人因疾病，并自疾病确诊日起一段时间（如 180 天）内造成全残的，保险人按其疾病全残保险金额给付疾病全残保险金。

② 意外全残保险金。被保险人因意外事故，并自事故发生日起一段时间（如 180

天）内造成全残的，保险人按其意外全残保险金额给付意外全残保险金。

③ 意外残疾保险金。被保险人因遭受意外事故，并自事故发生之日起一段时间（如 180 天）内因该事故造成本附加合同所附"残疾程度与给付比例表"所列残疾之一的，保险人按该表所列相应比例乘以其意外残疾保险金额给付意外残疾保险金。

④ 豁免保险费。被保险人身故或者全残，保险人根据附加合同约定的豁免保险费类型（一般包括主合同保险费和附加合同保险费）豁免相应的保险费。

⑤ 期满保险金。被保险人生存至保险单上载明的保险合同期满日，保险人按主合同及该附加合同首期保险费的一定比例给付期满保险金。

（4）责任免除。

失能收入损失保险附加合同中规定的除外责任可以与主合同的除外责任相同，也可以另有规定，而且每个保险公司对除外责任的规定并不一定相同。

（5）身体失能鉴定。

通常失能收入损失保险附加合同关于失能的鉴定与失能收入损失保险主合同的规定相同，如被保险人因疾病或意外伤害造成身体失能，应在治疗结束后，由保险公司指定或认可的医疗机构进行鉴定。如果自被保险人患病或遭意外伤害之日起一段时期后（如 180 天）治疗仍未结束，则按该时期结束日（如第 180 天）的身体情况进行鉴定。

（6）其他规定。

作为附加合同，通常还有如下规定：

① 主合同无效，则附加合同无效。

② 主合同中的利差返还、保单借款、保险费自动垫交、减额交清、保额增加权益等特殊条款一般不适用于附加合同，附加合同另有规定的除外。比如，有的失能收入损失保险附加合同中规定：本附加合同可提供借款，具体规则、条件跟从主合同相关条款；本附加合同可提供现金价值自动垫付保费，具体规则、条件跟从主合同相关条款。

2. 附加在企业人寿保险计划中的失能收入损失保险

（1）为企业所有者或者关键人物购买保险。

发达国家，企业的人寿保险计划之一是为企业的所有者或者企业的关键人物购买保险，但是在不同的情况下，这一计划被赋予了不同的名称，主要包括以下几个。① 买卖协议，这种情况一般存在于小型的合伙制企业当中，企业的合伙人通常会签订一个买卖协议，当合伙人中的一人死亡或者永久失能的，失能合伙人有义务将其权益出售给其他合伙人，其他合伙人也有义务购买失能合伙人的权益。② 营业费用保险，这种保险的保险金给付对象一般是独资企业的企业主或小型企业的合伙人，专门为被保险人在伤残期间的营业费用提供资金保证，为弥补被保险人在全残期间维持企业正常运转而设计的。③ 薪水保险，该保险的保险金用于支付替代被保险人工作的雇员薪水，一般情况下规定该雇员不能是与被保险人有血缘关系或婚姻关系的成员。

（2）为企业员工购买保险。

在我国，附加在人寿保险计划中的失能收入损失保险主要是附加团体失能收入损失保险。比如附加补充工伤团体失能收入损失保险，主要是为失能的企业员工提供失能收入损失保险金，提供的保障主要包括：① 基本保障（误工津贴保险金），若被保险人因工伤需要暂停工作接受工伤医疗，在停工留薪期内，保险公司按合同约定给付"误工津贴保险金"（"误工津贴保险金"＝误工津贴基本保险金额×停工留薪期月数）；② 伤残津贴保险金，若被保险人因工伤致残，并根据国家《劳动能力鉴定——职工工伤与职业病致残等级》，经社会保险行政部门认可的劳动能力鉴定机构鉴定伤残等级为五至六级，如与投保人继续保留劳动关系，投保人难以安排且事实上也未安排工作的，保险公司按合同约定一次性给付"伤残津贴保险金"；③ 医疗费用保险金，若被保险人因工伤在卫生行政部门认定的二级以上公立医院接受门急诊或住院治疗，保险人对治疗过程中发生的符合国家工伤保险诊疗项目目录、工伤保险药品目录、工伤保险住院服务标准的医疗费用，在扣除了国家工伤基金已给付的部分后，对被保险人自负的医疗费用按投保时约定的给付比例（最高不超过50%）给付被保险人医疗费用保险金，累计最高给付不超过该项保障的保险金额。

拓展阅读

国际商业失能收入损失保险发展模式

在欧美发达国家，政府组织的法定失能收入保障计划比较完善，商业失能收入损失保险是法定计划的补充品或替代品，是社会保障体系的重要组成部分。

1. 商业失能收入损失保险为法定计划的替代

这种模式的代表国家是荷兰、德国、法国。在荷兰，失能收入损失保险是社会保障制度的重要组成。保险金额很高，在20世纪90年代初期导致了严重的社会医疗和失能保障计划问题，矿工人数的增加和长期失能的高发生率使荷兰劳动力成本居高不下，给经济带来严重挑战。由此，荷兰于1993年进行了根本性改革，以降低失能索赔发生率并鼓励商业险、雇主团体失能收入保障计划发展，商业失能收入损失保险逐步发展并替代社会保障制度下的部分失能收入损失保险业务。

在德国，失能收入损失保险为社会保障系统下的公共计划，为付费参与该计划的人提供以年金形式支付的失能保险金。社会保障系统不为自雇人员提供失能保障，他们必须购买商业保险。同时，雇主提供的养老金计划多数包括疾病引起的失能收入保障，以及基于工作性质和雇主意愿选择的工伤意外失能收入附加保障。德国社会保障制度中不完善的部分如高收入者、特定职业团体的失能收入保障等需要购买商业失能收入损失保险作为替代品。

2. 商业失能收入损失保险为法定计划的补充

这种模式的代表国家是美国。在美国，法定失能收入损失保险主要通过工人补偿计划（WC）、社会保障失能收入计划（SSD）和补充社会保障收入计划（SSI）提供，为不同类别的被保险人提供失能收入保障。商业失能收入损失保险是这些法定计划的补充部分，根据美国人寿保险协会的调查，商业失能收入损失保险在 2007 年的保费收入为 220 亿美元，约占总保费收入的 5%。

3. 法定计划、雇主团体计划、商业失能收入损失保险的三支柱模式

在法国，失能收入保障计划是典型的三支柱模式。第一支柱为社会保障系统下的法定失能保障计划，目的是为因工作能力下降或失去工作能力导致收入损失的劳动者提供经济补偿，这个保障计划与工作年限及职业类别相关。雇主支付 2/3 的保费，雇员承担 1/3 的保费，自雇者自己承担全部保费。第二支柱是雇主提供的团体保障计划，这个计划由雇主和雇员商定，由保险行业及劳工法监管，第二支柱是法定计划的补充。第三支柱是商业失能收入损失保险，主要由无第二支柱的受薪雇员及自雇者购买。对于自雇者而言，商业失能收入损失保险是他们的第二支柱，因为他们没有团体保险，第三支柱是法定计划的替代。

从国际经验来看，商业失能收入损失保险是社会保障体系下的失能保障计划的替代品或补充品，是不可缺少的组成部分，与法定失能收入保障计划一起构成全体劳动者的失能保障安全网。

材料来源：陈滔，马绍东. 失能收入损失保险国际经验及借鉴[J]. 保险研究，2010（6）.

 本章小结

失能收入损失保险是指被保险人由于疾病或意外伤害导致残疾，丧失部分或者全部工作能力而不能获得正常收入或者正常收入减少时，为被保险人的收入损失提供经济补偿的健康保险产品。残疾和全残是失能收入损失保险中两个非常重要的概念，在失能收入损失保险保单中，关于残疾的定义主要是对完全残疾和部分残疾的定义。失能收入损失保险的特点主要体现在给付金额、给付方式、给付期间和免责期间 4 个方面。

失能收入损失保险产品根据不同的标准可以分成不同的类型。失能收入保险产品按照保障内容不同，可以分为工资收入保险、失能买断保险和重要员工失能收入保险；失能收入损失保险产品根据承保对象划分，可以划分成个人保险产品和团体保险产品两类，按照保险期限划分，失能收入损失保险产品可以分成短期失能收入损失保险产品和长期失能收入损失保险产品。我国的失能收入损失保险产品有主险产品和附加险产品，主险产品主要有：金福利团体失能收入损失保险、人保寿险飞行员团体失能收入损失保险、国寿安翔飞行员失能收入损失保险、新华卓越人生 A 款失能收入损失保险；附加险产品主要有：平安附加残疾保障失能收入保险、附加新永安豁免保险费失能收入损失保险等产品。

失能收入损失保险主合同主要规定了保险责任、责任免除、保险期间、保险费和保险金额、免责期间和给付期间等一般条款及豁免保费条款、部分失能保险金给付、加保选择权和通货膨胀条款等特殊条款。失能收入损失保险附加合同主要从附

加在个人人寿保险计划中的失能收入损失保险和附加在企业人寿保险计划中的失能收入损失保险两个方面进行介绍。

1. 简述失能收入损失保险的概念及特征。
2. 失能收入损失保险的特殊条款有哪些？
3. 失能收入损失保险中残疾是怎样界定的？
4. 列举出一种失能收入损失保险产品，并说明其保险责任、除外责任、保险金额等内容。

美国失能收入损失保险理赔的难点

1. 判断被保险人是否罹患残疾

在美国，失能收入损失保险理赔的难点之一在于，判断被保险人是否罹患残疾。在失能收入保险中，被保险人要么残疾，要么不残疾，没有中间状态。这一点不同于认可部分残疾的"员工补偿制度"。员工补偿制度会不厌其烦地对残疾程度进行评估，这是保险公司力图避免的事情。但这在中国不成问题，因为保监会早在 1998 年便颁布了《人身保险残疾程度与保险金给付比例表》，该表对于残疾做出了 34 种情形、7 种级别的区分。考虑到这些困难，保险公司通常以两种不同的方式承保：
① 职业失能。在此情形下，被保险人因残疾而不能再履行其本来职业的任务时，保险人给付保险金。多数失能收入损失保险都属于这种情形。② 普通失能。在此情形下，需被保险人因残疾而不能从事与其教育背景、业务受训或者工作经验具有合理适应性的任何职业时，保险人才给付保险金。

实务中比较常见的是将上述两种承保方式结合起来，比如在保险期间的第一年或和第二年按照职业失能方式承保，在此后则按照普通失能方式承保。此外，保险公司通常会对"失能"进行界定，比如曾有一些保险公司在保险单中约定须被保险人完全且永久失能。如今，美国多数法院认为失能是指长时期、不确定期限的失能而言。

2. 收领保险金期间，被保险人是否有义务接受治疗

在收领保险金期间，被保险人是否有义务接受治疗，以治愈其残疾，这也是失能保险所面临的疑难问题。美国第七巡回法院在 1987 年 Hellerv The Equitable Life Assurancesociety of the Us 案中，以保险合同并未以约定向被保险人施加此义务为理由，认为被保险人并无进行高风险治疗之义务，保险人也不得以被保险人接受治疗作为其继续给付保险金的条件。然而，法院并未解决这样一个问题：保险人是否能以合同约定形式向被保险人施加接受治疗之义务？按理而言，保险人可以合理要求被保险人进行一些常规的、低风险的医疗护理。但在另一方面，基于公共政策的考

虑，被保险人的合同权利似乎不应受到此类条件的限制。然而，从减损义务角度看，被保险人又似乎理应负有治疗义务。

3. 事实上失能与法律上失能的区分

在失能收入损失保险中，还必须对事实上失能与社会上（或法律上）失能做出区分。事实上失能，是指被保险人因疾病或者意外事故而失能。社会上失能是指社会意义上的失能，其典型案例是 1934 年纽约州 Gsates V Prudential Insurance Co 案。在这起保险纠纷诉讼案中，被保险人是伤寒病菌携带者，这意味着其并非伤寒病患者，也没有在工作中因此受到身体损害。但他携带有伤寒病杆菌，因此被纽约州法律禁止继续从事其挤牛奶和加工牛奶之本业。若不是通过实验室检查，被保险人根本不会知道自己是伤寒病菌携带者。法院认为，基于公共卫生安全考虑，被保险人被禁止从事其本业，此为社会意义上的失能，不同于保险合同约定的身体上失能。类似的推理在 1997 年内布拉斯加州 Dang V. NorthwesternMutualLife Insurance Co 案中也被采纳。在该案中，被保险人为外科医生，感染了乙肝病毒，因此非经病人知情同意不得进行一些手术操作。法院认为，被保险人并非保险合同约定的完全或者部分失能，因为其身体机能还能从事其职业活动。

在上述案例中，法院的观点似乎过于严厉。被保险人非正常状态的不健康致使其不能从事本业，而这种情形并不存在道德风险，被保险人并不会虚假捏造此类失能事实而骗取保险金。对于法院基于保险单的字面意义进行推理从而得出的上述结论，从被保险人的合理期待而言，应该是可以抗辩的。

案例来源：王丰超. 美国失能收入损失保险理赔疑难问题简析[J]. 河南教育学院学报（哲学社会科学版），2007.

思考：1. 结合上述文章分析，美国失能收入损失保险理赔的难点有哪些？
2. 失能收入损失保险中如何对残疾进行界定？

健康保险学

第六章

长期护理保险

本章要点

1. 掌握：长期护理保险的概念、特征；长期护理保险合同的概念、特征；长期护理保险合同的主要条款。

2. 熟悉：长期护理保险的分类；长期护理保险的给付方式；长期护理保险合同的构成。

3. 了解：长期护理的概念。

课程目标

通过学习长期护理保险相关内容，尤其是长期护理保险在我国的发展历程，向学生传达"四个自信"内容，培养学生坚定不移走好中国特色社会主义道路的信心和决心。

第一节 长期护理保险概述

一、长期护理保险的概念

（一）长期护理

长期护理（Long-term Care，LTC），也称长期照护。目前，学术界对长期护理的定义进行了大量的讨论，至今尚未形成统一的精确定义。

2000年，世界卫生组织曾经发布一个重要文献《建立老年人长期照顾政策的国际共识》。这个文献指出，长期护理是由非正式提供照顾者（家庭、朋友和/或邻居）和/或专业人员（卫生、社会和其他）开展的活动系统，以确保缺乏完全自理能力的人能根据个人的优先选择保持最高可能的生活质量，并享有最大可能的独立、自主、参与、个人充实和人类尊严。

长期护理的对象可以是任何年龄的人，但通常是指对老年人的长期护理。从国际上看，长期护理保障制度是随着世界人口老龄化的进程从20世纪后期才逐渐发展起来的，在50年代国际劳工组织提出的社会保障制度体系中，并没有提及长期照护。20世纪后期，人口老龄化问题引起了联合国的特别关注，并于1982年召开老龄问题世界大会，通过了《老龄问题国际行动计划》。因此，2000年面世的《建立老年人长期照顾政策的国际共识》中着重强调："永远需要对身体虚弱和/或有残疾的老年人的长期照护。"经过多年的研究和实践，发达国家普遍认识到，应把针对慢性病、退行性疾病患者提供服务的长期护理服务体系，从针对治疗急性疾病的医疗体系中有效分离出来，建立相对独立的长期护理服务体系。

20世纪90年代以来，中国的老龄化进程加快。2019年中共中央、国务院印发了《国家积极应对人口老龄化中长期规划》（以下简称《规划》）。《规划》指出，人口老龄化是社会发展的重要趋势，是人类文明进步的体现，也是今后较长一段时期我国的基本国情。人口老龄化对经济运行全领域、社会建设各环节、社会文化多方面乃至国家综合实力和国际竞争力，都具有深远影响，挑战与机遇并存。据第七次人口普查数据结果显示，全国人口中，0~14岁人口为25 338.4万人，占17.95%；15~59岁人口为89 437.6万人，占63.35%；60岁及以上人口为26 401.9万人，占18.70%，其中65岁及以上人口为19 063.5万人，占13.50%。与2010年第六次全国人口普查相比，0~14岁人口的比重上升1.35个百分点，劳动力人口减少，15~59岁人口的比重下降6.79个百分点，人口老龄化加剧，60岁及以上人口的比重上升5.44个百分点，65岁及以上人口的比重上升4.63个百分点。在此背景下，积极探索建立独立的长期护理服务体系势在必行。长期护理保险制度也成为我国应对人口老龄化挑战的战略举措。

（二）长期护理保险

长期护理保险于 20 世纪 70 年代起源于美国，是为那些因遭受意外伤害、先天或后天疾病而处于长期失能失智状态，因而需要提供长期护理服务的被保险人补偿或者给付护理服务费用的保险。长期护理保险的主要保险责任是：负担因遭受意外伤害、疾病而长期处于失能状态的被保险人的长期护理费用支出。

长期护理保险一般有长期护理津贴模式、长期护理社会保险模式、长期护理商业保险模式 3 种。长期护理津贴模式指由政府出资购买服务提供给有需要的人。长期护理社会保险模式指由政府颁布法律、法规，以三方共担的方式来解决长期护理费用的分担。长期护理商业保险模式遵循自愿原则，以合同明确双方权利义务，个人自愿投保，保险人在合同约定的范围内承担长期护理责任。

目前，我国的长期护理保险主要分两种，一是强制型的社会保险模式的长期护理保险，在我国被称为社保"第六险"。这种保险由政府运用行政力量强制交费，保费的负担主体主要是医保统筹基金、个人、政府和单位。2016 年，我国开始在 15 个城市、2 个重点联系省份开展试点。2020 年 9 月，国家医保局会同财政部印发《关于扩大长期护理保险制度试点的指导意见》，在原有试点城市的基础上，新增 14 个试点城市，不同试点地区的制度安排各不相同。另一种则是由市场自发调节的商业保险模式的长期护理保险，投保人自负保费，自由选择市场上的保险公司和长期护理保险险种。本书阐述的长期护理保险即商业长期护理保险。长期护理保险较于我国保险市场上其他险种而言，更为年轻，我国直到 2005 年国内保险市场上才出现了第一个商业长期护理保险产品。近些年国家在长期护理保险上出台了一些政策，绝大多数是针对社会长期护理保险的发展和完善的。虽然已经颁布的《关于加快发展现代保险服务业的若干意见》和《关于加快发展商业健康保险的若干意见》，指出要推动商业长期护理保险的发展，但落实成效尚不明显。此外，目前我国仅有《保险法》在保险行业进行法律约束，对于商业长期护理保险没有专门的法律规范。从各省实践来看，安徽省根据实际情况出台了一些文件，如对失能等级的评定、护理保险上门服务的管理、护理服务的内容和标准、待遇保障实施等进行了规范，但是这些办法执行的前提都是基于社会长期护理保险，对商业长期护理保险起到的指导作用有限。

商业保险以保险公司为营业主体，以获得利润为目标，通过订立保险合同进行筹划管理。投保人和保险人服从自身意愿签订的保险合同关系即为商业保险关系，在合同的约定下，双方应该自觉遵守应尽义务：投保人按时交纳保险费，保险公司对于合同约定的可能发生的事故承担保险责任。由此，长期护理保险，是指投保人与保险人根据合同约定，投保人向保险人支付保险费，保险人对于合同约定的因被保险人日常生活能力障碍引发护理需要提供保障的保险。长期护理保险是健康保险的一个重要分支，其目是对处于失能状态的被保险人的长期护理费用进行补偿。一般来说，被保险人如果无法独立完成日常生活活动中的若干项，即被认为失能。处于失能状态的人在日常生活中需要来自他人的护理服务，并且服务周期长。长期护理费用是在长期护理服务过程中产生的一系列费用，由于具有长期性，所以长期护理费用一般较高。长期护理费用的发生具有一定的不确定性,为避免不确定性造成的损失,商业长期护理保险就可以成为转移长期护理费用风险的风险管理方法。

二、长期护理保险的特征

第一,保障期限长。与其他健康保险相比,商业长期护理保险的目的是对处于失能状态的被保险人的长期护理费用进行补偿,保障期限一般较长。目前我国保险市场上的长期护理保险产品,大多保障到被保险人80岁以上,有的甚至保障终身。

第二,主要提供长期护理保障。商业长期护理保险与其他人身险的区别在于,该险种主要保障被保险人的长期护理风险,为被保险人提供长期护理费用的补偿。当被保险人因遭受保险责任范围之内的保险事故而发生长期失能风险、有长期护理需求时,就要承担高昂的长期护理费用,商业长期护理保险就是专门为消费者补偿长期护理费用的商业健康保险,保险人按照合同约定对被保险人发生的长期护理服务费用进行定额给付或补偿。

第三,保险价格一般比较高。一般情况下长期护理费用涉及医疗、膳食、护工甚至精神护理和临终关怀等许多方面,因而通常比较高昂,民众一旦产生对于长期护理服务的需求,其个人或家庭将会面临沉重的经济负担。商业保险市场上,由于保险公司面临比较高的经营风险,在产品定价上,为了规避一些风险,经营商业长期护理保险的保险公司会选择高费率承保。

第四,给付方式多元化。商业长期护理保险的给付形式既有现金给付又有实物给付。

三、长期护理保险的发展

(一)国外长期护理保险的发展状况

长期护理保险是20世纪70年代产生于美国的一个新险种,由残疾收入保险发展而来。当时,美国人口的老龄化对其经济的发展和社会的稳定构成了愈来愈重的压力。美国的老年人约占其全国人口总数的13%,约1/3的老年人处于贫困线以下。由于家庭各成员居住地的分散、子女工作忙碌而无法留在家中照料老人以及无子女的老年人或单身老年人增多等原因,通过医院或其他护理机构照料生病的老人不失为解决矛盾的良策。另外,美国的社会保险还是商业保险,一般都不提供长期护理的保障。社会保险中的医疗照顾计划(Medicare)仅提供给老年人短期(最高可获100天)的专业家庭护理的费用报销,并不包括老年人的长期护理。私营保险公司的医疗保险则将长期护理排除在保险责任范围之外。针对日益严峻的长期护理问题,长期护理保险应运而生。此后,长期护理保险进入法、德、英、爱尔兰等欧洲国家和南非地区。从规模和经验上看,法国和美国可以算作是长期护理保险市场的领头羊。在法国,该险种是以每月支付年金的形式,提供固定的补助金保障。一旦被确认需要护理,被保险人在保单签署时,将收到金额固定的养老金。美国的长期护理保险则采取的是费用偿还的模式,长期护理保险的第一代产品于1975年问世,直到1985年,市场才开始逐渐发展起来。在美国,共有120多家保险公司提供长期护理保险合同,但其中6家保险公司占据了80%的总保费收入,共有60多万人已经签署了老年护理保险合同,近年还在不断增长。在德国,自1995年以来,公共长期护理保险成为社保的第五个支柱,90%的德国人得到了这种保障。日本的长期护理保险体系在经过很长一段时间的争议之后于2000年4月1日终于正式得以运行,它将由大约3 300个地方政府来管理。这一体系的资助来源于两个方面:50%来源于民众所交纳的保险费,另外的50%则来源于中央政府和地方政府的财政支出。

(二)我国长期护理保险的发展状况

为实现居民的健康养老,完善民生保障网,鼓励保险公司推出更加多样化的长期护理保险,2006年国务院就发布了《关于全面加强人口和计划生育工作统筹解决人口问题的决定》,明确了"探索建立长期护理保险等社会化服务制度",随后2011年国务院办公厅在其发布的《社会养老服务体系建设规划》中指出"鼓励老年人投保健康保险、长期护理保险、意外伤害险等人身保险,鼓励和引导商业保险公司开展相关业务"。建设规划的发布鼓励人们对长期护理保险进行投保,同时促进了保险公司积极开展长期护理保险。2014年在国务院发布的"新国十条"中,明确指出保险公司应创新针对失能、失独、失智老人的养老产品,"发展多样化的健康保险服务,发展商业性长期护理保险"。2015年在十八届五中全会通过的《"十三五"规划建议》中,明确指出"推动医疗卫生和养老服务相结合,探索建立长期护理保险制度",以及"全面放开养老服务市场,通过购买服务、股权合作等方式支持各类市场主体增加养老服务和产品供给"。随后,2016年人社部为响应《"十三五"规划建议》,其办公厅发布了《关于开展长期护理保险制度试点的指导意见》。指导意见明确了包括河北省承德市、山东省青岛市等在内的15个率先开展长期护理保险的试点,这些试点对长期护理保险发展的探索,有利于积累经验,可以进一步健全更加公平更可持续的社会保障体系。试点阶段,主要覆盖职工基本医疗保险的参保人群。人保寿险、太平洋人寿、人保健康和中国人寿等多家商业保险公司积极参与,开发了多款商业长期护理保险。这些政策的发布对于长期护理保险市场来说无疑是重大利好的政策,可以有效地推动长期护理保险市场的发展。

从我国商业长期护理保险的发展情况来看,目前保险公司已开发出多款商业长期护理保险产品,基本能够实现为被保险人提供长期护理保障。但综合来看,我国商业长期护理保险面临着业务规模小、供给不足、费率高等一系列问题。

四、长期护理保险的给付方式

(一)费用补偿型

费用补偿型长期护理保险是在被保险人满足给付条件的前提下,保险人根据长期护理引发的实际费用进行给付,给付金额以保单所约定的保险金额为限。这种给付方式将保险给付与实际护理费用挂钩,在一定程度上避免了被保险人通过保险不当获利的行为。但是由于它只补偿由保单持有人自己支付的实际和合规的护理费用,而且这种护理只能由获得许可的提供者提供,发生护理费用,被保险人还要出具很多证明。由于它对理赔管理体系要求较高,对普通寿险公司和专业健康保险公司而言,开发此类产品成本过高。

(二)定额给付型

定额给付型长期护理保险是在被保险人满足给付条件的前提下,保险人按保单约定的固定津贴额进行给付,而被保险人实际发生的护理费用对给付金额不产生影响。这种给付方式较为简单,对保险公司理赔管理体系的要求相对较低,容易被消费者接受,但是容易引发被保险人的道德风险。目前我国保险市场上的长期护理保险产品的给付方式多为定额给付型。

(三)直接提供长期护理服务

直接提供长期护理保险服务既不补偿被保险人支出的护理费用,也不给付津贴额,它是在被保险人满足给付条件的前提下,保险人直接向被保险人提供长期护理服务作为保险的给付方式。这种给付方式简化了被保险人获得长期护理服务的途径,对保险公司的保险服务能力有很高的要求,对普通寿险公司而言,此类产品专业化要求过高,目前国内长期护理保险产品基本上不采用此种给付方式。

第二节  长期护理保险产品

一、长期护理保险产品分类

(一)按投保人划分

1. 个人长期护理保险产品

个人长期护理保险产品是为满足个人和家庭的需要,以个人作为承保对象而设计的保险产品。个人长期护理险的投保人为个人,在被保险人满足给付条件的前提下保险人按保单约定给付保险金。

2. 团体长期护理保险产品

团体长期护理保险产品以集体的名义投保,投保人是组织,由投保人与保险人签订一份总的保险合同,为一个团体中的众多成员提供长期护理保障的保险产品。在团险的保险单中要明确投保人与保险人的权利与义务关系,其变更等合同行为在投保人与保险人之间进行。通常,被保险人的保险金给付通过投保人或专门的账户

进行，不直接面对单个的被保险人。团体长期护理保险可分为雇主型保险计划和非雇主型保险计划两种。雇主型保险计划是由雇主为其雇员以团体的形式购买的个人长期护理保险，其优点是保费相对较低，免核保，雇员能够得到个人投保所不能得到的保险金给付方式。非雇主型保险计划是一些社会团体希望通过团体形式购买保险，以获得较好的保险条件，实际上是以特别的费率向团体中的个人提供个人保险。

（二）按保险责任划分

1. 单一责任护理保险产品

单一责任长期护理保险产品只提供长期护理保障，即只在被保险人满足保险公司规定的护理条件时才对保险合同进行给付。其不足在于：若被保险人在交纳多年保费后，却在长期护理发生之前就因疾病或意外死亡，被保险人将没有任何死亡保障，容易使被保险人家属产生不满情绪，不利于保险公司的社会形象。

2. 寿险保单附加长期护理保险产品

寿险附加长期护理保险产品在提供传统寿险保障的同时，或者通过约定长期护理提前给付责任，或者通过附加单项的长期护理保险责任，为被保险人提供长期护理保障。这种产品弥补了独立长期护理保单的缺陷。另外，这种保单与具有提前死亡给付条款的寿险保单不同。提前死亡给付条款是在被保险人死亡之前给付部分人寿保险金；而长期护理保险是为了使老年人更好地享受晚年生活或者帮助需要长期护理照顾的患者，保障的出发点不同。因此，含有提前死亡给付条款的人身保险并不能真正替代长期护理保险。

3. 失能收入补偿保险产品的扩展

被保险人在退休前购买长期护理保险产品，在其退休后，保险公司提供给被保险人与失能收入补偿保险等额的保险金。在投保时不需要核保，只是要比正常人多交一些保费。实际上，这是将失能收入补偿保险自动转为长期护理保险。

4. 医疗费用保险产品附约

长期护理保险产品类似于医疗费用保险产品，两者的主要区别在于：医疗费用保险产品是对被保险人偶然性的急性疾病的治疗费用提供保障，而长期护理保险产品则是对被保险人因慢性病或健康状况恶化所发生的费用提供保障。但两者都是健康保险，都涉及费用补偿，所以可以将长期护理保险产品视为医疗费用保险产品的延伸。

5. 有投资性质的长期护理保险产品

很多人可能在中青年时就购买了长期护理保险产品，但是可能在很多年后才会申请护理服务，这时有投资作用的长期护理保险产品就带有储蓄的性质。如果将其开发成可以随账户余额的变动增加保险金额的长期护理保险产品，例如，变额长期护理保险、万能长期护理保险、变额万能长期护理保险等，就会吸引更多的人来购买。

（三）按保额是否变动划分

1. 保额固定型长期护理保险产品

该种保险产品指在被保险人满足给付条件的前提下，保险人按保单约定的固定金额进行给付，没有任何变化。

2. 保额变动型（递增）长期护理保险产品

该种保险产品指在被保险人满足给付条件的前提下，保险人的给付金额随着生活费用指数或护理机构费用指数的增加而逐年递增。

二、我国长期护理保险产品介绍

2005年1月台资保险公司国泰人寿针对老龄化社会需求而设计推出了我国第一款护理保险产品——康宁长期看护健康保险。2006年出台的《健康管理办法》将长期护理保险与疾病保险、医疗保险、失能收入损失险并列为健康保险的4大险种，从法律上首次将长期护理保险作为了独立险种，此后长期护理保险产品逐渐上市。2006年中国人民健康保险股份有限公司，在全国范围内推出了"全无忧长期护理个人健康保险"，这是国内首个具有全面保障功能的长期护理保险。该险种的推出意味着我国商业长期护理保险迈出了实质性的一步，2008年瑞福德健康保险公司在上海推出了我国第一款纯粹意义的长期护理保险"瑞福德长期护理保险（A款）"，这款保险产品仅包括长期护理保障和老年护理保障，更加注重老年人护理保障需求。随后生命人寿保险公司推出了"至康长期护理健康保险"产品，中国人寿等几家保险公司先后推出了长期护理保险。除此之外，保险市场上还存在以附加险形式附加在两全险上的长期护理保险，诸如太平洋人寿推出的"太平盛世附加老年护理保险"，中意人寿的"附加老年重大疾病长期护理健康保险"等。目前我国保险市场上推出的长期护理保险除了具有产品数量少的特点，其给付方式也较为单一，几乎全部都是以现金给付为主，没有服务型的给付方式可供选择，这样也会使被保险人在获得经济补偿后，自己去寻找相应的服务，降低了护理保险的保障效果，使其与其他健康保险的区别很小，也就是保险产品的同质化过于严重。

近年来，保险公司前期开发的长期护理保险有许多因各种原因都已经停售，如国泰人寿保险有限责任公司推出的"国泰康顺长期护理保险"，中国人寿推出的"国寿康馨长期护理保险"，生命人寿保险公司推出的"至康长期护理健康保险"，中国人民健康保险推出的"全无忧长期护理个人健康保险"，昆仑健康保险推出的"长寿宝长期护理保障计划（万能型）"，瑞福德健康保险公司推出的"瑞福德长期护理保险（A款）"，太平人寿推出的"太平乐享人生团体长期护理保险"以及和谐健康推出的"和谐团体护理险"。目前市场上在售的长期护理保险产品主要有中国人民健康保险股份有限公司、和谐健康保险股份有限公司等推出的产品。中国人民健康保险股份有限公司目前推出有3种护理保险产品：健康美好今生护理险、健康美好生活个人长期护理保险——让爱无缺、百万安行——个人综合保障计划。其中,"百万安行"是一个综合保险,由 3 款产品组合而成,其中一个即为"百万安行个人护理险"。和谐健康保险股份有限公司目前推出的主要有金五福护理保险、金六福护理保险、金万福护理保险、宝贝成长少儿护理保险等产品。现举例做一简要介绍。

(一)健康美好今生护理险

投保年龄:6~55 周岁;
保险期限:80 周岁;
交费期间:趸交、3 年/5 年/10 年/20 年;
保险责任:残障护理保险金、老年护理保险金、疾病身故保险金、残障护理豁免保险费、健康管理;
给付方式:现金给付;
保险豁免:在交费期间内,保险公司给付首次残障护理保险金后,豁免自被保险人首次鉴定之日起以后各期保险费,合同继续有效。

(二)健康美好生活个人长期护理保险

保险公司:中国人民健康保险股份有限公司;
投保年龄:年满 18 周岁~未满 60 周岁;
保险期限:终身;
交费期间:一次交清、5 年/10 年/20 年/30 年交;
保险责任:护理关爱保险金、长期护理保险金、疾病身故保险金;
给付方式:现金给付;
给付期限:在合同有效期内且被保险人持续生存,按长期护理月度保险金额每月给付长期护理保险金,最高给付期限 360 个月;
保险豁免:在给付护理关爱保险金后,豁免以后各期保险费;
通胀条款:保额递增。

第三节 长期护理保险合同的主要内容

一、长期护理保险合同的概念与特征

(一)长期护理保险合同的概念

长期护理保险合同是指根据双方当事人约定,投保人支付规定的保险费,保险人对于保险合同约定的当被保险人由年老、患重病或慢性病、遭遇意外伤残等情况致使身体全部或部分失去某些机能,生活不能自理,达到合同规定的长期护理状态

时由保险人承担给付长期护理保险金义务的协议。

(二) 长期护理保险合同的一般特征

1. 被保险人有年龄限制和健康要求

长期护理保险是由保险公司基于营利性原则开发的产品,投保条件一般较为严格,有年龄限制和健康方面的要求。在年龄限制上,商业长期护理保险产品一般将被保险人的投保年龄限制在 0 至 60 或 65 岁之间。有的长期护理保险产品规定年龄范围基本在出生满 28 日至 65 周岁之间,有的产品规定年龄范围基本在满 18 周岁至 65 周岁之间。例如,目前在我国保险市场上国泰人寿保险有限责任公司的"国泰康顺长期护理保险"投保年龄规定在 18~55 周岁,中国人民健康保险股份有限公司的"全无忧长期护理个人健康保险"投保年龄为 18 岁到 59 岁,昆仑健康保险股份有限公司的"长寿宝长期护理保险"投保年龄为出生满 28 日至 55 周岁之间。在健康状况方面,一般要求被保险人身体健康,主要以医疗机构的体检或鉴定报告为依据。

2. 投保人有保费豁免和保证续保条款

保费豁免条款是指只要被保险人达到长期护理状态,就可以不支付后期保费,保费豁免权利在保险公司履行保险责任的一定期限后生效。一般情况下,商业长期护理保险合同大都载有保费豁免条款。发生长期护理风险时,投保人或被保险人的收入来源基本被切断,保费豁免条款的存在进一步缓解了投保人或被保险人的经济压力。此外,长期护理保险的投保人一般具有保证续保权,即保险公司可以向投保人保证延长保障期限,一般保险公司在续保时会提高保险费率。

3. 有不丧失价值条款

长期护理保险保单的现金价值不因合同效力的变化而丧失。现金价值虽然由保险人占有,但仍为投保人、被保险人的资产。不丧失价值条款指保险人在合理的范围内,允许投保人自由处理其保险单现金价值的一种合同约定。当投保人没有能力或不愿意继续交纳保险费时,保险单项下已经积存的责任准备金可以作为退保金以现金返还给投保人,也可以作为趸交保险费将原保险单改为交清保险单或展期保险单,而究竟如何处理,由投保人任意选择。

4. 具有通货膨胀保护功能

长期护理保险的给付额度一般是按照目前相关的护理需求和护理费用设计的,由于通货膨胀因素的存在,若干年后护理津贴很可能不足以支付逐年上升的护理费用。也即现在所确定的给付额度,在将来可能不足以弥补被保险人的护理支出费用,为了能够发挥长期护理保险的长期护理保障作用,有的产品中设置了通货膨胀保护条款,有的长期护理保险产品属于万能险,相较于传统型产品灵活性较强,保险公司为客户开设了投资账户,投资账户具有理财功能。被保险人依据投资账户的价值从保险人处获得收益,并接受保险人提供的最低利率保证,其现金价值能够随着市场利率或收益率的变化而变化,在缓解通货膨胀的压力方面可以起到一定的作用。

二、长期护理保险合同的内容

（一）保险合同当事人、关系人的相关信息

长期护理保险合同的双方当事人是投保人和保险人。投保人是向保险人提出订立保险合同的请求，并填写投保单，根据保险合同的规定交纳保险费，对被保险人的寿命和身体具有保险利益的人。保险人是指与投保人订立长期护理保险合同，并承担赔偿或给付保险金责任的保险公司。长期护理保险合同中投保人的基本信息主要包括姓名或名称、性别、年龄、婚姻状况、职业、工作单位、户籍所在地、有效身份证件类型及证件号码、住址、联系方式等。此外，还需写明与被保险人的关系。

长期护理保险合同的关系人是被保险人和受益人。被保险人是指根据合同约定，其生命和身体受保险合同保障，保险事故发生后，享有保险金请求权的人。受益人是根据人身保险合同约定，由被保险人或投保人指定，享有保险金请求权的人。受益人一般包括期满、生存保险金受益人及身故保险金受益人。投保人、被保险人可以为受益人。长期护理保险合同中被保险人及身故受益人相关信息主要有姓名、性别、年龄、职业、工作单位、户籍所在地、证件类型与号码、联系方式等。此外，受益人基本信息中还需写明与被保险人的关系。

（二）保险责任及责任免除

保险责任是指在保险合同中载明的对于保险标的在约定的保险事故发生时，保险人应承担的经济赔偿和给付保险金的责任。保险责任一般都在保险条款中予以列举。保险责任明确的是，哪些风险的实际发生造成了被保险人的经济损失或人身伤亡，保险人应承担赔偿或给付责任。长期护理保险的保险责任主要是保险人应承担的长期护理保险金，但根据各保险人开发的保险产品不同而内容及表述也有所不同。如中国人寿保险股份有限公司的"全无忧长期护理个人健康保险"中，保险人承担的保险责任主要是长期护理保险金、老年护理保险金、癌症保险金、老年疾病保险金、身故保险金。如中国平安人寿保险股份有限公司的"平安附加御享照护护理保险条款"中，保险人的保险责任主要是轻度失能护理保险金、一次性护理保险金、长期失能失智护理保险金、额外长期意外护理保险金。

责任免除是对保险人承担责任的限制，即指保险人不负赔偿和给付责任的范围，具体指哪些风险事故的发生造成的保险事故，保险人不承担赔付责任。对保险合同中免除保险人责任的条款，保险人在订立合同时应当做出足以引起投保人注意的提示，并对该条款的内容以书面或者口头形式向投保人做出明确说明；未做提示或者明确说明的，该条款不产生效力。在中国保险行业协会推出《人身保险产品条款部分条目示范写法》中，有 7 种情形被列为保险公司的责任免除事项，具体为：投保人对被保险人的故意杀害、伤害；被保险人故意犯罪；被保险人故意犯罪或者抗拒依法采取的刑事强制措施；被保险人自本合同成立或者合同效力恢复之日起 2 年内自杀，但被保险人自杀时为无民事行为能力人的除外；被保险人主动吸食或注射毒

品；被保险人酒后驾驶，无合法有效驾驶证驾驶，或驾驶无有效行驶证；战争、军事冲突、暴乱或武装叛乱；核爆炸、核辐射或核污染。从我国长期护理保险产品的条款来看，除了上述情形，遗传性疾病也常被列入。

（三）保险期间

长期护理保险的保险期间是指长期护理保险合同产生效力的起讫时间。保险期间内发生保险事故时，保险人须承担赔付责任。长期护理保险合同一般自投保人提出申请，保险人同意承保后成立。但是，保险合同的成立不一定标志着保险合同的生效，保险合同往往是在合同成立后的某一时间生效，双方当事人可能有相关特别约定，如把保险费的交纳作为合同生效的条件。对于保险合同生效前发生的保险事故，保险人不承担赔偿或者给付保险金的责任。我国保险市场上长期护理保险产品中关于保险合同的生效多规定为保险人在合同成立后并收到首期保险费的次日零时起生效，如国泰人寿保险公司国泰康顺长期护理保险条款、昆仑健康保险股份有限公司的长寿宝长期护理保险条款均为此规定。

长期护理保险合同中，一般设有犹豫期，通常在10天左右。此期间可以让投保人考虑该长期护理保险产品是否适合自己，如果觉得不合适可以在犹豫期内退保，保险公司应该给投保人退回保费。

（四）保险费以及支付办法

长期护理保险的保险费根据投保人与保险人约定的保障内容及被保险人的年龄、性别和风险状况进行确定，投保人应按合同约定向保险人支付保险费。

在长期护理保险中，投保人可以选择一次性或分期交付保险费。合同中设置有宽限期，一般为60天。在宽限期内，长期护理保险合同仍然有效，在此期间如果发生保险事故，保险公司仍按规定承担保险责任，但要扣除所欠交的保费。宽限期结束后，如果投保者仍然没有交纳保费，也无其他约定，则保险合同自宽限期结束的次日起失效。

长期护理保险一般都有保费豁免条款，在交费期间，被保险人一经确定需要"长期护理"，保险公司将豁免以后各期保险费。保费豁免期间，如被保险人恢复日常生活能力的，投保人应自被保险人被确定恢复日常生活能力时起，继续交纳以后各期保险费。

（五）保险金额及申请与给付

长期护理保险的保险金额由投保人与保险人共同约定，并在保险单中载明。长期护理保险事故发生后，投保人、被保险人应及时通知保险人，由保险金申请人填写给付申请书并提交相关证明和资料向保险人申请给付。相关证明材料主要包括被保险人的户籍证明和身份证明，与确认保险事故的性质、原因等相关的其他证明。其他证明材料根据申请的保险金性质不同有所区别，如申请长期护理保险的，需要医院相应科室主任医师出具的诊断证明书。如：申请老年疾病类保险金的，需要医院相应科室主任医师出具的疾病诊断证明书；病历记录和确诊疾病必需的病理显微镜检查、血液检查、影像学检查及其他科学检验报告。再如：申请身故保险金的，还需要提供被保险人户籍注销证明、公安部门或医院出具的被保险人身故证明书，被保险人由人民法院宣告死亡的，还应提供法院宣告死亡判决书原件。

保险人收到被保险人或者受益人的赔偿或者给付保险金的请求后，应当及时做出核定；情形复杂的，应当在30日内做出核定，但合同另有约定的除外。保险人应当将核定结果通知被保险人或者受益人；对属于保险责任的，在与被保险人或者受益人达成赔偿或者给付保险金的协议后10日内，履行赔偿或者给付保险金义务。保险合同对赔偿或者给付保险金的期限有约定的，保险人应当按照约定履行赔偿或者给付保险金义务。

受益人对保险人请求给付保险金的权利，自其知道保险事故发生之日起2年不行使而消灭。

（六）其他事项

其他事项主要包括违约责任和争议处理。此外，投保人和保险人还可以约定与保险有关的其他事项。

本章小结

长期护理保险，是指投保人与保险人根据合同约定，投保人向保险人支付保险费，保险人对于合同约定的因被保险人日常生活能力障碍引发护理需要提供保障的保险。长期护理保险是健康保险的一个重要分支，其目的是对处于失能状态的被保险人的长期护理费用进行补偿。长期护理保险具有保障期限长、主要提供长期护理保障、保险价格一般比较高、给付方式多元化等特征。长期护理保险的给付方式有费用补偿型、定额给付型和直接提供长期护理服务。

长期护理保险产品按投保人可划分为个人长期护理保险产品和团体长期护理保险产品，按保险责任可划分为单一责任护理保险产品、寿险保单附加长期护理保障产品、失能收入补偿保险产品的扩展、医疗费用保险产品附约及有投资性质的长期护理保险产品，按保额是否变动可划分为保额固定型长期护理保险产品和保额变动型（递增）长期护理保险产品。

长期护理保险合同是根据双方当事人约定，投保人支付规定的保险费，保险人对于保险合同约定的当被保险人由年老、患重病或慢性病、遭遇意外伤残等情况致使身体全部或部分失去某些机能，生活不能自理，达到合同规定的长期护理状态时由保险人承担给付长期护理保险金义务的协议。长期护理保险合同中被保险人一般都有年龄限制和健康要求、投保人一般都有保费豁免和保证续保条款、一般都有不丧失价值条款。此外，长期护理保险合同还具有通货膨胀保护功能。长期护理保险合同一般由投保单、保险条款、保险单、其他保险凭证以及合法有效的声明、批单以及其他约定的书面文件共同组成。长期护理保险合同的主要内容包括保险合同当事人、关系人的相关信息，保险责任及责任免除，保险期间，保险费以及支付办法，保险金额及申请与给付和其他事项。

复习思考题

1. 长期护理保险的概念和特征？
2. 长期护理保险的给付方式有哪些？
3. 长期护理保险产品的分类？
4. 我国主要的长期护理保险产品有哪些？
5. 长期护理保险合同的概念及特点？
6. 长期护理保险合同的构成内容？
7. 长期护理保险合同的主要条款有哪些？

案例分析

人保健康全无忧长期看护个人护理保险条款[①]

1 保险责任及责任免除

1.1 保险金额

由投保人与本公司共同约定被保险人的基本保险金额，并在保险单中载明。

1.2 保险责任保险期间内，本公司承担下列保险责任

长期护理保险金自保险合同生效之日起（保险合同复效的则自最后一次复效之日起）因意外伤害原因，或自保险合同生效之日起（保险合同复效的则自最后一次复效之日起）180天后因意外伤害之外的其他原因，被保险人在60周岁对应的保单周年日之前丧失日常生活能力且持续至观察期结束，在观察期结束的次日及之后每届满一年时，本公司按基本保险金额的12%给付长期护理保险金，直至被保险人年满60周岁对应的保单周年日时止。

如被保险人恢复日常生活能力，本公司将停止长期护理保险金的给付。

老年护理保险金在被保险人60周岁之后（含60周岁）的每个保单周年日，若被保险人生存，本公司按基本保险金额的12%给付老年护理保险金。

老年关爱保险金若被保险人生存至100周岁对应的保单周年日，本公司除给付老年护理保险金外，再按基本保险金额的8%额外给付老年关爱保险金，同时本合同效力终止。

疾病身故保险金自保险合同生效之日起（保险合同复效的则自最后一次复效之日起）180天后因意外伤害之外的其他原因，被保险人身故，本公司按基本保险金额的5倍给付疾病身故保险金，但应扣除已给付的老年护理保险金，同时本合同效力终止。

自保险合同生效之日起（保险合同复效的则自最后一次复效之日起）180天内，

---

① 本教材参阅的条款仅为主险条款。

被保险人因意外伤害之外的其他原因丧失日常生活能力或身故的，本公司不承担给付保险金的责任，但无息返还已交纳的保险费，本合同效力终止。

1.3 责任免除

因下列任一情况引起的保险事故，本公司不承担给付保险金及保费豁免的责任：

（1）先天性畸形、变形及染色体异常以及其他遗传性疾病；

（2）感染人类免疫缺陷病毒（HIV）期间及人类免疫缺陷病毒病；

（3）投保人、被保险人或受益人的故意行为；

（4）从事潜水、滑水、漂流、跳伞、攀岩、蹦极、驾驶滑翔机、探险、摔跤比赛、拳击比赛、武术比赛、特技表演、赛马、赛车等高风险职业活动；

（5）犯罪、拒捕、自伤、斗殴、醉酒，以及吸食、服用或注射毒品、国家管制的精神药品或者麻醉药品；

（6）被保险人在本合同生效之日起（保险合同复效的则自最后一次复效之日起）二年内自杀身故；

（7）无驾驶证驾驶，驾驶无有效行驶证的机动交通工具，饮酒、患有妨碍安全驾驶的疾病、过度疲劳仍继续驾驶；

（8）战争、军事行动、内乱或武装叛乱及核爆炸、核辐射或核污染。

因上述情况导致被保险人身故或在60周岁对应的保单周年日之前丧失日常生活能力的，本合同效力终止。未交足2年保险费的，本公司在扣除手续费后退还保险费；

已交足2年以上保险费的，本公司向投保人退还现金价值。

以上除外责任中所指的先天性畸形、变形及染色体异常、人类免疫缺陷病毒病以世界卫生组织颁布的《疾病和有关健康问题的国际统计分类（ICD-10）》为准。

2 合同效力

2.1 合同生效

本合同于本公司同意承保并签发保险单时成立。

投保人按照约定交纳首期保险费后，本合同自载明于保险单上的生效日零时起生效。合同生效后，本公司根据合同的约定承担相应的保险责任。

2.2 犹豫期

自投保人签收保险单之日起有10天的犹豫期。如果投保人在此期间内向本公司书面申请撤销合同，本合同不产生效力，本公司将不承担任何保险责任。

投保人犹豫期内撤销合同，本公司将无息退还投保人所交的全部保险费。

2.3 保险期间

本合同的有效期间为自合同生效起，至被保险人年满100周岁对应的保单周年日时止。

2.4 合同解除

保险期间内，投保人可以书面申请解除本合同。自本公司接到申请书之日起，本合同效力终止。未交足2年保险费的，本公司在收到申请书30天内扣除手续费后退还保险费，已交足2年以上保险费的，本公司在收到申请书30天内退还现金价值。

3 保险费

3.1 保险费

保险费将根据投保人与本公司约定的保障内容及被保险人的年龄、性别和风险状况进行确定，投保人应按本合同的约定向本公司支付保险费。

如果本公司由于医疗条件、长期护理发生率等社会整体风险状况的变化，针对所有被保险人或同一类别的所有被保险人调整保险费率，投保人应按调整后的保险费率交纳续期保险费。

3.2 保险费的交纳、宽限期、合同效力的中止和恢复

投保人分期交纳保险费时，续期保险费应按保险单所载明的方式交纳，如到期未交纳，自应交保费日的次日起60天为保险费交纳宽限期。

如果被保险人在宽限期内发生保险事故，本公司仍承担保险责任，但在给付保险金时扣除投保人所欠交的保险费和利息。

如果宽限期结束时投保人仍未交纳保险费，自宽限期满的次日零时起合同效力中止，合同效力中止期间本公司不承担保险责任。

自合同效力中止之日起2年内，投保人可向本公司申请恢复合同效力。

经本公司审核同意，并自投保人补交所欠的保险费和利息的次日零时起，本合同效力恢复；如果投保人与本公司未就合同效力的恢复达成一致，自合同效力中止之日起满2年时本合同自动终止。未交足2年保险费的，本公司扣除手续费后退还保险费；已交足2年以上保险费的，本公司退还现金价值。

3.3 保费豁免

在交费期间内，被保险人丧失日常生活能力并持续至观察期结束后仍符合该状态的，本公司豁免其丧失日常生活能力之日后的各期保险费。

保费豁免期间，如被保险人恢复日常生活能力的，投保人应自被保险人被确定恢复日常生活能力时起，继续交纳以后各期保险费。

4 保险金的申请及给付

4.1 保险事故通知

投保人或被保险人应在知道保险事故发生之日起10天内通知本公司，否则，应承担由于通知延迟而导致本公司增加的调查、检验等费用；因未及时通知而导致保险事故的性质、原因、损失程度等无法确认的，对无法认定的全部或部分责任，本公司不承担保险金的给付责任，但因不可抗力导致的延迟除外。

4.2 受益人

本保险的身故保险金受益人由被保险人进行指定或变更；如果被保险人书面同意，投保人亦可指定或变更身故保险金受益人。

除合同另有约定外，长期护理保险金、老年护理保险金及老年关爱保险金的受益人为被保险人本人。

4.3 保险金申请资料

申请人应提供下列资料，本公司有权保留申请资料的原件或复印件：

长期护理保险金：

（1）被保险人的户籍证明和身份证明；
（2）医院相应科室主任医师出具的诊断证明书；
（3）与确认保险事故的性质、原因等相关的其他证明和资料。

老年护理保险金：
被保险人的户籍证明和身份证明。

老年关爱保险金：
被保险人的户籍证明和身份证明。

疾病身故保险金：
（1）受益人的户籍证明和身份证明；
（2）被保险人户籍注销证明；
（3）公安部门或医院出具的被保险人身故证明书；
（4）与确认保险事故的性质、原因等相关的其他证明和资料。

4.4 保险金的给付

本公司在收到申请人的保险金给付申请书以及相关证明和资料后，经审核对申请材料齐全、属于保险责任且不需要调查的案件，本公司在10个工作日内做出理赔决定并向申请人反馈，对10个工作日内不能确定结果的案件，本公司会在第10个工作日之前将进展情况通知申请人，并说明可能需要的时间。

对确定属于保险责任的，本公司在做出理赔决定后 10 天内向受益人履行给付保险金的责任；对确定不属于保险责任的，本公司会及时通知申请人。

4.5 索赔时效

受益人对本公司请求给付保险金的权利，自其知道保险事故发生之日起 2 年不行使而消灭。

5 其他事项

5.1 如实告知

订立本合同时，本公司会向投保人说明本合同的条款内容，也可以就投保人或被保险人的有关情况提出询问，投保人或被保险人应当如实告知。

投保人或被保险人故意隐瞒事实，不履行如实告知义务的，或者因过失未履行如实告知义务，足以影响本公司决定是否同意承保或者提高保险费率的，本公司有权解除本合同。

投保人或被保险人故意不履行如实告知义务的，本公司对于本合同解除前发生的保险事故，不承担给付保险金的责任，并不退还保险费。

投保人或被保险人因过失未履行如实告知义务，对保险事故的发生有严重影响的，本公司对于本合同解除前发生的保险事故，不承担给付保险金的责任，但可以扣除手续费后退还保险费。

5.2 合同内容变更

保险期间内，经投保人与本公司协商一致，或根据法律法规的调整，可以变更本合同的有关内容。变更本合同的，将由本公司以批注或批单形式确认，也可以由投保人与本公司订立书面的变更协议。

5.3 地址变更

保险期间内，投保人的住址或通信地址发生变更时，应及时通知本公司。如果未通知本公司，本公司将按本合同注明的最后住址或通信地址发送有关通知，并视为已送达投保人。

5.4 年龄确定与错误处理

被保险人的年龄按周岁计算，其中投保年龄以合同生效日时的周岁为准。在投保本保险时，投保人应将被保险人的真实年龄在投保单上填明，如果发生错误，本公司将按照下列规则处理：

如果投保人申报的被保险人年龄不真实，并且其真实年龄不符合合同约定的年龄限制的，本公司可以解除合同并对合同解除前发生的保险事故不承担给付保险金的责任，但是自合同成立之日起逾二年的除外。解除本合同的，本公司将在扣除手续费后向投保人退还保险费。

如果投保人申报的被保险人年龄不真实，致使实交保险费少于应交保险费的，本公司有权更正并要求投保人补交保险费。

如果投保人申报的被保险人年龄不真实，致使实交保险费多于应交保险费的，本公司会将多收的保险费无息退还给投保人。

5.5 争议处理

合同争议解决方式由当事人在合同约定从下列两种方式中选择一种：

（1）因履行本合同发生的争议，由当事人协商解决，协商不成的，提交仲裁委员会仲裁；

（2）因履行本合同发生的争议，由当事人协商解决，协商不成的，依法向人民法院起诉。

5.6 款项扣除

本公司在给付各项保险金、退还现金价值或保险费时，如果投保人有欠交的保险费和利息，均需先行归还本公司或由本公司在给付款项中扣除。

5.7 特别提示

本合同的附加险合同为《中国人民健康保险股份有限公司附加全无忧人身意外个人意外伤害保险》合同。

附加险合同作为本合同的一部分，不可分解。

本合同效力亦受附加险合同效力的约束，如附加险合同效力终止，本合同效力即行终止。

资料来源：https://wenku.baidu.com/view/3a657b68a45177232f60a24a?_wkts_=1669708457604.

思考：长期护理保险合同的主要内容有哪些？

第七章 健康保险市场

本章要点

1. 掌握：健康保险市场的概念，健康保险市场的主体、客体。

2. 熟悉：健康保险市场分类，国内外健康保险市场组织形式，健康保险市场供给、需求。

3. 了解：健康保险运营障碍、中国健康保险的特点。

课程目标

通过学习健康保险市场相关知识，引导学生积极应对新环境，让学生在不稳定、不确定的生涯规划发展中找到明晰的主旋律；引导学生有意识地塑造良好的职业素养和积极健康的职业观、就业观，推进学生树立更高质量的职业理想。

第一节　健康保险市场概述

一、健康保险市场

现代健康保险自从 20 世纪初期产生至今，经历了一百多年的发展变化，如今已经成为商业保险公司经营的主要保险类别之一，成为许多保险公司重要的保费收入来源，健康保险市场越来越成为各国保险业主要关注的热点市场之一。

（一）健康保险市场的含义

市场是商品经济范畴，是一种以商品交换为内容的经济联系形式，它是社会分工和商品生产的产物。市场的含义有广义和狭义之分。狭义的市场是指商品的交换场所，强调空间的、地理的含义。广义的市场是指某一产品的所有现实和潜在买主的总和，超出了地理空间的限制，是指一定范围的有能力并愿意购买有关产品的人群。在保险市场上，保险交易由各种保险组织和其他代理机构分散完成，逐渐摆脱了固定的交易场所和行为模式，更符合广义上的市场含义，包括各类健康保险产品的供求双方，即经营健康保险业务的各类保险机构、消费者，以及相关保险中介组织和健康保险产品。健康保险市场不是一个孤立的市场，它是保险市场的一个组成部分，从属于国家金融市场。

（二）我国健康保险市场发展现状

党中央、国务院发布《关于深化医疗保障制度改革的意见》提出，加快发展商业健康保险，提高健康保障服务能力。1998 年我国开始进行医疗保险制度改革，为健康保险的发展开辟了广阔的空间。20 多年来，健康保险高速发展，在多层次医疗保障体系中发挥着越来越重要的作用，在国民经济中的地位也不断提升。

1. 健康保险市场持续增长

健康保险市场持续增长的第一个表现是保费收入不断增加。从中国银保监会公布的公开数据来看，我国健康保险市场从 2011 年 691.72 亿元的规模增长至 2017 年的 4 389.46 亿元，7 年间保费收入增长了 5 倍多。在市场需求和政策利好的双重推动下，2011—2016 年可谓我国健康保险发展的黄金时间段，行业保费收入的年增长率不断增加。

健康保险市场持续增长的第二个表现是增速领先于寿险和意外险。虽然 2017 年健康保险的同比增速遭遇滑铁卢，但是 2012—2016 年与其他险种相比，健康保险同比增速远远高于其他险种，在 2016 年健康保险的同比增速甚至接近于财产险增速的 7 倍。从行业主要险种的增速上来看，意外险和财产险增速平稳，健康保险和寿险增速明显。

健康保险市场持续增长的第三个表现是"一升一降",即健康保险占人身险保费收入比例持续增长,而相对应的是寿险占人身险保费收入比例下降。虽然健康保险对人身险贡献增加,但尚不能撼动寿险的行业地位。从行业数据来看,健康保险占人身险保费收入比例从2011年的7.12%持续增加至2017年的16.41%,增长了9.29个百分点。而寿险占人身险保费收入比例从2011的89.45%下降至2017年的80.22%,下降了9.23个百分点。虽然健康保险占人身险保费收入比例不断增加,2017年对人身险的贡献也仅有寿险的1/5左右,人身险市场依然是寿险市场占据主导地位。健康保险市场不断增长的重要推动力是个人业务的推动和团体业务的发力。从第三方数据来看,在健康保险市场上,个人业务的比重持续稳定增加,团体业务也起到了重要的推动作用。随着保险销售渠道的日渐丰富,未来个人长期保障型健康保险业务将进一步刺激健康保险的利润率提升。

2. 健康保险行业监管日趋严格,健康保险回归保险保障功能

2017年,行业健康保险同比增速呈现出严重下降的态势,这源于监管机构强化监管力度、回归保险保障功能的政策环境下,健康保险公司以及寿险公司压缩此前大幅销售的中短存续期护理保险。尽管行业健康保险业务增速放缓,但保障型产品占比上升,行业保费结构获得改善。同时随着市场饱和,政策性健康保险业务已从主要依靠新增市场推动增长,转变为主要依靠维持在办项目实现自然增长,市场竞争压力持续加大。

(三)我国健康保险行业发展特征

1. 市场主体更加多元

健康保险一直被认为是保险行业的蓝海,背负着无数期待。2018年《中国保险年鉴》显示,2017年我国共有149家保险公司从事健康保险业务经营,其中包含53家中资人身险公司、53家中资财产险公司、28家外资人身险公司和15家外资财产险公司。其中,达到10亿元级规模的共有26家。平安人寿、国寿股份两家公司市场份额超过600亿元,和谐健康、新华人寿、太保寿险、人保健康、泰康人寿、人保寿险、太平人寿、平安养老、友邦保险以及人保股份等10家市场份额超过百亿级。

2. 寡头竞争依然存在,寡头垄断风险得以缓解

有研究认为健康保险市场极易出现寡头竞争和寡头垄断。目前市场上已经出现这种趋势,但是数据显示主要的健康保险市场集中于少数保险寡头的趋势稳中有降,寡头竞争依然存在,寡头垄断风险得以缓解。2011—2017年,主要保险公司在健康保险市场上的占有率相对稳定,健康保险市场较多地集中在平安集团、国寿股份、新华保险以及太保集团等以综合经营为主战略的保险公司手中,专业健康保险公司的市场份额相对较小。在众多保险公司中,平安集团(平安人寿、平安养老及平安健康)、国寿股份、新华保险、人保集团(人保健康、人保寿险)以及太保人寿(含

太保安联）等 5 家保险公司的健康保险收入占据整个健康保险市场的大部分。此外，对健康保险专业化经营的呼吁不绝于耳。目前市场上有 7 家专业健康保险公司，和谐健康发展迅速，对于专业健康保险公司健康保险市场占有率带动的作用非常明显。专业化经营意味着保险产品、保险服务、保险资金管理、保险人才和保险市场监管的专业化。从专业健康保险公司健康保险市场占有率变化情况来看，专业化所体现出来的价值尚未完全显现。在当前健康保险以重疾险为主的竞争环境中，高额医疗费用保险、长期医疗保险以及护理保险等产品较少，我国健康保险市场的发展仍处于初级阶段。专业健康保险公司想要脱颖而出，除了做大规模，还需要实现特色专业经营，需要尝试探索在健康管理服务模式、金融科技创新及健康服务特色上实现创新突破，提升自身竞争力，建立竞争优势，实现创新发展。

3. 健康保险的发展存在着明显的地区差异

我国不同地区之间健康保险规模、健康保险密度和健康保险深度的发展程度各不相同。2017 年，我国健康保险保费收入达 4 389.46 亿元。总体来说，2017 年，东部地区健康保险市场开发较好，广大西部地区健康保险市场发展相对落后，开发潜力巨大。健康保险发展失衡不利于"健康中国"战略的落实，将对我国健康产业、医疗保障制度产生不利影响。因此，无论是政府还是企业，提升中西部地区健康保险意识、统筹地区之间健康保险发展都将是一个重要的工作。

4. 影响健康保险发展的因素多样

地区发展经验表明，影响健康保险发展的因素主要有政策引导、经济发展水平、消费意识、产业竞争和产业链结构等。健康保险发展较好地区的保险行业竞争激烈，在健康保险发展产业链配套方面积累了丰富的经验，如发展健康管理服务、开发健康保险数据等方面成果丰硕，这对于促进我国健康产业的发展具有深远的意义。

二、健康保险市场分类

（一）根据被保险人的特点划分

根据被保险人的特点，健康保险市场分为个人健康保险市场和团体健康保险市场。

个人健康保险市场就是以个人为最终营销目标的健康保险市场，其主要优点是市场容量比较大，覆盖范围广，而且可以开展的业务种类较多；缺点主要是市场机会相对分散，需求差异性大，风险因素复杂，销售和核保业务量大等。团体健康保险市场就是将各种社会团体作为最终营销目标的健康保险市场。其优点是需求差异性小，风险因素统一，销售和核保业务量小，但市场容量较个人市场偏小，而且可以开展的业务种类较少。在我国，绝大多数的健康保险产品都是针对个人市场设计并销售的，团体市场的开发程度很低，这使团体健康保险市场的优势没有充分发挥出来。相比之下，美国的团体健康保险市场开发得就比较好，几乎全部的医疗保险都是针对团体市场设计并进行营销的，而且取得了非常好的效果。

（二）根据健康保险的保障内容划分

根据健康保险的保障内容，健康保险市场分为医疗保险市场和失能补偿保险市场。

医疗保险和失能补偿保险是健康保险的两种基本类型。在实际操作过程中，通常将这两种类型的健康保险面对的消费者群体分成两个市场来操作。医疗保险市场的优点是市场机会大，业务种类多，产品设计比较灵活，而且消费者认知程度较高；缺点是风险较高而且因素复杂，销售、核保以及给付的业务量大。失能补偿保险市场的优点是保费收入相对稳定，风险较小；缺点主要是消费者的认知程度不高，制约了这部分市场的发展。

我国医疗保障制度改革已经进行了多年，消费者对于医疗保险的重要性的认识已经有所提高，但是对于失能补偿保险的认识却几乎为零。因此，在我国医疗保险市场业务不断扩大的同时，失能补偿保险市场的开发举步维艰，甚至还存在健康保险等于医疗保险的错误认识。而在西方发达国家中，失能补偿保险源源不断的保费收入已经成为各大保险公司生存和竞争的基础。

（三）根据保险合同的时效长短划分

根据保险合同的时效长短，健康保险市场分为短期保险市场和长期保险市场。

短期保险市场是指购买或准备购买 1 年期以下健康保险产品的消费者群体。其主要优点是风险较小，风险统计和控制相对简单，保单条款的设计时效性强，投保人的保费负担较小，因而容易打开市场，实现规模销售，同时选择面较宽，选择也比较灵活；缺点是难以形成长期稳定的保费收入资金，保单到期后的续保也使业务量加大。长期保险市场是指购买或准备购买 1 年期以上健康保险产品的消费者群体。其突出优点是保费收入比较稳定；主要缺点是风险的控制难度极大，产品种类较少而且销售相对困难等。

在我国，短期健康保险市场的发展速度很快，而长期健康保险市场的发展相对缓慢。这主要是因为我国医疗卫生服务行业不够规范，医疗费用一涨再涨，使各保险机构根本无法及时、科学地对长期医疗费用做出可行性的预测，因而阻碍了各保险机构对长期健康保险市场的开发和投入。此外，国民健康教育的普及程度较低、长期以来国民保险意识的淡薄以及国家政策也是长期健康保险市场发展迟滞的主要原因。

第二节　健康保险市场的要素

健康保险市场由市场主体和市场客体构成。

一、健康保险市场的主体

健康保险市场的主体包括投保人、保险人和保险中介。

（一）投保人

在健康保险市场上，投保人是指健康保险产品的购买者或潜在的购买者。他们直接构成健康保险市场需求的主体人群，其规模大小、收入水平、保险意识以及年龄结构、职业结构、文化结构和民族结构等都会直接影响健康保险市场的需求，进而影响整个健康保险市场的发展。

（二）保险人

在健康保险市场上，保险人是指提供健康保险产品的保险机构。保险人向投保人提供健康保险产品，构成了健康保险市场的供给主体，其资金实力、展业规模、数量和经营管理水平都会直接影响健康保险市场的供给，从而影响健康保险市场的发展。在我国，健康保险市场的保险人主要是各种形式的人寿保险公司、财产保险公司和专业健康保险公司，如中国人寿、平安人寿、太平洋人寿、中国人民保险公司和最近刚刚成立的中国人民健康保险公司等。

（三）保险中介

在健康保险市场上，保险中介主要包括保险代理人和保险经纪人。

1. 保险代理人

保险代理人是指根据保险人的委托，在保险人授权范围内代为办理保险业务，并依法向保险人收取代理手续费的单位或个人，主要有个人代理人、兼业代理人、专业代理人等。

个人代理人（也称保险业务员或展业人员）是健康保险产品销售的主要渠道，机动灵活是其突出优点，还可以及时得到投保人对产品的反馈信息，适于销售比较复杂的健康保险产品；缺点是培训周期长，佣金费用较高。

兼业代理人是指受保险人委托，在办理自身业务的同时由专人为保险人代办保险业务的单位。

最常见的是银行兼业代理。其主要优点是：可以利用银行现有的客户群从而使业务面更广，同时可以大大降低销售成本。由于代理人员不直接向保险人负责，而且专业素质较差，所以交易成功率较低。可见，兼业代理只适合销售合同条款简单、责任非常明确的健康保险产品。目前，我国健康保险市场上的银行兼业代理方式并不多见，但随着健康保险市场竞争的不断加剧，各保险公司会为了争夺银行的已有顾客群而将兼业代理作为竞争的重要手段。

专业代理人是指专门从事保险产品代理业务的保险代理公司。其主要优点是：可以利用代理人的一切现有资源，大大降低销售成本；代理人员素质较高，交易成功机会较大；代理人是独立法人，可以避免很多法律风险等。其缺点是：代理人多为区域性经营，市场覆盖面较窄，而且代理成本较高会直接导致产品价格提高，以致降低了产品在市场上的竞争力。目前，专业代理在我国团体健康保险市场上比较多见。

2. 保险经纪人

保险经纪人是指代表投保人在保险市场上选择保险人和保险产品并代办手续，提供相关服务的保险中介人。其优点是：保险经纪人丰富的经验和高水平的专业知识可以确保投保人的保险利益，同时能为保险人节省大量中间销售费用等。

在保险业发展水平较高的西方发达国家，保险经纪人制度十分完善、有效，已经成为健康保险、其他人身险和财产险的主要营销中介。但在我国健康保险市场乃至整个寿险市场上，经纪人几乎被忽略，只是在部分财产险的销售中起到一些作用。相信随着健康保险市场的进一步发展和扩大，保险经纪人会越来越受到重视。

此外，目前已经有很多保险公司在网络上销售自己的健康保险产品，也许有一天网络会成为健康保险市场的又一个中介环节。

二、健康保险市场的客体

健康保险市场的客体就是健康保险产品，是指保险人向被保险人提出的，在发生疾病或意外伤害时向被保险人提供医疗费用和收入损失补偿的承诺。健康保险产品同一切保险商品一样，也是以保险合同的形式存在的。

健康保险产品的种类因国情不同而有所不同。发达国家的产品种类较多，不发达国家的产品种类普遍较少。如美国的健康保险产品种类多达 3 000 种，涵盖了短期健康保险和长期健康保险、个人险和团体险，而且其支付方式更加直接、合理。

我国健康保险产品主要有定额给付型、费用报销型以及住院津贴型 3 大类，主要的医疗险种有中国人寿的生命绿荫疾病保险、关爱生命女性疾病保险；太平洋人寿的长寿健康保险、团体重大疾病保险；平安人寿的住院安心保险、住院费用保险、平安康泰保险；新华人寿的团体住院健康保险、瑞宁团体健康保险、团体综合健康保险；泰康人寿的住院健康保险、团体健康保险、重大疾病保险等共计 300 余种。

因为我国健康保险市场起步较晚，发展水平较低，加上各保险公司对于健康保险的经营经验缺乏，所以我国很多早期健康保险产品都曾采用人寿保险附加险的形式销售，至今仍有大部分产品保持着这一特点。随着健康保险市场的进一步发展，独自开发和销售的各种形式的健康保险产品必将会在不远的未来大行其道。

三、健康保险市场的组织形式

健康保险市场的组织形式受到一个国家经济发展水平、商品经济发达程度、社会医疗保障水平、国民收入水平和文化水平等很多因素的影响，因此在不同的国家，健康保险市场的组织形式也有所不同。

（一）国外健康保险市场的组织形式

健康保险的雏形在 17 世纪末就已经出现了，当时健康保险产品的种类很单一（仅限于简单的疾病保险），保障功能也极其有限，健康保险市场的组织形式也很简单。直到 19 世纪初，资本主义在欧洲充分发展，各种基础学科和保险理论逐步完善，健康保险市场才开始了高速发展，健康保险市场的组织形式也变得越来越复杂。

大体上说，目前国外健康保险市场的组织形式主要有：相互健康保险公司、股份制保险公司、互助型保险组织、个人保险组织、民间健康保障社团组织、行业（团体）自保组织、私营健康保险组织等。

1. 相互健康保险公司

相互健康保险公司是现代健康保险市场中最早出现的组织形式，于 17 世纪末出现在英国。相互健康保险公司是一种非营利性公司，公司为保单持有人（即投保人）共同拥有。其会员既是投保人，又是保险人；既可以获得对死亡、疾病和伤残等风险的保障，又能以取得"红利"的形式分享经营成果。其主要优点是：经营方式灵活，销售成本低廉，易于控制道德风险等。其缺点是：融资范围窄、效率低、总量小以及市场反应度较差等。

目前，国际上有大量健康保险公司属于相互保险公司，而且规模巨大。如日本的千代田保险公司、往友生命保险公司等，美国的全国保险公司、西北互助人寿保险公司、纽约人寿保险公司、麻省人寿保险公司等，英国的标准人寿保险公司等。

但近几年来，由于国际保险市场竞争日趋激烈，很多相互健康保险公司为了增强竞争力、扩大融资渠道，纷纷改制为股份制公司。如美国规模最大的人寿保险公司之一的大都会保险公司就已经完成了从相互健康保险公司向股份制保险公司的转化。

2. 股份制保险公司

股份制保险公司的资本由许多人出资购买股票而形成，公司的所有权属于认购股票的股东。其主要优点是：融资渠道广、效率高、数额大、市场适应能力强等；其主要缺点是：公司资本市值变动会影响投保人购买意愿，对道德风险和逆选择的控制能力较弱等。

股份制保险公司很早就已经出现在健康保险市场上，目前世界上很多知名人寿保险公司都是股份公司。比如日本的日本生命保险公司、韩国的三星人寿保险公司、美国的大都会保险公司、纽约人寿保险公司、万全保险公司、英国的标准保险公司、商联保险公司等。

3. 互助型保险组织

互助型保险组织是由保险合作社发展而来的一种企业化的保险市场组织形式。其典型代表是日本的三井生命和美国的美国教师退休基金会（TIAA-CREF）。其中，美国教师退休基金会从创业至今已有 80 年的历史，公司不仅为高级教职工和研究人员提供个人生命保险、终身健康保险，而且也为普通教师及其家人提供同样的服务，如今已经发展成为世界上最大的退休保险提供者。

4. 个人保险组织

个人保险组织是以个人为保险人的组织。严格意义上讲，个人保险组织不是保险公司，而是一个保险市场，它是由各种会员（包括公司会员和个人会员）组成的协会，具体保险业务由协会内承保组合办理。个人保险组织主要存在于英国。最有代表性的个人保险组织是英国的劳合社。劳合社已经有300多年的历史，在世界上60多个国家和地区都有营业许可，承保业务来自100多个国家和地区，每年承保70亿英镑的保费，目前拥有100亿英镑的承保能力。现在，劳合社已经进入中国市场，在北京设立了代表处。

5. 民间健康保障社团组织

民间健康保障社团组织是具有保险合作社性质的非营利性的慈善性社团组织，如美国的东北卫生服务处。该处1971年成立，主要为居住在华盛顿市的华人服务，在旧金山的华人也可以申请入会。申请人携带家庭收入证件、现住址有关证件、社会安全卡以及个人身份证明等登记入会，并领取"黄卡"。之后每年按收入等级付费，医药费负担困难的家庭可以申请医疗补助。目前，东北卫生服务处有超过2万名会员。

6. 行业（团体）自保组织

行业（团体）自保组织是近年来出现的一种新型健康保险组织形式。一些行业或团体不再为其成员向保险公司投保健康保险，而是自己建立健康保险计划，通过在团体内筹集健康保险资金来支付所有成员的健康保险赔款。其优点在于：降低被保险人的保险成本，增加承保弹性，减轻税收负担，加强损失控制等。其缺点是：业务能量有限，易于导致风险的过分集中，专业水平较低，财务基础脆弱等。

此外，还有一些特点突出的私营非营利性健康保险组织。如美国的帝国蓝十字健康保险计划（Empire Blue Cross）和蓝盾计划。两者同时创建于20世纪30年代，彼此相互独立，通过设置管理委员会自主管理，在一定的地域范围内自主经营，各管理委员会间没有隶属关系。蓝十字计划主要承保医院费用，蓝盾计划主要承保医生和其他诊治费用。该计划中的被保险人被称为计划成员，目前两种保险计划的计划成员人数超过1亿。但是，2002年两个计划的母公司威尔邦保险公司（WellPoint）已经上市成为营利性公司，两个计划在未来是否还将维持非营利特性目前还无定论。又如，美国大量存在的医院承办的健康保险。恺撒医院自己办的医药、医疗保险，独立接受投保人，并限制投保人必须到这家医院来看病，其间的诊疗、手术和住院都可免费，而且保险费不高。

（二）我国健康保险市场的组织形式

我国法律对我国保险市场的组织形式有明确的规定。根据《保险法》，我国保险公司的组织形式为国有独资公司和股份有限公司，该法一百五十条规定，其他保险组织形式由有关法律法规另行规定。到 2004 年年底，我国健康保险市场的组织形式主要包括国有独资保险公司、股份制保险公司、中外合资保险公司和外资保险公司分公司等 4 种。必须强调的是，虽然目前国有独资保险公司已经全部成功完成了股份制改革，但并不能说我国的中资保险市场公司已经全部是股份公司。因为我国几个重要的国有独资保险公司并没有因为股份制改革而改变国家是其唯一股东的性质。另外，虽然我国已经出现相互健康保险公司，但不是在健康保险市场中（主要是农业保险领域），因此我们不做介绍。

1. 国有独资保险公司

国有独资保险公司是指由国家保险监管机关批准设立、经营保险业务的国有独资公司。国有独资保险公司曾经是我国保险公司的主要组织形式之一，并一度在我国保险市场上占有主导地位，是中国保险业的主力军，为我国保险市场重建和发展起到了巨大的领导、推动作用，也是开创中国健康保险市场的先行者。其特点如下：

（1）国家是国有独资保险公司的唯一股东。代表国家投资的股东可以是国家授权的机构，也可以是国家授权的部门。

（2）国家仅以出资额为限对公司承担有限责任。如果公司原资产不足以清偿公司债务，国家对公司的债务不负连带清偿责任。

（3）代表国家出资的机构或部门必须获得国家授权。任何机构或部门未经国家授权，不得代表国家向保险公司投资。经国家授权的机构或部门代表国家对保险公司行使股东权力。

（4）国有独资保险公司不设股东大会，只设董事会、监事会等。董事会设董事长 1 人，董事会成员一部分由国家委派，另一部分由职工选举的代表参加。董事会是公司的常设权力及执行机构，依法行使股东会的权力和董事会的权力。

（5）国有独资保险公司设监事会，作为公司的监督机构。监事会由金融监督管理部门、有关专家和保险公司工作人员的代表组成，对国有保险公司提供各项准备金、最低偿付能力和国有资产保值增值等情况，以及高级管理人员违反法律、行政法规或者公司章程的行为和损害公司利益的行为进行监督。

（6）国有独资保险公司的章程，由国家授权投资的机构或部门制定，或者由公司董事会拟定，由国家授权投资的机构或部门批准，并报经中国保监会核准后生效。

国有独资保险公司的董事长为公司法人代表，总经理在公司章程范围内，按照董事会的决议，负责日常经营管理活动。总经理经国家授权投资的机构或部门同意，可由董事会成员兼任。

到 1999 年年底，我国共有国有独资保险公司 4 家。中国人民保险公司和中国人寿保险公司是国有独资保险公司的典型代表。到 2005 年为止，我国所有国有独资保险公司已经全部完成了股份制改革，其中，中国人寿成为股份制保险公司，中国人民保险公司成为中国人民保险控股公司，其国有的基本属性并未改变。

2. 股份制保险公司

股份制保险公司是指由国家保险监管机关批准设立、经营保险业务的股份公司。

我国保险业的股份公司都是股份有限公司,是我国保险市场的重要组织形式之一。我国改革开放后新设立的中资保险公司基本上采取这种组织形式。其主要特征如下:

(1)发起人应当有《公司法》规定的 5 个以上,其中必须有半数的人在中国境内有住所。

(2)公司全部资本分为等额股份,并以每股作为公司资本的基本单位。

(3)股东对公司负有限责任。股东不论大小,均以其认购的股份对公司承担有限责任。公司资产不足以清偿债务时,股东对公司债务不负连带责任。

(4)公司的账目应当分开。在每个财政年度终了时公布公司的年度报告,以供股东、债权人及有关机构查询。到目前为止,我国健康保险市场上的绝大多数保险公司,都是股份制保险公司,如平安人寿、泰康人寿、新华人寿等。

3. 中外合资保险公司

中外合资保险公司是指中国合营者与外国合营者依照中华人民共和国法律的规定,在中国境内共同投资、经保险监管部门批准设立并共同经营的保险公司。中外合资保险公司是中国企业法人,其组织形式为有限责任公司。其主要特征如下:

(1)在合资保险公司的注册资本总额中,外国合营者的投资比例一般不能低于 25%。

(2)合营各方按照注册资本占总资本的比例分享利润和分担风险与亏损。

(3)合营各方如果要转让已方所有的注册资本,必须事先通知合营各方并经合营各方同意方可转让。

(4)公司以全部资产对其债务承担有限责任。在我国健康保险市场上,中外合资保险公司有中美大都会人寿保险有限公司、中意人寿保险有限公司、中英人寿保险有限公司、信诚人寿保险有限公司、海尔纽约人寿保险有限公司等。

4. 外资保险公司分公司

外资保险公司分公司是指外国保险公司依照《保险法》等行政法规的规定,经国家保险监管机关批准,在中国境内设立的从事保险经营活动的分公司。其主要特点如下:

(1)外国保险公司在我国的分支机构不是中国企业法人,不具有独立的法人资格,只是外国保险公司的分支机构,在我国只能以其总公司,即外国保险公司的名义开展业务,不能以分公司的名义开办业务。它没有独立的财产,没有自己的章程,也不能独立地承担民事责任。

(2)外国保险公司分公司不是中国的经济组织。

(3)外国保险公司分公司的分支机构设立必须符合我国保险法规的规定,未经批准,不得在我国设立分支机构,并且分公司在我国境内的资产价值不能低于其负债金额。

(4)经批准成立的外国保险公司的分公司及其分支机构,在中国境内从事业务活动的过程中必须遵守中国的法律,依法纳税,不得损害中国的社会公共利益并接受中国有关部门的监管。同时，外国保险公司分支机构，在其登记的经营范围内享有充分的经营自主权，其合法权益受中国法律保护。

目前，外资寿险公司在我国健康保险市场上的表现十分活跃，它们积极细分市场，开发新型健康保险产品。不过，外资寿险公司大多将健康保险产品作为一种市场竞争工具，其主要意图还是带动其寿险产品的销售。

第三节　健康保险市场供求分析

一、健康保险市场的供给

健康保险市场的供给是指经营健康保险的保险机构（在我国是保险公司）在一定时期内愿意并且能够以一定的价格向市场提供的各类保险产品的数量。健康保险市场的供给必须满足两个条件：一是保险机构的供给愿望；二是保险机构的供给能力。两者缺一不可。

（一）影响健康保险供给的因素

健康保险市场是保险市场的一个组成部分，因此影响整个保险市场供给的因素都会对健康保险市场的供给造成影响。如社会资本总量、保险供给者的数量和质量、保险供应者的管理水平、保险产品的价格水平、保险成本、保险市场的竞争程度和政府政策等。

1. 健康保险供给主体的数量和质量

保险供给主体的数量和质量直接决定健康保险的供给。供给主体的数量越多，市场上健康保险产品的数量也就越多；供给主体的质量越高，其开发的产品对投保人不断变化的需求的满足程度越高，越能扩大健康保险产品的有效供给。反之，供给主体的数量越少，市场上的健康保险产品的数量自然也就越少；供给主体的质量越低，其满足投保人需求的能力越低，健康保险产品的有效供给也就越低。

2. 健康保险供给者的风险管理水平

在健康保险市场上，如何在医疗费用水平不断攀升的情况下，对长期医疗费用的变动风险进行预测是保险公司面对的首要难题。要解决这个难题就需要保险供给者具有非常高的风险管理水平，确保成功开发出既能赢利又能适应需求的新产品，增加市场的有效供给；反之，保险供给者的风险管理水平较差，将使产品开发和确保盈利的难度加大，从而降低市场的有效供给。

3. 健康保险产品的价格水平

如果保险产品的价格水平较高，对于保险公司而言就会有增大盈利的可能性，从而刺激保险供给人向市场提供产品；相反，如果产品价格较低，则赢利的可能性较小，将影响保险供给人向市场提供产品的意愿，导致市场供给减少。

4. 健康保险产品的成本

健康保险产品的成本主要取决于赔付率的高低。如果健康保险产品的赔付率较高，则增加产品的成本，减少保险公司的利润空间，从而减少市场供给；反之，如果健康保险产品的赔付率较低，则会降低产品的成本，提升保险公司的利润空间，从而使市场供给增加。

5. 政府政策

政府政策对健康保险市场的供给具有直接和决定性的影响。比如，我国于2003年向财险公司开放了短期健康保险市场以来，已经有8家财险公司加入了健康保险市场，直接导致健康保险市场供给的增加。

除上述影响因素外，相关金融产品的价格、保险公司对市场的预期、保险公司的资金运营和投资情况等也会影响健康保险市场的供给。

（二）我国健康保险市场供给的现状

1. 产品结构日趋合理

现在，我国健康保险市场上的产品数量已经超过300个。除了传统的费用补偿型和住院津贴型产品，各保险公司也开始涉足失能收入损失保险和长期护理保险等新领域。虽然目前大多只是将失能收入损失保险和长期护理保险作为附加险（如平安人寿的附加重大疾病住院收入保障保险和附加住院收入保障保险等)，但是这种尝试将一直被忽略的健康保险长期市场纳入经营范围内，这说明我国健康保险市场的产品结构正向着利润水平较高、保障功能更强的方向发展。

2. 市场供给进一步增加

目前，我国有29家寿险公司和8家财产险公司经营健康保险。其中中国人寿、平安人寿、太平洋人寿和中国人民保险公司所占市场份额较大，资金实力雄厚，竞争力较强。新华人寿、泰康人寿市场份额虽然较小，但近年来增长幅度较大。同时，随着我国寿险市场的对外开放以及政策限制水平的放宽，外资寿险公司必将凭借其雄厚的资金实力和高水平的管理大举进入我国健康保险市场，从而大大增加健康保险产品的供给水平。

3. 外资对我国健康保险市场的控制能力增强

截至2003年年底，我国共有32家寿险公司，其中除太平洋人寿保险公司外，其余31家均有外资介入。国外资本占我国寿险行业总资本的比例已经高达30.97%。这在增强我国健康保险市场总体供给能力的同时，也加大了对市场供给的控制力度和主导作用。

二、健康保险市场的需求

健康保险市场的需求是指在一定时期内购买者愿意并且有能力购买的健康保险产品的数量。健康保险市场的需求受两个条件的决定：一是购买者的购买意愿；二是购买者的实际购买能力。两者缺一不可。

（一）影响健康保险市场需求的因素

影响健康保险市场需求的因素比较复杂，主要包括市场的风险、国家医疗保障体系、健康保险产品的价格、相关金融产品的价格、消费者可支配收入水平、消费者保险意识、利率变化和通货膨胀等。

1. 健康保险市场的风险

健康保险市场的风险是市场需求产生的前提。健康保险市场风险的范围越广，程度越高，需求就越大；相反，健康保险市场风险存在的范围越小，程度越低，需求就越小。

2. 国家医疗保障体系的实施情况

国家医疗保障体系对健康保险市场需求的影响巨大，会直接决定一国健康保险市场的总体格局。国家医疗保障体系越完备，居民对商业健康保险产品（尤其是其中的医疗保险产品）的依赖程度越低，市场的需求也就越低；国家医疗保障体系越面向市场，居民对健康保险产品的依赖程度越高，市场的需求也就越旺盛。

3. 健康保险产品的价格

价格因素是影响市场需求的主要因素，而影响健康保险产品价格的主要因素是医疗服务费用水平。医疗服务的费用越高，健康保险产品（尤其是医疗保险产品）的价格越高，越会抑制消费者的购买意愿，从而降低市场需求；医疗服务的费用越低，健康保险产品（尤其是医疗保险产品）的价格越低，越会刺激消费者购买，从而提高健康保险市场的需求。

4. 相关金融产品的价格

健康保险产品同一些金融产品有替代关系（如某些种类的分红保险、股票和债券类等投资型金融产品等），又同另一些金融产品有互补关系。健康保险市场的需求会与替代性产品的价格同向变化，与互补性产品的价格反向变化。

5. 消费者可支配收入水平

消费者可支配收入水平越高，健康保险市场的需求越大；相反，消费者可支配收入水平越低，健康保险市场的需求越小。

6. 消费者的保险意识

消费者的保险意识越强，健康保险市场的需求越大；相反，消费者的保险意识越薄弱，健康保险市场的需求越小。

7. 利率变化和通货膨胀

健康保险产品是一种金融产品，因此其需求变化对于利率变化和通货膨胀的敏感度较高，利率和通货膨胀的变化会通过影响新单购买量、退保率等影响健康保险的需求。利率或通货膨胀率升高，保险需求会降低。

除了上述因素，社会经济发展水平、商品经济发达程度和人口因素等都会在一定程度上影响健康保险市场的需求。

（二）我国健康保险市场需求的特点

1. 我国社会医疗保障制度对健康保险市场需求的影响巨大

在我国于20世纪50年代起开始实行的城镇公费医疗制度下，健康保险市场的需求几乎为零。随着改革的不断推进，我国社会医疗保障制度对健康保险市场需求的拉动作用已日益显露。首先，我国社会医疗保险的覆盖面狭窄，仅包括企业（国有、集体、三资、私营）职工和机关、事业单位、社会团体、民办非企业单位及其在职职工，以及退休工人。而对职工的家属、学生、城市流动人口、农村人口均未覆盖在内，这部分人群全部构成健康保险市场的需求。其次，我国社会医疗保险起付线和封顶线的设置使参保人员仍然背负着较重的医疗费用负担。这样，起付线以下和封顶线以上的医疗费用支出加上两者之间由参保者自己承担的比例部分，也成为商业健康保险市场需求的一部分。最后，我国社会医疗保险对药品的使用范围做了严格限制，这也会增加商业健康保险市场的需求。

2. 我国医疗服务市场对健康保险市场需求的影响突出

我国医疗服务市场对健康保险市场需求的影响非常复杂，既有促进需求增长的可能，又有导致需求萎缩的危险。我国医疗服务市场目前仍属于卖方市场，其主要特点是市场供求双方的信息极不对称，医院具有一切信息的绝对优势：医疗机构多实行"医药合业、以药养医"的制度，医院既拥有处方权，又拥有药品专卖权；规范医疗机构的法律法规不健全，无法控制诱导服务和过度医疗现象的发生等。这既会导致因为医疗服务费用攀升较快而使消费者意识到健康保险的重要性，从而增加健康保险市场的需求；同时也有可能迫使保险公司为了规避医疗费用变化过快的风险而被迫提高健康保险产品的价格，最终导致健康保险市场的需求萎缩。

3. 我国经济发展的区域化特点对我国健康保险市场需求的影响明显

由于我国的经济发展水平存在比较明显的地区间差异，所以我国健康保险市场需求的地区差异也十分明显。经济越发达的地区，居民收入水平越高，健康保险意识越强，健康保险需求越旺盛；相反，经济比较落后的地区，居民收入水平越低，健康保险意识越薄弱，健康保险需求越低。从整个寿险的保费金额来看，经济发达地区是全国平均水平的 1.65 倍到 2.21 倍，中部地区大体与全国平均水平持平，而经济相对落后的西北地区还不到全国平均水平的 1/3。

三、健康保险运营障碍

商业健康保险作为社会医疗保险的重要补充，其潜在的市场规模巨大。同时，发展健康保险有非常好的社会经济和国家政策环境。首先，随着国民经济持续稳定的增长和居民人均收入的不断提高，将会有更多的人购买商业健康保险，增长甚至会超过近几年迅猛发展的人寿保险。其次，随着医疗保障制度改革的进一步深化，国家政策已明确要进一步支持商业健康保险的发展，使之成为社会医疗保险的补充。特别是党的十八大以来，"健康中国"已上升为重要的国家战略。2020年2月，党中央、国务院印发《关于深化医疗保障制度改革的意见》，提出"促进多层次医疗保障体系发展""促进各类医疗保障互补衔接"，并将商业健康保险与社保的有效衔接作为重要举措，为健康保险明确了发展方向，使健康保险迎来了政策机遇红利期；2021年9月，国务院办公厅印发《"十四五"全民医疗保障规划》，进一步明确了基本医保"保基本"的定位，鼓励支持商业保险机构开发与基本医保相衔接的商业健康保险产品，更好地覆盖基本医保不予支付的费用。

虽然目前商业健康保险市场有上述有利的外部环境，但也存在一些明显的不利因素，包括群众保险意识缺乏，国家法律制度不健全以及长期公费医疗制度造成对医疗服务的过度消费等。此外，医疗费用的恶性增长也是各商业保险公司经营中经常面临的难题。由于上述不利因素的存在，目前各商业保险公司经营健康保险的规模都不大，加上对健康保险经营中存在的风险认识不足、控制不严，经营效益都不太好。商业健康保险要健康发展，就必须克服如下市场运行中的障碍：

（一）规范商业健康保险经营活动的法律法规不健全

与人寿保险一样，商业健康保险的经营也需要专业化的监管，监管机构应对各商业保险公司健康保险的费率制定、财务报告以及赔付率、利润率指标进行相应的控制和管理。由于健康保险受医疗价格的影响较大，而对医疗价格上涨的控制在全世界都是一个难题，所以各商业保险公司除了采取措施控制正常医疗费用外的措施外，还必须根据医疗消费水平和自身的经营经验不断调整保险费率，这与人寿保险的管理规范有较大的不同。

（二）规范医疗机构行为的法律法规不健全

长期以来形成的医疗部门的垄断格局依然存在，加之我国人口众多，医疗部门始终处于"卖方市场"，更加剧了医疗服务费用的上涨，促使道德危险滋生蔓延。要降低健康保险的经营风险，必须对医疗服务的提供方——医院和医生的行为进行规范。要使医院和医生在制定医疗方案的同时考虑到医疗成本的因素，规范医院医疗行为和完善监督机制。因此，要加快商业健康保险的发展，充分发挥其重要的补充作用，就要理顺健康保险经营的外部环境，特别是要尽快建立健全规范医疗服务机构行为的法律法规。因此，医疗卫生体制的配套改革和医疗保障制度改革，是国家卫生事业和社会保障事业向着与市场经济发展相适应的方向转变的总体方略中相辅相成的两个方面，两者缺一不可，任何一方单兵推进都不可能达到预期的目标。

（三）医疗服务成本的恶性增长

健康保险中的费用控制迄今为止仍是一个世界性的难题，商业保险公司能够解决费用控制这一世界性难题吗？尤其是在中国医疗卫生体制改革尚未完成、矛盾盘根错节的转轨期，无论是商业保险公司还是社会保险机构对卫生服务机构控制能力都很低，市场淘汰机制缺失等不利条件下，健康保险发展之艰难可想而知。

（四）转轨期市场大环境的影响

更为重要的是，目前整个市场经济体制并未完全建立起来，医疗保障制度改革中所面临的困难，以及社会医疗保险制度本身的一些缺陷，实际上增加了商业健康保险市场开发和经营的难度。这是由于商业健康保险与社会医疗保险之间是互为补充的联动关系，社会医疗保险制度在推行过程中存在一些问题，如覆盖范围不明确、基本医疗服务的界定不清等，反而抑制了民众投保商业健康保险的积极性。另外，由于医疗服务机构的配套改革刚刚开始，如果此项改革完成不好，不但会造成国家卫生资源的严重浪费，还会造成社会医疗保险与商业健康保险之间的费用转嫁，增加健康保险经营风险。

四、中国健康保险的特点

自 20 世纪 80 年代以来，随着各类保险业务的逐渐恢复，中国的保险业有了长足的发展，特别是人身保险业务近年来一直保持着快速增长的势头。市场主体也由人保一家垄断发展到平安、太保、泰康、新华以及其他外资和合资寿险公司多家竞争的格局，而健康保险市场则仍处于相对未开发的状态，表现出以下几个特点：

（一）发展阶段、差距、地位方面的特点

1. 市场处于原始状态

虽然我国健康保险的市场潜力巨大，但即使与我国现有的人寿险保险市场相比，健康保险市场也是一个有待开发的市场。2000 年各商业保险公司的健康保险保费收入为 65.5 亿元，只占同期人身保险保费的 6.6%。全国平均每人只有 5 元。可见我国的健康保险市场还是一个原始市场。中国商业健康保险未开发的原因很多，主要是保险公司缺乏经验和专门的风险控制技术。另外，发展健康保险所必需的法律环境不够和医疗服务市场不规范也是造成市场开发不够令人满意的主要原因。

2. 与发达国家和地区的差距明显

近年来，虽然中国健康保险市场有了一定程度的发展，但是健康保险市场开发程度与发达国家相比仍然有十分明显的差距。在健康保险比较发达的美国，目前有 85% 的人拥有健康保险，其中商业健康保险占有 72% 的份额。1993 年商业保险公司的医疗给付已占据了全美卫生服务开支的 30%，达到 3 000 亿美元。即使在社会保险占绝

对优势的德国,全国仅 1 500 万人口,也有 50 多家商业健康保险公司,其商业健康保险也占据了将近 10%的份额,1996 年健康保险保费达 300 亿马克。而同期我国商业健康保险的保费收入只有 13 亿元,可见中国的商业健康保险还有待进一步开发。

3. 与自身地位不相称

商业健康保险拥有巨大的市场,但市场开发程度却很低,没有起到必要、有益的"补充"作用。主要原因在于健康保险经营管理中的高风险性,具体表现在:健康保险的逆选择风险和道德风险都较高,出险频率高,赔付额度又具有不确定性,医疗服务机构对健康保险的经营和风险控制也有举足轻重的作用。因此,商业健康保险需要专业化的经营,经营中要有严格的风险控制措施,措施的实施还需要医疗卫生服务机构和政府的积极配合。而国内保险公司经营健康保险业务的时间都不长,缺乏相应的经营管理经验。所以虽然中国健康保险市场的潜力巨大,保险公司在进入市场时却非常谨慎。

目前,各商业保险公司健康保险业务发展的速度还很慢。一方面是由于商业保险公司目的的力量还不强(资金上和技术上);另一方面是由于国家、社会和广大群众对商业健康保险的认识及支持不够,商业保险公司本身对自己在完善整个国民医疗保障体系方面的重要作用和责任认识不足。目前商业健康保险大多采用附加于人寿保险的方式销售,现有的产品又很难给被保险人提供终身的综合医疗保障,故而与社会医疗保险相比,商业健康保险的优势并不明显。但随着商业健康保险的不断发展,其费率公平、对医疗服务的等级限制较少的优点会被广大群众所认识,商业健康保险一定会发挥出与其地位一致的重要作用。

(二)需求量、地区、层次和范围方面的特点

我国商业健康保险的市场是巨大的,广大群众和各类企业、团体对健康保险产品的需求也是非常大的。目前民众对健康保险的需求有一定的特点,如多项针对健康保险的市场调查都表明,目前市场需求最迫切的健康保险产品是住院医疗保险、大病(高额)医疗保险和包括门诊服务的综合医疗保险。调查还显示,消费者除了要求保险公司对上述医疗服务的费用给予补偿,还希望同时能享受到及时和优质的医疗服务。鉴于我国目前的国情和商业健康保险的发展现状,国外常见的伤病失能保险和老年看护保险类产品的市场需求尚不迫切。

此外,我国目前健康保险的市场需求不均一,存在着地区、层次和保障范围上的差别,表现为:享有城镇职工基本医疗保险的人群与无任何保障的人群对商业健康保险的需求不一样,地理位置和经济环境不同的地区对健康保险的需求也不同,如商业健康保险的需求表现出明显的城乡差别,沿海城市与内陆地区、东部地区与中西部地区也有一定的差别。收入不同的家庭和个人在健康保险方面的消费水平与购买能力也存在明显差异。此外,医疗服务质量本身有多层次的特征,这也导致人们对健康保险的需求范围和保障程度有不同的要求。因此,作为市场供给主体的保险公司在为市场需求主体提供产品时一定要有针对性。

（三）健康保险产品的供给主体少，产品较单一

目前，国内健康保险市场上的供给主体还相对较少，竞争也不激烈。目前仅有中国人寿、平安寿险、太平洋寿险和泰康人寿等几家公司在进行健康保险业务的试点工作。商业健康保险目前的销售对象仍局限于一些大中城市，而且各商业保险公司健康保险产品的销售对象大多是已投保寿险的个人和团体，销售方式上也大多采用附加于人寿保险的方式，且不为被保险人提供综合和终身的医疗保障，而只对某些特定疾病或意外伤害造成的医疗费用支出提供补偿，或仅限于为住院费用支出提供补偿。保险费由投保的个人或团体按与风险大小相适应的费率交纳，被保险人生病后去约定或保险人认可的医疗机构就诊，然后凭医院开具的证明和费用单据向保险公司索赔。

从以上的描述可以看出，国内健康保险市场还未能形成垄断的模式，因而这是各家保险公司进入市场、寻求新的业务增长点的一个机会。随着中国加入世界贸易组织和保险市场的进一步开放，将有更多的保险公司加入争夺健康保险市场的竞争中来，特别是一些有着多年经营历史和丰富专业经验的国外保险公司，这无疑会进一步加剧健康保险业务的市场竞争。

（四）市场环境变化快，规则不健全

我国国民经济正在高速发展，市场经济的体制还在改革、建立、完善之中，这种市场环境的不断变化对发展健康保险提出了更高的要求。一方面，健康保险的市场需求、群众的购买能力都在迅速扩大，健康保险市场越来越大；另一方面，整个健康保险市场的规则在建立健全之中，这些都给商业健康保险的发展设置了一定的障碍。比如，医疗卫生服务体制的改革尚在进行当中，保险公司很难马上确定控制医疗费用上涨的技术模式，医疗费用上涨还会造成健康保险费率的多变性，反过来又会影响群众对健康保险的购买意愿。此外，整个健康保险市场环境中的国家法律、政策环境，人们的健康意识、保险意识和道德意识都是影响市场开拓的重要因素，对市场影响很大，必须加以足够重视。

尽管目前存在很多问题，但是我国健康保险市场的发展前景仍然十分乐观。首先，健康保险市场的需求将进一步扩大。我国的总体经济形势发展良好，国民生产总值每年高速增长，居民可支配收入年年攀升，人民群众的健康意识和保险意识不断提高。《2004年中国保险行业发展报告》中预测，到2008年，我国健康保险市场规模将达到3 000亿元人民币，如此巨大的市场潜力必然会拉动健康保险市场持续高速增长。

其次，市场竞争将更加激烈，产品供给也将进一步增加。2003年，除中国人寿、平安人寿和新华人寿市场份额较大以外，其他公司所占比重非常接近，竞争比较激烈。再加上国家于2003年向财险公司开放了短期健康保险，而且专业化经营的健康保险公司也已经在我国出现，健康保险市场的竞争必将进一步升级。竞争的加剧必然会使健康保险产品的供给呈现量的增加和质的提高。

此外，国家对健康保险越来越重视，政策、法律环境也将不断得到改善，所有这一切都预示着我国健康保险市场将步入更加成熟、更加完善的新阶段。

本章小结

在保险市场上，保险交易由各种保险组织和其他代理机构分散完成，逐渐摆脱了固定的交易场所和行为模式，更符合广义上的市场含义，包括各类健康保险产品的供求双方，即经营健康保险业务的各类保险机构、消费者，以及相关保险中介组织和健康保险产品。健康保险市场不是一个孤立的市场，它是保险市场的一个组成部分，从属于国家金融市场。

我国健康保险行业发展特征：① 市场主体更加多元；② 寡头竞争依然存在，寡头垄断风险得以缓解；③ 健康保险的发展存在着明显的地区差异；④ 影响健康保险发展的因素多样。

健康保险市场分类：① 根据被保险人的特点，划分为个人健康保险市场和团体健康保险市场；② 根据健康保险的保障内容，划分为医疗保险市场和失能补偿保险市场；③ 根据保险合同的时效长短，划分为长期保险市场和短期保险市场。

健康保险市场的主体包括投保人、保险人和保险中介。健康保险市场的客体就是健康保险产品。

健康保险市场组织形式在不同的国家有不同的形式。国外健康保险市场的组织形式主要有：相互健康保险公司、股份制保险公司、互助型保险组织、个人保险组织、私营健康保险组织、民间健康保障社团组织、行业（团体）自保组织等。我国健康保险市场的组织形式为国有独资保险公司、股份制保险公司、中外合资保险公司和外资保险公司分公司 4 种。

健康保险市场的供给是指经营健康保险的保险机构（在我国是保险公司）在一定时期内愿意并且能够以一定的价格向市场提供的各类保险产品的数量。影响健康保险供给的因素有健康保险供给主体的数量和质量、健康保险供给者的风险管理水平、健康保险产品的价格水平、健康保险产品的成本、政府政策。健康保险市场的需求是指在一定时期内购买者愿意并且有能力购买的健康保险产品的数量。影响健康保险市场需求的因素有健康保险市场的风险、国家医疗保障体系的实施情况、健康保险产品的价格、相关金融产品的价格、消费者可支配收入水平、消费者的保险意识、利率变化和通货膨胀。

我国健康保险市场需求的特点：我国社会医疗保障制度对健康保险市场需求的影响巨大；我国医疗服务市场对健康保险市场需求的影响突出；我国经济发展的区域化特点对我国健康保险市场需求的影响明显。

商业保险运营障碍：规范商业健康保险经营活动的法律法规不健全；规范医疗机构行为的法律法规不健全；医疗服务成本的恶性增长；转轨期市场大环境的影响。

复习思考题

1. 如何理解健康保险市场的含义？
2. 健康保险市场由哪些要素构成？
3. 什么是健康保险市场的供给与需求？我国健康保险市场的供给与需求有什么特点？
4. 影响健康保险市场的供给与需求的因素有哪些？

 案例分析

一场癌症才发现买的不是健康险

某大城市金融行业的一名"90后"女士患了淋巴癌，她曾连续8年购买了某公司的分红保险，每年都交了几千元保费。但是，因这次重病去保险公司办理赔时才被告知：所买的是分红保险，只包含1万元的重疾给付险。也就是说，保险公司只能给她赔付1万元。该案例引发的保险理财现象，在大城市中并不罕见。混淆健康保险与投资连结保险，不仅是理财"菜鸟"的惯常举动，也是不少购买保险多年"高手"常犯的错误。

就以上案例，广州日报全媒体记者请教了多位保险业内人士，提示广大市民关注以下3个方面。

当心一：投资连结类保险并不是健康类保险。

案例中的女士到底需要一份什么保险？新华人寿保险、中国平安的理财分析师均认为：该女士最适合购买的是一份从20岁开始购买的重大疾病保险。重大疾病保险是健康险中的一个专项品种，为类似癌症这样的重大疾病提前做风险准备，而不是一份投资分红型保险。如果每年投资几千元购买这个重大疾病保险，那么一旦出现重大疾病，获赔数额大概率是超过10万元的（与所获疾病的治疗费用、患病类型轻重相关）。除此外，该女士还应从入职之后就开始购买常规的单位医疗保险（也属于健康保险），该类保险可以弥补住院费、常规医疗费用。

以上案例中，当事人最大的错误就是多年以来一直把投资连结保险、分红保险当成是健康类保险购买。两者的区别非常大，分红险是投资连结保险的一个种类，均可以被理解成一个理财品，重在"收益增长"：相当于投资者投资了一个非典型性基金，由专业的团队代为管理理财，直到收益增长。这类产品所谓的"保险"设置，都是有专项性、非普遍性的设置，比如说"身故"之后赔偿多少钱、患了某类特定疾病会给予哪些补偿之类，所以案例中的金融女只获得了1万元的赔偿。而健康类保险才是针对普通大众，保障长期健康的保险，包括重大疾病保险这一类关乎生命安全的保险，重在"保障"，而非"理财"。

当心二：保险不一定买得越早就越划算。

那么，健康保险是否该买多、买早？广州日报全媒体记者采访了多家保险公司，对于健康类保险的意见完全一致：买得越早越好，最好一出生就开始购买。但银行专业理财人士却认为：资金存在机会成本，给一个婴儿每年投资 5 000 元购买健康保险，到他长到 20 岁，也能积累数字可观的投入，与期间定投基金或者长线购买蓝筹股票相比，并不一定有性价比方面的优势。以上案例的金融女购买分红保险的时间不算短，也买了 8 年，每年投入也不少，最后的"结果"却不尽如人意。

当心三："噱头"小险种设置常重复。

理财市场的小险种经常凭借着五花八门的"噱头"与"人气"吸引眼球，如风靡一时的雾霾险。实际上，很多小险种的设置，不仅相互之间重复，也与主流健康保险的设置重复。理财机构调查数字显示：2015—2018 年新上市的重大疾病类保险（属于健康保险的一种），91%涵盖了原位癌之外的所有恶性肿瘤。不少企事业单位为员工购买的医疗保险中，也涵盖了重大疾病保险。为此，市民首先要弄清自己已经购买了哪类健康保险，再去查漏补缺。购买一份保障齐全、历史记录良好的健康保险，远比购买若干小险种要划算。

思考：结合案例，分析健康保险市场的含义与类别。

第八章 健康保险营销

本章要点

1. 掌握：健康保险营销的构成要素、保险分销渠道的概念、保险公司的分销渠道设计决策、商业健康保险营销渠道的主要类型。

2. 熟悉：健康保险营销原则，各种保险分销渠道的优化组合，商业健康险的营销策略，健康保险公司客户服务管理的含义、作用，健康保险公司客户服务管理的基本原则、特点。

3. 了解：健康保险营销创新、商业健康险营销、渠道的拓展策略与健康保险公司客户服务管理的内容。

课程目标

通过学习健康保险营销知识，不仅能丰富学生相关营销技能，还能提高学生思想政治修养和人文素养；同时也可以教育并帮助学生树立正确的世界观、人生观、价值观。

第一节 健康保险营销概述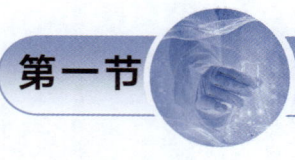

健康保险营销是指保险企业在变化的市场环境中，以市场需求为中心，以健康保险为产品，通过同他人交换健康保险产品和价值，以满足其需求和欲望，同时实现企业目标的一系列活动。健康保险营销遵循一般营销规律的同时又具有自身的特殊性。

一、健康保险的特性

（一）健康保险产品的服务性

健康保险产品的无形性决定了围绕健康保险产品而展开的营销活动必然有别于有形产品的营销活动。健康保险产品不具有实物形态，它在满足人们的生产及生活需要时，通过无形的承诺保障服务来化解人们面临的风险，满足人们对安全的需要。健康保险产品以承诺的形式出现，而这种承诺只会在风险事故发生后通过保险金的给付来实现。此时，消费者才有对健康保险产品实实在在的直接体验。

（二）健康保险营销人员的专业性

除了上述的服务性，健康保险产品还具有复杂性。我们知道，健康保险产品是在被保险人发生医疗费用支出或经济收入损失时，按合同约定由保险人给予补偿的一种保险产品。产品内涵涉及经济、医学、社会学、法律、风险管理及心理学等学科，这就要求从事该产品营销的人员，不仅应该掌握营销理论与技巧，还应该具备经济学、医学、法律等其他学科的知识。只有这样，才能为客户设计恰当的产品组合，才能让消费者认同他们所设计的健康保障计划，也才能在为客户服务的过程中为其提供必要的支持和帮助。因此，专业性是对健康保险营销人员的必然要求。

（三）健康保险营销活动的社会性

随着社会化大生产的发展、社会分工的细化，健康风险对人们的危害越来越严重，同时医疗科技的发展和疾病谱的变化，势必导致疾病成本的迅速增加，而人们又无法完全规避健康风险。这种情况下，人们对自身所面临的健康风险越来越重视，购买适当而完善的健康保险来化解风险，逐渐成为现代人的一种消费时尚。健康保险能够化解疾病费用风险以及收入损失风险，对作为社会基本细胞的家庭的稳定性起到很好的保障作用，而这种家庭范围的稳定将保证社会大家庭的稳定，避免社会的混乱。因此，人人面临健康风险，人人有健康保险需求使健康保险营销具有明显的社会性特征。

(四)健康保险营销成本的不确定性

一般商品的成本可以通过原材料费用、人工费用、设备费用以及其他投入费用来计算其确切的成本,在销售时能够根据成本来控制收入与利润。也就是说,一般商品的成本是事前成本。但健康保险成本是事后成本,即某一险种在最后一个被保险人理赔结束之后,才能确切测算出本产品的成本、收入、利润。而事前只是根据经验预测可能成本与利润。同时,健康保险销售与服务过程中的逆选择和道德风险是造成该类产品成本、利润难以控制的又一大因素,以及监管得力程度也将直接影响其成本。所有这些因素都将导致健康保险营销成本的不确定性。

(五)健康保险营销过程的信息不对称性

保险企业作为健康保险产品的提供者,对产品设计拥有充分的信息,而产品的专业性对普通消费者是不利的,因为消费者不能像购买有形商品那样,通过阅读说明书或销售人员的现场演示来鉴别产品优劣。这种信息的不对称造成消费者的购买障碍,这是信息不对称的第一个表现。同时,健康保险产品是服务型产品,产品价格以及规格的确定,都需要消费者在购买时履行如实告知义务。虽然保险企业可以通过一定的调查或设计来尽量规避道德风险,但由于信息的私人性,并不能完全规避,这种风险的逼迫负担使保险企业在核保时处于不利的境地,这是信息不对称的第二个表现。此外,信息不对称性的第三个表现是关于医疗机构的。健康保险企业的给付主要针对被保险人的医疗费用支出,而提供医疗服务的种类与数量信息完全由医疗机构掌握,且该信息具有很强的专业性,这就使保险企业在核赔过程中处于不利的位置,同时也使被保险人处于不利的位置。要解决这3种信息的不对称,就要求保险方、投保方以及医疗服务提供方能够将各自的信息如实告知给对方,履行最大诚信原则。

二、健康保险营销原则

由于健康保险营销具有一定的特殊性,所以在营销环节上应该遵循以下原则:

(一)最大诚信原则

一般商品的买卖交易都建立在信守诺言、等价有偿的基础上。而诚信对健康保险营销则尤其重要。这是因为健康保险营销中存在着信息不对称。而我们知道,交易信息不对称必然导致交易质量低下,所以遵循最大诚信原则是提高交易质量的必然要求。

(二)服务至上原则

现代市场营销越来越注重营销服务。这一点对健康保险产品至关重要,因为健康保险产品是一种无形产品,服务质量构成健康保险产品的主要部分,产品质量高低更多地通过有形的服务过程来体现。所以，能否提供热情周到的全程服务，是判断健康保险产品价值的重要指标。

（三）注重培育原则

目前，健康保险在我国还刚刚起步，国民的健康保险意识还比较薄弱。在保险意识薄弱的情况下，强力的保险推销不仅不会有好的效果，反而会给行业发展带来很多负面影响。所以，健康保险营销不应该仅仅局限于交易环节上，而应该注重给予市场更多的培育。市场培育过程是健康保险意识逐渐提高的过程，也是顺利实现交易的保证。

三、健康保险营销的构成要素

健康保险营销的构成要素包括：营销主体、营销客体和营销对象。

（一）营销主体

健康保险营销的主体是指提供健康保险产品以及组织销售活动的当事人。通常包括保险企业以及中介机构。从世界范围来看，健康保险企业主要有商业保险公司、蓝十字和蓝盾计划、健康维护组织和自保计划。从组织形式上看，健康保险企业主要有国家或政府保险组织、股份制保险公司、相互保险公司、相互保险社等。健康保险营销中介是指专门从事健康保险业务咨询与招揽、风险管理与安排、损失鉴定与理赔服务等中介服务活动，并从中依法获取佣金或手续费的组织机构或个人。这些中介组织主要包括代理人、经纪人、公估人、顾问公司或教育培训机构等。

（二）营销客体

健康保险营销的客体就是健康保险产品，即保险方与投保方之间交易的物品。健康保险产品主要包括医疗费用保险、长期护理保险、失能收入保险。

（三）营销对象

健康保险营销的对象是指对健康保险产品具有现实需求和潜在需求的消费者。营销对象主要包括个体消费者（个人购买者和家庭购买者）和集体消费者（企事业单位、机关单位或其他社会团体）。

四、健康保险营销创新

在企业经营制度层面，对健康保险制度效率起决定性作用的另一个配套制度是保险企业的营销体制。众所周知，作为规定企业营销组织架构、营销渠道选择、销售组织形式、营销激励政策、营销组织管理和营销后援支持的一组规范化的制度组合，营销体制的优劣和效率的高低，决定着企业经营效率的高低。

（一）我国保险企业现行营销体制概况

在我国保险业的改革与发展过程中，健康保险公司的营销体制都在朝专业化、高效化方向发展。在经营体系相对成熟的企业，已形成了相对完善的营销组织管理架构，现有的产、寿险企业都建立起了以直销、中介为主渠道的销售组织体系，在营销激励政策方面也在不断改进，形成了能较好地激励业务员、营销员个人潜能的激励制度。不仅如此，伴随着市场意识的成熟，把销售与客户服务紧密结合的各种促销活动，也日益成为提高企业经营效率的常用手段。特别在寿险业中，随着美国友邦进入我国而引进的个人代理人制度在寿险业的广泛应用，营销体制的改良成为推动我国保险行业（特别是寿险业）高速增长的制度因素。

（二）我国保险企业现行营销体制的弊端

由于历史及现实原因，在我国保险企业的营销体制中，还存在一些弊端。在产品市场细分和产品多样化、复杂化、专业化背景下，这些制度层面的不适应日益凸显，成为企业经营效率不高的一个主要原因。

首先，在一些成立较晚、经营体系相对不成熟的企业，专业化的营销组织架构还未建立。在有些企业，从总公司到分公司，都没有建立营销管理部门，致使企业对营销工作缺乏统一的组织、管理、考评和推动。销售工作完全靠分支公司根据各自的资源禀赋、行业经验自由组织，使企业内营销管理不成体系。其次，虽然中介机构（代理人、经纪人）在政府部门的鼓励下，近几年在数量上迅速增长，电子商务、电话行销、保险超市也曾兴起一时，但由于受保险企业经营理念制约及中介自身专业技术水平不高等因素限制，除银行保险在寿险业中发展较为迅速外，保险企业的销售渠道还主要倚重增设分支机构，广招人员，依靠业务员和营销员直接上门展业的销售方式。销售渠道单一化，没有形成多样化的销售渠道，自然也谈不上对中介销售渠道进行规范化管理的制度体系。这样既不能高效响应客户购买保险的需求，也未能借助中介机构的特殊作用削减保险销售中的信息不对称问题，反而使大量的代理、经纪等中介机构失去了生存的土壤。

（三）我国保险企业营销体制创新的路径选择

顺应健康保险制度变革的营销体制创新同样是一项复杂的系统工程。但就目前我国保险企业面临的较为普遍的营销体制性障碍这一现实而言，当前营销体制的创新应着重从以下几个方面入手：

1. 建立统一的营销组织管理机构

为推进营销体制创新，保险公司应建立统一的营销组织管理机构，并明确总、分、支各级机构营销管理部（室）的核心职能，制定营销管理的一整套涉及渠道管理、营销组织、业务考核、薪酬激励、技能培训等环节规范的工作流程，高效指导、管理、组织市场销售工作。

2. 建立多元销售体制

充分考虑健康保险产品的客户需求、市场竞争及企业其他层面经营制度的变化，形成传统直销、专业中介、兼业代理、网络销售、电话行销等各种形式并举，能高效响应不同客户群需求，较好地适应不同险种特性的多元化、立体化的营销渠道组合。保险对象是多元的、分散的，而且险种性质和内容也有很大差异。仅靠单一的营销方式不可能适应一切投保需求，不同营销方式各有利弊，客观上要求针对不同险种、产品有侧重地发展不同的营销手段。不同的保险营销渠道在不同的保险细分市场具有不同的效率和功能，各国（地区）进行营销渠道的选择时，都充分结合自身市场的特点和需要，在不同的业务领域运用不同的营销模式。

（1）建立专业中介业务管理制度，规范各类中介机构的业务，解决因产品复杂化和专业化带来的信息不对称问题。

（2）积极开展电子商务和电话行销，通过网络、电话、杂志直销、邮局代理等销售渠道，销售一些针对个体消费者的"制式化"的险种。这样既可节约成本，又可实现与消费者的双向互动，提高营销效率。

（3）实行营销员队伍分流。在营销员制度改革中，要通过对营销员队伍的业绩考核和技能培训，吸收部分优秀营销员成为与保险企业建立正式劳动用工关系的正式员工，鼓励一部分取得保险代理人资格的、有潜质的业务员进入保险企业专属或独立的专业代理公司；同时，应将一部分素质低下、技能不足、业绩不佳的营销员排除在保险销售队伍之外，以提升保险营销队伍的平均产能和效率。

依据健康保险产品的特点，健康保险的营销渠道除了采用传统的渠道类型，应大胆进行渠道创新，重点关注一些新型渠道。首先，发展门店销售渠道。健康险业务具有理赔次数频繁、单笔业务金额较小等特点，若社区医疗、社区管理、社区文化活动等发展比较成熟，门店销售渠道比较能够适应健康险的特点，使渠道触角往纵深发展。其次，重视职团开拓渠道模式。针对大型企业客户，通过职团开拓，能够充分开发团体客户的资源，拓展个险市场。最后，探索延伸渠道模式。针对劳务工市场，保险公司可以积极与政府合作，推进与国家医疗保障政策配套、受政府委托的健康保险业务，参照"企业补充保险"的销售代理模式，与社保机构开展深层次合作，利用社保网点等代办外来务工人员医疗保险。

（四）改革业务员的薪酬激励政策

目前，在绝大多数中资保险企业中，销售激励制度大多是根据业务员个人承保业务的保费收入计提佣金的，这一激励制度所导致的必然结果是业务员选择单兵作战，而不是团队展业；在展业中只追求保费规模而不顾业务质量——甚至帮助客户隐藏风险，成为客户"逆向选择的合伙人"。由此为企业带来了业务规模高速增长与承保效益急剧下降的问题，企业经营中的"高""绩""低""效"同时并存。因此，对业务员的激励制度应由过去单纯依据保费收入计提佣金，改为同时参考其保费收入和业务质量（赔付率因素）。甚至，在企业内部管理技术和水平成熟的条件下，可以考虑依据业务员的个体承保业务的利润贡献（毛利润）来计算其业务佣金。

（五）组建专门化的销售团队

充分考虑在细分市场展业的特殊性，在企业的不同层面（如总公司、分公司甚至中支公司）成立专门从事中介业务开拓、大项目团队展业、专业险种展业小组等各类展业团队组织，并针对不同类型展业团队的特殊性，设计相应的薪酬激励制度，使这些团队组织成为既能激发个人潜能，又能形成优势互补的高效组织。

第二节　健康保险营销策略

我国商业健康险行业还处于成长阶段，是我国医疗保障体系的有效补充，是未来发展的必然走向。商业健康险规模的扩张与发展不仅需要成熟市场的支撑，且需要政府的积极配合及企业革新营销管理机制。健康险的源头是对人的服务，不能割裂地只看保险本身，"医保药健"联动是关键。客户直接或间接地从保障支付方获得健康保障经济补偿；从医疗服务方获得诊断、治疗、配药等服务；从健康服务方接受全周期的健康服务，获取健康激励。支付方与服务方实现客户通、数据通、系统通，有效平衡各方利益是健康险生态良性可持续发展的关键。

一、保险分销渠道的概念

（一）保险分销渠道的定义

保险分销渠道又称保险营销渠道、保险销售渠道、保险分销体系，它是指为完成保险市场交换活动而进行一系列保险营销活动的组织和个人所形成的体系，包括保险产品从保险公司转移至投保人的过程中所有起协助作用的组织和个人。

在保险分销渠道中，出售保险产品的保险公司是分销渠道的起点，购买保险产品的消费者即投保人是分销渠道的终点，参与保险产品从保险公司转向消费者的每个人都是分销渠道的组成部分。因此，分销渠道不仅包括提供保险产品的保险人和消费保险产品的投保人，还包括为保险产品从保险人转向投保人提供便利的保险中介人，如保险代理人、保险经纪人等。

（二）保险公司的分销渠道类型

目前，保险公司采用的分销渠道有两类：一类是直接分销渠道，另一类是间接分销渠道。直接分销渠道，亦称直销制，是指保险公司利用支付薪金的业务人员向准保户推销保险产品和提供服务。这种方式适合于实力雄厚、分支机构健全的保险公司。间接分销渠道，亦称中介制，是指保险公司通过保险代理人和保险经纪人等中介机构向准保户推销保险产品。在保险市场不健全的时期，保险公司大多采用直销制进行保险营销。但随着保险市场的发展，保险公司仅仅依靠自己的业务人员和分支机构进行保险营销是远远不够的，同时也是不经济的。无论保险公司的资金实力有多雄厚，都不可能建立一支足以包容整个保险市场的营销队伍，即使可能，庞大的工资支出和业务费用势必提高保险经营的成本。因此，在现代保险市场上，保险公司在依靠自身业务人员进行直接营销的同时，也更加广泛地利用保险中介人进行间接营销。

二、保险公司的分销渠道设计决策

在设计保险分销渠道时，保险公司需要认真选择建立理想的、可行的分销渠道。这取决于不同的公司，在不同的地域，销售不同的产品等一系列营销机会和条件。例如：某保险公司开发了一种新的保险产品或产品系列；为现有产品开拓了一个新的目标市场；销售环境发生的变化使其与销售中介发生了难于协调的冲突等。这一切都会导致保险公司重新选择其分销渠道的结构和运作方式。而且，当实力强大的中介人控制着分销渠道，而该中介人要减少销售本公司产品时，本公司只能寻找和开发新的分销渠道。

保险公司分销渠道决策包含两方面内容：一是确定分销渠道结构；二是确定分销层次密度。

（一）确定分销渠道结构

保险公司采用的分销渠道不仅影响产品的设计、定价，而且影响其促销方式和市场理念。在选择某一分销渠道前，保险公司应根据自身需要权衡利弊，一旦做出决策，该分销方式就会对营销组合的其他因素产生制约作用。

保险公司要想以最好的效果、最高的效率把自己的保险产品顺利地推销出去，就要正确地选择其保险产品的最佳分销渠道。这就要求保险公司必须了解和分析影响选择分销渠道的因素，同时还要考虑与本公司其他营销策略的配合。保险公司在开发和选择分销渠道时，必须考虑的相关因素有：目标市场中消费者的特征；目标市场中保险产品的特征；保险公司的自身特征；保险公司运作的营销环境；保险公司对分销渠道的控制程度。

1. 目标市场中消费者的特征

弄清目标市场上消费者想投保何种险种、在哪里投保和投保方式等消费者的特征，是设计保险分销渠道的第一步。因为分销的目的就是使保险产品从保险公司生产者转向保险消费者，所以选择保险分销渠道结构主要考虑满足消费者的保险需求。影响销售渠道结构选择的消费者特征主要包括：目标市场中保险消费者的数量、类型、定位；目标市场中保险消费者为何喜欢投保该类保险产品、投保的时间、频率、地点；目标市场中保险消费者保险需求的复杂性等。

一些消费者喜欢从一个代理人那里购买所有需要的保险产品；另一些人则喜欢

"货比三家"择优投保；还有一些人喜欢通过邮寄广告而不喜欢从中介人那儿投保。如果在一个目标市场上每种类别的消费者都有相当多的数量，保险公司应采用多种分销渠道以满足不同消费者的不同偏好。

2. 目标市场中保险产品的特征

特定保险产品和产品组合特征也是影响保险公司确定分销渠道的主要因素。例如：相对复杂的保险产品，如终身寿险更适于利用代理人、经纪人和其他销售中介的个人销售分销渠道推销；相对简单的保险产品，如定期寿险，则可利用直接分销渠道推销。另外，处于生命周期的不同阶段的保险产品，也会影响保险公司分销渠道的选择。例如：处于投入期的新险种，为了尽快打开销路，以强有力的手段去占领市场，赢得消费者的兴趣并具备竞争力，一般利用直接分销渠道推销；而成熟期的险种，则可以通过间接分销渠道推销。

3. 保险公司的自身特征

影响保险公司选择其分销渠道的公司自身特征包括：公司的人员、技术、经济实力、经营任务、经营目标、经营动机、公司文化、营销理念、销售经验以及现行销售方式等。

（1）各种分销渠道的运营成本影响其分销渠道的选择。例如，直接分销渠道需要雄厚的财力资源来维持和提高其水准，这对新成立的保险公司和规模较小的保险公司都是难以实现的。

（2）保险公司对销售人员的激励机制影响其分销渠道的选择。例如，一家保险公司如能满足销售中介在补偿、推销水平、销售人员培训和产品更新等方面的要求，其直接与间接两种分销渠道都可以利用。

（3）保险公司的销售任务、经营目的、经营动机以及营销理念影响其分销渠道的选择。例如，保险公司在管理和协调销售活动中的作用，保险公司对某一分销渠道投资的多少，保险公司所期望的销售额、利润水平以及该分销渠道所能达到的市场份额等都会影响其分销渠道的选择。因此，无论选择何种分销渠道，应是以最能全面体现其战略计划为目标。

（4）保险公司对每种分销渠道的经验影响其分销渠道的选择。保险公司在进行分销渠道选择时，首先应考虑与其现有分销渠道最接近的类型。因为新分销渠道越接近于原分销渠道，保险公司越容易适应这种分销渠道。例如，一家始终采用代理人分销渠道的公司，在选择新的分销渠道时应首先介入经纪人分销渠道。

（5）保险公司原有的和现有的分销渠道将影响其未来分销渠道选择。分销渠道决策涉及法律合同的长期委托关系，而且保险公司要投入相当多的财力和时间维持与销售人员良好的合作关系。分销渠道的改变将破坏与客户之间的关系。因此，分销渠道一旦建立，要改变它们需面临很多困难并将可能付出高昂的代价。

4. 保险公司运作的营销环境

营销环境也是影响保险公司分销渠道选择的一个重要因素。随着经济状况的改善和恶化、技术的进步、竞争加剧、法制和社会环境的变化，一种分销渠道结构的优势有可能丧失。随着金融服务的不断发展变化，保险公司不仅重视产品和市场，而且更加重视其现有和潜在的分销渠道，营销环境的变化，营销环境中的最佳分销渠道也会相应变化。

5. 保险公司对其分销渠道的控制程度

保险公司对其分销渠道的控制程度也是影响分销渠道选择的重要因素。对分销渠道的控制程度是指保险公司对销售的管理权限。为了加强对分销渠道的管理，保险公司采取了"纵向营销一体化"的发展策略。"纵向营销一体化"是相当于"横向营销一体化"（即保险公司控制一个或多个竞争对手）而言的，具体是指一个层次的分销渠道成员控制另一层次的成员。这种一体化分为向前一体化和向后一体化。若保险公司控制分销渠道，称为向前一体化。向前一体化使保险公司在分销渠道中更多地控制产品销售。例如在美国，保险公司实行分公司制的代理人制度，即为向前一体化。相反，销售者在分销渠道中控制保险公司的组合称为向后一体化。向后一体化使销售者在分销渠道中更多地控制产品。例如，美国代理人成立的再保险公司和直接承保公司即为向后一体化。向后一体化在信用保险市场中是很常见的。

（二）确定分销层次密度

分销渠道层次是指在保险产品从保险公司向消费者转移过程中承担工作的分销商的数量。很多保险公司可以利用多层次分销渠道进入不同的目标市场。多层次销售是指通过两种或两种以上分销渠道来推销保险产品。例如，一家同时销售个人和团体保险产品的公司就可采用代理人或电话营销方式推销个人保险产品，也可通过经纪人推销团体保险产品。

在确定分销层次密度时，可供保险公司选择的策略有3种，即独家分销、选择分销与密集分销。

1. 独家分销

独家分销是在一定市场上只采用一种分销渠道销售保险产品的销售方式。独家分销适用于保险公司想要严格控制自己的服务水平和中介人的服务水平，它需要保险公司与中介人的紧密配合。独家分销有利于优化保险公司的形象，并增加利润。

2. 选择分销

选择分销是指在所有愿意销售其产品的中介人中挑选几个最适合的中介人来推销其产品、占领市场的销售方式。选择分销适用于人寿与健康保险产品的销售，它能使保险公司取得足够的市场覆盖范围，并且比密集分销成本更低，控制更强。

3. 密集分销

密集分销是指在特定市场上采用尽可能多的分销渠道销售其产品、占领市场的销售方式。保险公司一般不选择该分销方式。

保险公司为拓展市场范围，增加销售额，有的从独家分销转变为选择分销，而有的保险公司只采用独家分销,还有的保险公司在某一市场上采用选择分销,而在另一市场上采用独家分销。

三、各种保险分销渠道的优化组合

各种不同的分销渠道,不管设计如何精良,管理如何优秀,因为存在不同的利益主体,相互之间总难免存在冲突。分销渠道冲突是指因不同销售方式目标、不同行为方式而产生摩擦和对立。但分销渠道冲突并不是消极的,它常引起分销渠道的变革。

(一)分销渠道冲突的表现形式

由于各分销渠道成员之间缺乏共同利益,如果管理不力,各销售方式活动协调不好,各分销渠道成员之间缺乏沟通,就会引起不同的分销渠道的冲突。分销渠道冲突的表现形式有两种:横向冲突和纵向冲突。

1. 横向冲突

横向冲突是指由同一分销渠道层次的两个或两个以上中介人之间发生摩擦而产生的冲突。例如,两个代理人在同一地区招揽业务产生的竞争即为横向冲突。横向冲突主要来自分销渠道成员之间的竞争。

2. 纵向冲突

纵向冲突是指由同一分销渠道不同层次的成员之间的摩擦而产生的冲突。当保险公司采取扩展分销渠道的措施时,中介人就会面临更激烈的竞争,从而使保险公司和中介人之间产生利益冲突。纵向冲突是分销渠道冲突中最常见、最严重的表现形式。

(二)分销渠道的优化组合

尽管分销渠道中冲突程度不尽相同,可能表现为"公开战争",也可能只是潜在的,仅仅引起分销渠道间的紧张关系。但是,无论程度如何,都将减弱分销渠道的销售效果,因此必须进行调节,以使各分销渠道之间相互合作。分销渠道合作是指同一渠道中不同分销渠道每一成员之间在经营目标和活动上彼此配合。保险公司调节分销渠道冲突的方法主要如下:

1. 确立共同目标

这是解决冲突的最重要的方法。例如,树立一切以消费者满意为宗旨的营销理念,当消费者需求改变时,各渠道成员之间紧密合作,形成团队,就会战胜威胁。

2. 激励销售合作

当每种销售方式都被看作是分销过程的一个重要环节时,分销渠道之间就更易于合作。例如,在专业代理机构,所有代理人的补偿都是以代理机构的经营目标是否实现为前提的,这样,经验丰富的代理人就会帮助新代理人走向成功;当保险公司把中介人视为其业务的延伸时,分销合作就会加强。

3. 鼓励销售渠道成员的交流沟通

所有推销人员参加交流与沟通,了解并相互承认每一分销渠道的特定作用、预期效果,在形成问题前加以调节,要比仅仅认识冲突、讨论冲突的形成原因更好。

4. 加强管理力度

加强对主要销售活动的管理力度,并使其相互协调与配合。

总之,如果保险公司能有效调节各分销渠道之间的冲突,不同的销售方式就会彼此促进。因为推销产品的分销渠道越多,保险公司的知名度就会越高。

四、商业健康险的营销策略

(一)目标市场策略

在广泛、大型或者多样的市场环境下,公司不可能和所有消费者构建联系。它们需要识别细分市场,以便能够有效地为消费者服务。这一决策要求它们深入了解消费者行为,仔细研究每个细分市场与众不同的原因。市场细分可将某一市场细分成若干个能精准定义的分支。细分市场是由一群欲望或需求相同或者相似的消费者所构成的。营销者的职责主要表现为对细分市场的性质与数量进行识别,并确定目标市场。正确识别和满足细分市场通常是营销成功的关键。

在健康险产品需求方面,因年龄段的不同而有所不同。按照消费者的年龄因素把消费者分为 4 类:一类是年龄在 25 岁以下,包括比例较大的未成年人;二类是 25~35 岁;三类是 35~45 岁;四类 45 岁以上。25 岁以下比例较大的未成年人,主要是其父母为其购买少儿健康保险,且存在较大需求。通常 25~35 岁年龄段的人群家庭与事业都处在发展阶段,不仅具有较高的风险意识,而且对健康险类产品也比较认可,因而对健康险相关产品的需求量也非常大。35~45 岁一般是事业有成家庭、稳定的阶段,有更多考虑关于自身保障的时间和精力。这一类对健康险的需求还是有的,但是没有前两类的需求大。45 岁以上人群由于已经到达一定年龄段,各种慢性疾病与老年性疾病随之出现。在此类人群中,医疗费用支出占比较大,所以对健康险需求很大,但是由于对健康保险的接受程度不大,且这个年龄段购买健康险保费也很高,所以这一年龄层的购买意愿不是很高。

(二)产品策略

保险产品在广义层面是无形产品,涵盖保险合同及全过程涉及的其他相关服务。在营销活动中,应强化新险种的开发工作及老险种的更新改造工作,以便及时满足不同群体的各种保险需求。保险营销策略中,应注重保险产品的组合搭配,针对产品单一的问题,PA 人寿主推"终身寿险+重疾险"的形式,单独重疾险较少且住院医疗都采用附加险的形式，以实现优化组合，降低成本。

公司以个险客户具有的特点为参照，在设计产品特征方面基于对风险控制相关要素的充分考量，主要提供含有重大疾病保障等内容的、易懂且条款简单的健康险产品。有的公司的产品大致有重大疾病保险、防癌专用保险、附加住院补贴、特定医疗保险、住院门诊、牙科眼科等专门化保险等。其中，有一款保险含有保障 100 种重大疾病病种，且 50 种特定疾病为轻症时治疗也可赔付的重大疾病保险，该产品成为公司最受欢迎的个险产品之一。

（三）价格策略

营销保险价格的策略是保险公司如何研究、如何适应营销环境的方法，以科学的方式制定产品的费用。保险营销的价格也是营销组合中的一个重要因素，这是最敏感和最活跃的因素。健康保险产品具有部分特性，使需要对消费者承受力、产品成本、经营风险等众多因素进行通盘考量才能够进行合理定价。所以，在信息收集、数据积累方面，PA 人寿保有极高的重视度，以获取的数据及信息为支撑，开展完善的风险管控，并对产品费率予以合理界定，以使公司也有更低的经营风险。目前健康险的精算定价主要考虑疾病率、伤残率和疾病（伤残）持续时间。由于患病风险存在不确定性，保险公司根据大数法则，基于患病概率设计产品。保险产品主要有两方面成本，分别是管理成本、销售成本。对保险公司而言，管理成本都是比较稳定的，而销售成本面临着增长的趋势。

（四）渠道策略

保险销售渠道是保险营销组合的重要因素，是保险经营活动的重要组成部分。它不仅对保险营销活动有直接而深远的影响，而且关系到保险公司的成功，因此渠道定位十分重要。目前健康险主要有以下营销渠道：代理人渠道、直销渠道、银行保险渠道，并逐步拓展了相关新兴营销渠道，如互联网销售、电话直销等。今后在保持现有渠道的基础上，还可积极开展与银行的合作，逐步拓展新兴营销渠道。

五、商业健康保险营销渠道的主要类型

当前，我国人寿保险营销采取的主要策略体现在以下几个方面：

（一）直接销售渠道

1. 传统员工销售

员工销售是人寿保险公司最传统的销售渠道，这种销售渠道不需要中间环节，这就避免了公司与中介机构之间的利益冲突。公司直接为员工提供培训服务，使从事保险销售的员工具备较高的专业技能，能够有效并充分地向客户传达和阐述产品。

2. 电话销售

电话销售是通过员工拨出电话，客户接听电话，来实现人寿产品销售的一种方

式。员工向客户主动拨打电话，介绍和推销保险产品，免去了销售的中间环节，降低了销售成本，提高了效率，并且，电话销售空间较广，服务人群可以涉及社会各阶层，能够帮助公司在各个地域和人群中迅速发展起来。

3. 网络销售

网络销售是人寿保险公司利用计算机网络技术及网络平台进行保险产品销售的一种营销方式，网络销售利用了先进的互联网技术，并替代了传统的营销模式，通过网络向不同人群展示各种人寿保险产品，并提供在线咨询、在线投保等便民服务，这种销售渠道也减少了中间销售环节带来的成本费用支出。保险公司商业健康保险网络营销渠道主要包括两部分：一是自营网站，就是保险公司通过设立电子商务平台（网站）来直接展示和销售公司的健康险产品，通常以在线商城、在线投保的方式来作为投保渠道。二是第三方网络平台，就是通过第三方保险销售与服务网站向客户传递公司的保险产品信息，激发群众购买热情，达成保险电子协议。

（二）间接销售渠道

1. 个人代理销售

个人代理渠道是根据保险人委托，通过委托个体代理人，向客户介绍产品，在授权的范围内代办各类保险业务，并依法收取手续费的形式。这种销售形式成本较低，并具有一定的灵活性，能针对不同客户的需求，将不同性能的人寿保险产品呈现给客户，提供个性化的服务。保险代理人渠道通常又分为两种细分营销渠道。一是个人代理人渠道。个人代理人是指根据保险人的委托，在保险人授权的范围内代为办理保险业务，并依法向保险人收取代理手续费的个人。目前，个人代理人渠道依然是各人寿保险公司最重要的销售渠道。二是保险代理公司渠道。这种渠道是指保险公司通过保险代理公司进行市场开拓、销售保单的一种渠道类型。保险代理公司是指依法设立的专门从事保险代理业务的法人机构。

2. 银邮保险渠道

银邮保险渠道，也就是银行、邮政保险代理渠道，又简称"银保"或"银邮保险"。这种渠道是保险公司通过银行、邮政的销售网点销售保单，并向相应的银行和邮政部门支付一定的费用的保险行销模式。这种渠道模式是金融混业经营的必然产物，目前已成为保险公司保费收入来源最大的渠道之一。银行代理是在经济全球化背景下，保险公司与银行相互融合的一种新业务模式：公司利用银行作为销售点，并向银行支付一定的费用。这种模式能够满足客户多元化金融的需求。

六、商业健康险营销渠道的拓展策略

（一）开拓"保险—医疗"渠道新模式

商业健康保险公司和医疗服务机构进行合作，通过共享医疗信息，可以减少由道德风险带来的额外的赔付成本，达到有效控制被保险人"逆选择"及道德风险的目的。此外，通过医保一体化，建立"保险公司—医疗机构"营销新渠道，还能减少额外体检等承保成本，从而使商业健康险的交易成本大幅降低。保险公司建立"保险公司—医疗机构"营销渠道的主要做法是股权投资或新建医疗机构。保险"新国十条"支持保险机构参与健康保险产业链的整合，通过股权投资等方式设立医疗机构或者参与公立医院改制，并提供用地等方面的具体支持措施。保险公司可以对医院、养老院、医药公司等医疗服务机构进行参股、控股，有效利用原有的完备医疗服务设施、专业技术队伍，无须长周期进行基础建设投入，也不用花费巨额成本来实施人才培养，更不必重新创建医疗品牌，能够快速切入和开展商业健康险业务，迅速占领新的市场。新建医院等机构则可以考虑建立中小型医疗机构和保健诊所，针对社区居民提供简单医疗保健和医疗咨询服务，以提高公司的知名度、扩大客户源。

（二）开发政府渠道

经办政府社保中的健康保险，可以为保险公司带来稳定而庞大的客户群、大幅增加保费收入、提高公司的知名度和影响力。从 2012 年政府鼓励支持商业保险公司经办政府社保业务之后，保险公司积极参与，在各省市取得了初步成效。2016 年国家开始在全国范围内选择试点实施由商业保险公司经办的长期护理保险，随后试点不断扩大，直至全面铺开。这为保险公司的商业健康险带来了难得的历史发展机遇。

1. 科学地建立经办网点

历史悠久、实力雄厚的大公司可以充分利用自己的优势大量设立服务网点，而中小保险公司可以考虑在交通便利的城乡中心点将营销网点改造成经办服务中心和服务站；配置独立充足的办公空间、专职服务人员和性能优良的电脑等办公设备；安排经验丰富的业务员跟随政府负责部门工作人员进入民众中进行宣传、数据收集、投保咨询等工作；给他们专门制作标识性的工作制服，配备实用的办公用具。

2. 建立健康险经办管理职能部门

建立健康险经办管理部与政府相关负责部门进行对接，在实际工作中加强交流与沟通，对经办业务中发现的各种问题，及时向政府部门反馈。同时，该管理部要负责协调公司与经办业务服务点工作关系，适时传达公司与政府部门的政策方针及重要通知、文件。

3. 搭建信息化服务平台

根据经办业务的具体需要，由公司信息技术支持和管理部门设立经办业务信息化服务平台，开发信息管理系统。同时支持业务关联的医疗机构完善信息系统，包括提供硬件设施、技术支持、操作培训。通过系统之间的对接，为经办业务中的就医付费、结算、理赔等提供快捷方便的通道。此外，还可以建立数据库，对经办业务中的信息与数据进行统计与分析，获取重要的经验数据，为公司控制风险成本、开发更加满足公众需要的商业健康险产品提供有利条件。

（三）创建专属代理公司（EA）

渠道 EA 是英语 Exclusive Agent 的缩写，意为专属代理人（公司），是指专属代理人通过与某家保险公司签订专属代理合同，主要以社区门店的形式独立经营并专属代理一家保险公司的业务模式，该保险公司对其实施全面的管控并提供支持和服务。专属代理人渠道模式是当前欧美针对个人客户市场的一种主流和成熟的保险营销模式，而在我国尚处于探索之中。

1. 传统模式——加盟店

专属代理加盟制是由自主创业的店长采取加盟方式成为保险公司的专属代理人，公司不负担额外的成本，而专注于为门店提供后台服务与技术支持。加盟店在公司的全方位指导下，独立开展业务，独立核算，并对其经营成果承担直接责任。专属代理人的组织形式可以根据需要多样化，兼业专做模式、销售公司营业部模式、个体工商户或个人独资企业形式等符合要求的形式皆可采用。

2. 创新模式——自营店

对个人代理人进行渠道再造，渠道再造的途径就是设立自营专属代理公司。具体方案如下：将精英代理人予以保留，提供较高的佣金率作为激励。同时，通过考核将业绩与素质排在最后的 20%的代理人解除代理关系，其他个人代理人则与公司签订劳动合同，转化为公司的正式业务人员，并以这些人为基础成立若干专属代理公司，这部分人员成为专属代理公司各分支机构的员工后，享受代理公司提供的社保待遇和底薪。根据职能分设销售代理公司和收展服务公司。

第三节　健康保险的客户服务

一、健康保险公司客户服务管理的含义

健康保险公司的客户包括外部客户和内部客户，客户服务已经成为健康保险公司运营管理中的重要内容。

（一）客户

客户是指通过购买产品或服务满足其某种需求的群体，也就是指与个人或企业有直接经济关系的个人或企业。"客户"一词来源于"习惯"。从这个角度，美国的客户服务专家吉尔·格里芬曾经给客户下过这样一个定义："一个习惯于从你这儿买东西的人。"他甚至认为，一个从你这儿买过一次东西后就不再回头的顾客不能算作真正的客户，因为你没有完成"培育忠诚"的工作。一个真正的客户需要一段时间才能"形成"。

客户可以划分为外部客户和内部客户。

外部客户是指：① 已经购买或使用公司产品或服务的个人或企业；② 准备购买或使用公司产品或服务的个人或企业，又称潜在客户。对一家健康保险公司而言，保单持有人当然是公司的客户，受益人和被保险人也是公司的客户。

内部客户是指接受公司内其他员工服务的员工，也就是说在任何时刻，任何一个员工都可能成为其他员工的客户。如法律部门的员工是信息技术中心的客户；信息技术中心作为用人单位，又是人力资源部门的客户。

需要注意的是，还有一类客户既可以视为内部客户，也可以视为外部客户，他们是指各类销售代理人。本章所讲的客户主要是指外部客户。

（二）客户服务

在社会经济不断发展的今天，已经有越来越多的企业开始意识到，争取客户，获得最大的市场份额，仅仅依靠优质的产品和广泛分布的销售网络是远远不够的。只有随时关注客户需要的变化，不断提高对客户诉求的响应速度，企业才能获得客户的信赖，才能在激烈的市场竞争中获得胜利。

客户服务是一个过程，是在合适的时间、合适的场合，以合适的价格、合适的方式向合适的客户提供合适的产品和服务，使客户合适的需求得到满足、价值得到提升的活动过程。这些工作能使客户保持与公司的业务往来并提高潜在客户对公司的正面评价。实际上，客户服务的概念贯穿、运用于企业经营管理的各项工作中，其目的是要随时注意客户需要的变化。根据客户需要的变化采取有效的沟通策略和技巧，及时处理客户的投诉并解决他们提出的问题，不断提高客户的满意度，尽可能长时间地留住客户。

（三）客户服务管理

客户服务管理是指企业为了建立、维护并发展顾客关系而进行的各项服务工作的总称，其目标是建立并提高顾客的满意度和忠诚度，并最大限度地开发、二次利用顾客。客户服务管理是了解与创造客户需求，以实现客户满意为目的，企业全员、全过程参与的一种经营行为和管理方式。它包括营销服务、部门服务和产品服务等几乎所有的服务内容。

客户服务管理的核心理念是企业全部的经营活动都要从满足客户的需要出发，以提供满足客户需要的产品或服务为企业的义务，以客户满意作为企业经营的目的。客户服务质量取决于企业创造客户价值的能力，即认识市场、了解客户现有与潜在需求的能力，并将此导入企业的经营理念和经营过程中。优质的客户服务管理能最大限度地使客户满意，使企业在市场竞争中赢得优势，获得利益。

二、健康保险公司客户服务管理的作用

寿险业按照产业标准划分属于第三产业的生产服务领域，这一性质决定了在健

康保险公司经营目标中,"服务"应是一项重要的生产指标。一定意义上说,公司理念的确立、公司管理的中心,都离不开服务与客户这一基本原则,否则保险公司就失去了立身之本。

保险表面上买卖的是一纸合同,其实质交易的却是一种服务。保险人与被保险人的关系就是服务和被服务的关系。服务贯穿于整个保险活动,是保险业的生命。服务质量、服务水平决定了一个保险公司的兴衰成败。优质的客户服务可以为公司赢得更高的客户忠诚度,不断创造更高的利润,是一种"双赢"策略;而低劣的客户服务不但会丢失客户,还会丧失市场和利润。对于健康保险公司,客户服务的重要性体现在如下几个方面:

(一)树立公司品牌,吸引新客户

优质的客户服务是公司树立品牌的最好方式。能够让客户购买保险的前提是信任保险公司,信任的基础是能够感受到公司全面贴心的专业服务。

一项调查显示:"投保客户从一个公司转向另一个公司的原因,70%是服务质量问题;对客户服务不好,会造成94%的客户流失;没有解决客户的问题,会造成89%的客户流失;不满意的客户中91%的人日后绝不光顾;20%的人会转告他人,平均每人转告8~10人;一个不满意的客户会影响40个人的购买意愿。"可见,客户的满意度对公司品牌的影响非常大。

公司品牌的树立需要一个过程。健康保险公司的产品决定了寿险客户服务的长期性,公司可通过优质的客户服务,逐步达到较高的满意度,并使这种满意在客户与客户、客户与潜在客户之间传播,实现公司获得良好声誉、扩大新客户的目的。

(二)增强信任感,防止客户流失

优质服务能够增强客户的信任感,有效降低客户流失率。如今市场竞争激烈,各公司采取各种方式争夺有限的客户资源。令人满意的服务是客户选择一家公司投保、继续业务往来的重要因素之一。优质的服务有利于增加客户对公司的了解和认识,缩短公司与客户的距离,增强客户的信任感,强化忠诚度,是防止客户流失的有效屏障。

美国一项研究表明:抱怨之后得到满意响应的客户约有70%最终都会成为该企业的客户。中国有句老话:嫌货才是买货人。从一定程度上讲,产生矛盾最多的客户群体则有可能是最忠诚的,关键在于如何进行维护和培育信任感并使这种客户关系更加牢固,这便是客户服务效用的体现。

(三)降低经营成本,增加盈利

满意的客户会与公司保持长期信赖关系,从而公司会拥有一批稳定、高忠诚度的老客户。有专家估计:一个满意客户会带来8笔潜在生意,其中至少会有一笔成交,且其成本是吸引一个新客户的1/6。因此,老客户就意味着更少的成本,更少的非议和丰厚的利润。公司良好的信誉是联系客户与潜在客户的纽带,稳定的老客户以及不断扩大的潜在客户范围将为公司带来稳定而且巨大的经济效益。

(四) 提升公司竞争力，促进发展

对于消费者而言，众多的保险公司大同小异，且提供的产品又具有很高的同质性。一般竞争力的客户服务已没有吸引力，很难引导客户的消费选择。服务已成为客户投保时的首选考虑，只有提供比其他公司更加出色的服务，才是获得市场竞争的优势。

在目前险种同质化、费率差别不大的情况下，要在技术上超过竞争对手已经很难。保险公司只有将客户服务作为核心竞争力，不断提升服务水平、提高服务创新能力才能使公司获得更强的竞争力，从而快速发展。

三、健康保险公司客户服务管理的基本原则

健康保险公司客户服务管理过程中，需要遵循以下基本原则：

(一) 客户利益第一原则

在客户服务中要始终把客户的利益放在第一位。"顾客第一""客户永远是对的"就是一种体现。

只有做到客户的利益第一，才能获得客户的信任。把客户的利益放在首位，可以集全公司之力以最快的速度解决存在的问题，避免公司内部产生推诿、拖拉现象，从而赢得较高的满意度。

(二) 持续创新原则

保险行业是服务行业，也是需要不断创新的行业。想赢得客户，就需要为客户创造更多更新的服务产品及方式，从始至终在客户服务上占据主动地位。

在保险市场竞争日趋白热化、各家公司提供的产品趋于同质化的情况下，取胜的途径之一便是为客户提供个性化的附加值服务。附加值服务一般并不包含在正常的服务范围内，而是保险公司为客户提供的额外服务内容。如免费体检、建立客户俱乐部、举办客户联谊活动、设立医疗"绿色通道"等[①]。

(三) 盈利与服务效率并存原则

客户服务的最终目的是为公司赚取更多的利润。公司在追求效益的同时要注重提高服务效率，使服务与经营并重；做好客户服务工作，获得客户的信赖，提高忠诚度，才能不断增加市场份额、增强盈利能力。

四、健康保险公司客户服务管理的特点

寿险是以人的身体或生命作为保险标的的一种经济补偿制度。因其业务的长期

---

① 张洪涛，时国庆. 保险营销管理[M]. 北京：中国人民大学出版社，2005：270.

性，要求客户服务具有连贯性，贯穿于投保的前、中、后期各个环节。故健康保险公司客户服务不仅体现在保险公司为客户提供的咨询、指导、帮助和问题解答等方面，而且能够帮助客户更好地了解保险产品，充分利用产品的功能和公司提供的种种方便与服务，以达到预期的客户满意的效果。加之寿险业务的特性，售后服务的地位尤为突出，相较于其他行业的客户服务，健康保险公司客户服务还有如下特点：

（一）服务需求的差异性

健康保险公司客户服务范畴广，从提供产品信息、合同义务履行、客户保全、纠纷处理等，到基于客户的特别要求而提供的附加服务内容；同时其客户群范围较大，服务需求会产生于不同范畴、不同层次的客户。年龄结构、地区差异、收入水平、性格特征、文化教育程度等都会导致客户对保险服务需求的不同。即使是同一个客户在不同的心境和场合，或者面对不同的服务提供者时，其服务需求也会不一样。

（二）提供服务的差异性

同一项保险服务可能因服务提供者的不同而有许多变化，即使是同一人，受服务时间、地点、心情等因素的影响，其提供的服务水平也不同。特别是许多寿险服务是通过保险代理人进行的，即使出自同一公司，接受的培训都相同，但每一个人所能提供的服务品质仍不相同。而不同的公司之间因情况不同，更无法达到行业服务的一致化，整体上讲，服务的差异化十分明显。

（三）服务的系统性

保险公司提供的服务是系统性的，不仅包含前期的咨询、宣传，投保过程中的体检出单，还包含售后的续交保费、理赔等，并且这些服务环环相扣，缺一不可。如其中一部分不能令客户满意，就不能满足系统性的要求，一定程度上说客户服务就算不成功。

（四）服务的复杂性

复杂性源于寿险产品的特性。首先，健康保险公司销售的保险产品是给予被保险人生、老、病、死、残的一种保障。即投保人交纳保费后所得到的只是一份保险合同。在保险合同中，保险人以其信用向客户做出承担保险责任、提供保险服务的承诺，与有形产品相比，这种承诺是看不到、摸不着的，很难理解，从而导致客户的不信任或不安。

其次，大多数寿险产品都很复杂，非专业人士对此知之甚少。由于客户不了解已经购买的产品，所以当他们需要服务时也并不清楚自身的需求。由于寿险产品的复杂性，客户服务实际上必须提供教育和辅导，这就要求服务人员除具有丰富的专业知识外，还要有较强的知识传授能力。

最后，寿险的应用往往与死亡、伤残、疾病等联系在一起，因此要求服务人员除具有较高专业素质外还应具备较高的情商，会设身处地地体谅客户并学会处理人际交流中可能发生的各种情况。

五、健康保险客服管理内容

（一）尽快建立并完善客户关系管理系统

客户关系管理系统（Customer Relationship Management，CRM）是现代经营管理科学与先进信息技术结合的产物，是企业树立以客户为中心的发展战略，并在此基础上开展的包括判断、选择、争取、发展和保持客户所实施的全部商业过程；是企业以客户关系为重点，通过再造企业组织体系和优化业务流程，展开系统的客户研究，提高客户满意度和忠诚度，提高运营效率和利润收益的工作实践；也是企业为最终实现电子化管理的解决方案。

自1997年开始，全球的客户关系管理系统市场一直处于爆炸性的快速增长之中。保险公司通过客户关系管理系统对现有的客户进行分析，准确地知道客户的基本情况、家庭组成、经营情况、投保和赔付历史以及稳定程度等信息，清晰地了解每位客户的需求，更好地了解客户并为之服务。

面对保险业务多方面的需要，客户关系管理系统建设必须从多层次着手。第一，要以集成客户信息为突破点，自动甄别，生成优质客户和劣质客户名单，从而细分客户、细分服务，实现经营和服务的差异化。第二，全面建立"黑名单"制度，杜绝"黑名单"客户在系统内游动。建立"多次索赔客户"和"高赔付率客户"预警系统。第三，要能够集成数据，适时分析业务发展情况，及时调整营销策略。第四，要通过分析数据、指标和数学模型来加强风险控制。第五，要借助客户关系管理系统，分析客户需求以开发新产品，提高保险公司的决策支持和商业智能水平。第六，在客户关系管理系统支持下，建立科学的风险管理和防灾服务体系，把防灾服务作为稳定客户、吸引客户的重要措施。

客户关系管理系统分为录入、维护系统和使用、管理系统两部分。录入、维护系统设有建档人、系统管理员、操作员、收集人等岗位。客户经理是客户关系管理系统的建档人，其职责是录入、维护客户基本信息和附加信息，向县（区）支公司的操作员（业务内勤）提供客户基本信息的变更情况。系统管理员是客户服务中心的经理和操作员。操作员的职责是比对、审核、补录、更新维护客户基本信息和客户附加信息；将处理后的客户信息及时上报公司领导和上一级机构的客户服务中心。保险服务电话专线人员是客户信息的重要收集人，应按照有关规定，及时、准确地将客户信息提供给本级机构客户服务中心的操作员。使用、管理系统是严格按照客户信息保密规定进行分级别使用权限管理的系统。每个级别的人员只能查询和使用与权限相适应的客户信息。客户关系管理系统的建立，将从根本上解决现在客户信息掌握控制在业务员或营销员个人脑袋里，人员流失客户信息也随之流失的不正常现象和不规范管理问题，使客户信息成为公司宝贵的共享资源。因此，建立客户关系管理系统是建立客户服务管理体系不可缺少的基础性工作。

（二）实行客户经理制

客户经理制是保险公司为适应业务发展与竞争需要而建立的一项新型保险经营

管理制度。其内涵是在保险业务经营过程中,将对客户的多头服务变为对客户的"一揽子"服务,减少对客户的服务环节,由专门的人员独立负责向客户提供综合性、全方位、连续性的保险服务,最大限度地满足客户的正当需求。同时也通过客户关系管理系统的登记和管理,杜绝和避免公司系统内部的不规范业务竞争行为,减少系统内耗,降低经营成本。

客户经理由一线展业人员担任。依据工作能力、专业工作经验、工作业绩、所负责客户的类别,将客户经理划分为5级:高级客户经理、资深客户经理、普通客户经理、初级客户经理和见习客户经理。客户经理的资格实行分层次审批。高级客户经理和资深客户经理由省级分公司审批,其他级别客户经理由地市级分公司审批。客户经理的资格认证工作,每年进行一次。根据上年度的考核结果,对客户经理的等级进行重新确认或调整。

客户经理的基本职能包括客户关系管理、市场营销和内部协调3个方面。主要是代表公司与客户建立和发展业务关系,了解和拉动客户需求,推销公司各种产品,并在业务拓展中调动公司内部资源,高效地为客户提供"一揽子"服务。一个客户原则上只能有一名客户经理为主,负责办理其要求投保的各类保险业务,并为其提供咨询、承保、防灾防损、协助理赔等方面的连续配套服务。客户经理要按月撰写客户走访分析报告,及时报告客户的重大事件,并提出对策建议;提供业务部门或公司各级机构要求的客户信息;及时搜集、整理和反馈客户的经营管理信息和同业竞争信息;建立和维护客户档案。

客户经理岗位只设在基层单位。岗位职数根据业务实际需要确定。客户经理由其所在科室或分支机构的经理室管理。

(三) 整合、提升、扩大现有客户服务中心职能

据了解,目前一些大的保险公司都成立了客户服务部门,但在实际运作过程中,主要就是完成两项任务:一是服务专线电话受理报案、咨询、投诉并通知、调度查勘人员。二是查勘人员现场查勘、定损,完成查勘报告。客户服务中心其他多方面、多层次、细分客户、细分险种的专业性客户服务功能基本没有发挥作用。服务专线也没有成为一个多功能的信息搜集、处理平台,许多极有价值的信息资源没有被充分利用,如:没有专门机构对客户投诉进行系统的、分门别类地收集、分析,从中发现问题,堵塞漏洞,提高管理水平和服务质量;没有专门机构对一个时期客户群体比较集中的咨询事项进行专业化的分析,从中发现市场热点,挖掘潜在客户和业务新增长点等。而这些客户信息和社会反馈对一个公众企业来说是极有价值的宝贵资源。

整合、提升、扩大现有客户服务中心职能必须从以下几个方面入手:第一,客户服务中心必须增设专职客户服务部门和岗位,专门从事客户信息搜集、录入、分析和管理工作,每月提交客户服务信息分析报告。同时,指导、管理所属客户经理工作;负责所属各单位执行《优质客户、大客户服务细则》《"黑名单"制度》《内部竞争管理办法》等制度的落实;管理客户投诉管理系统的执行。第二,对服务专线

全面实行数字化管理，使其与客户管理系统相衔接。各种有价值信息的统计、分析资料必须经过专职客服部门汇总、处理，然后送达各级经营决策层、管理层和客户经理手上。第三，细分客户，创新服务内容。如：对机动车险的优质客户提供快速现场查勘服务、故障车辆紧急救援服务、承保关怀续保提醒服务、免费提供洗车服务、伤人事故担保卡服务、简易小额赔款快速处理服务、绿色通道服务、车友俱乐部会员便捷查勘服务等；对优质企财险、货运险客户提供气象信息服务、防灾防损服务等。第四，主动征求客户对业务流程各环节的意见，收集社会各界的反馈。第五，增加对员工进行客户服务意识的培训职能。培训内容包括：客户服务的概念、客户服务对于企业的意义、客户服务人员的素质要求、客户服务技巧、正确处理客户投诉的原则以及方法和步骤、客户服务管理的监督与完善、客户服务团队建设等。

（四）制定并实施优质客户、大客户服务细则

Jay Curry 是国际著名客户营销战略专家，他的客户金字塔的十大经验理论耐人回味：① 公司收入的 80%来自顶端的 20%的客户；② 顶端 20%的客户其利润率超过 100%；③ 公司 90%以上的收入来自现有客户；④ 大部分的营销预算经常被用在非现有客户上；⑤ 5%～30%的客户在客户金字塔中具有升级潜力；⑥ 客户满意度是客户升级的根本所在；⑦ 勉强满意的客户经常会转向竞争对手；⑧ 营销和服务的目的是影响客户行为；⑨ 公司其他部门和人员也会影响客户行为；⑩ 客户金字塔中客户升级 2%意味着销售收入增加 10%，利润增加 50%。Jay Curry 的客户金字塔理论深刻地阐述了优质客户、大客户服务的极端重要性。

制定优质客户、大客户服务细则，首先，要明确界定优质客户、大客户的概念。通常情况下，不同保险公司的优质客户、大客户的界定是不同的，受到各自公司经营成本、不同险种、不同时期的平均赔付水平以及经营指导思想等因素的影响。一般来说，优质客户是指连续 3 年以上未发生赔案或赔付率极低、商业信用良好的客户（在具体实践中，主要指优质的个体客户）。大客户是指所交保费在保险公司的保费总收入中有着显著位置，品牌知名度高、社会形象良好或在本行业中地位显著，并为承保企业经济效益的提高做出较大贡献的客户（在具体实践中，主要指大型工商企业、系统客户、大项目客户）。第二，要建立优质客户、大客户服务标准的指导原则，确定服务的标准项目、延伸领域、执行步骤以及机构和人员。第三，要明确优质客户、大客户服务的细化内容。主要包括：承保服务、理赔服务、防灾防损服务、技术服务、知识服务、顾问服务等，以及一些个性化的延伸服务和超值服务。第四，要明确优质客户、大客户服务有关管理制度。主要包括：对大客户的定期回访制度；大客户分级联系、分级管理制度；优质个体客户定期电话回访制度；优质客户、大客户投诉管理制度等。

（五）建立严格、规范、高效的客户投诉管理系统

客户服务是一项复杂的系统工程，客户投诉事件的处理是客户服务重要的一环，体现着保险公司的服务理念和服务质量。积极、谨慎、客观、公正、全面、及时地

处理客户投诉是现代保险企业应遵循的基本经营原则之一。

要建立一套严格、规范、高效的客户投诉管理系统，必须做到：

第一，明晰客户投诉的主管部门及其职责、权限。目前，有的保险公司虽然设有客户服务中心，也有客户投诉管理制度，但严格、规范、高效的客户投诉管理系统并没有建立起来。大量对服务态度和业务问题的投诉，在服务专线或基层公司就自我消化、自行处理了，并没有规范的管理渠道，导致投诉处理质量不高、信息流失严重以及管理漏洞不能及时发现等问题出现。为了提高客户服务水平，真正建立现代企业管理制度，应该建立一套贯穿总公司、省分公司、市分公司三级公司，由客户服务管理部门统一管理、协调有关部门共同处理的责、权、利明确的客户投诉管理制度。

第二，规范投诉渠道。所有营业单位都必须在营业场所醒目的位置公告投诉电话，告知客户投诉渠道和投诉方式。

第三，严格投诉的接受、核实、登记、转交、协调、处理、反馈等受理程序及有关规定，严格"客户投诉登记表""客户投诉情况核实表""客户投诉转接表""客户投诉处理表"的操作规范和时限要求。

第四，健全投诉档案管理和分析工作。投诉事件处理完毕后，需要将投诉事件处理的全部资料及时进行整理和归档，包括表格、记录等。同时要将客户投诉事件的相关资料录入客户关系管理系统中，以便每月填写"客户投诉分析表"，对客户投诉进行研究、分析，并将"客户投诉分析表"和分析报告呈报公司经营决策层和有关部门。客户服务中心要针对客户的投诉，与有关部门和所属分支公司共同研究制定纠改措施，确保纠改措施的有效执行，以利于客户服务工作的改进和服务质量的持续提高。

尽快建立和完善客户服务管理系统是财产保险公司在激烈的市场竞争中一定要做的一项基础性工作，其作用直接地体现在公司核心竞争力的建设上。但是，我们也要清醒地看到，客户服务管理系统的建立是一个复杂的系统工程，必须投入大量的人力、物力、财力，面临着许多现实的困难和阻力，必须经过一个艰苦的、艰巨的、长期性的努力才能实现。因此，只有早下决心，尽快启动客户服务管理系统的建设工程，才能为今后更好地赢得胜利奠定坚实的基础。

本章小结

健康保险营销是指保险企业在变化的市场环境中，以市场需求为中心，以健康保险为产品，通过同他人交换健康保险产品和价值以满足其需求和欲望，同时实现企业目标的一系列活动。健康保险营销遵循一般营销规律的同时又具有自身的特殊性。

健康保险的特性：健康保险产品的服务性、健康保险营销人员的专业性、健康保险营销活动的社会性、健康保险营销成本的不确定性、健康保险营销过程的信息不对称性。

健康保险营销原则：最大诚信原则、服务至上原则、注重培育原则。

健康保险营销的构成要素：营销主体、营销客体和营销对象。

我国保险企业营销体制创新的路径选择：建立统一的营销组织管理机构；建立多元销售体制；改革业务员的薪酬激励政策；组建专门化的销售团队。

保险分销渠道又称保险营销渠道、保险销售渠道、保险分销体系，它是指为完成保险市场交换活动而进行一系列保险营销活动的组织和个人所形成的体系，包括保险产品从保险公司转移至投保人的过程中所有起协助作用的组织和个人。

保险公司的分销渠道类型有两类：一类是直接分销渠道；另一类是间接分销渠道。

保险公司的分销渠道设计决策包含两方面内容：一是确定分销渠道结构；二是确定分销层次密度。各种保险分销渠道的优化组合包括：分销渠道冲突的表现形式、分销渠道的优化组合。

商业健康险的营销策略包括：目标市场策略、产品策略、价格策略、渠道策略。

我国人寿保险营销采取的主要策略体现在以下几个方面：直接销售渠道；间接销售渠道。

健康保险公司的客户包括外部客户和内部客户，客户服务已经成为健康保险公司运营管理中的重要内容。客户服务的重要性体现在如下几个方面：树立公司品牌，吸引新客户；增强信任感，防止客户流失；降低经营成本，增加盈利；提升公司竞争力，促进发展。

健康保险公司客户服务管理需要遵循以下一些基本原则：客户利益第一原则、持续创新原则、盈利与服务效率并存原则。

复习思考题

1. 健康保险营销原则有哪些？
2. 健康保险营销的构成要素有哪些？
3. 简述保险分销渠道的概念。
4. 商业健康保险营销渠道的主要类型有哪些？
5. 如何理解健康保险公司客户服务管理的含义？
6. 健康保险公司客户服务管理的基本原则有哪些？

案例分析

Clover Health 案例

近些年，美国的健康险行业面临着新一轮的资源整合，硅谷也将精力集中于此行业，试图提高医疗机构效率，从而为患者提供更好的医疗服务。2015年在美国旧金山，一家强调将数据剖析与预防护理相结合重整健康险行业的新兴医疗保险公司——Clover Health（以下简称 Clover）成立，并于2016年、2018年分别获得硅谷业内投资机构1.3亿美元和1.6亿美元的大额融资。

与一般医疗保险公司不同，该公司成立之初就尝试运用大数据来推动老年人医疗健康保障发展，同时让购买商业医疗保险的用户享受较低的保费。Clover 公司另一大特色是其根据理赔信息来追踪用户的病史，从而判断哪些用户具有较高的疾病和理赔风险，之后 Clover 公司会帮助这些用户改善健康状况，提高整体的临床治疗效果，达到从治疗疾病到预防疾病的目的。在公司成立的初期，其经营覆盖范围只有新泽西的 6 个县城，但是在短时间和有限的用户数内，公司业绩已取得长足进展。据该公司数据显示，在 2018 年第二季度至第四季度，相比于新泽西没有覆盖 Clover 医疗服务的地区，购买 Clover 医疗保险用户所在地区的住院率低了 50%，再次住院率低了 34%。这个数据不仅说明 Clover 医疗产品不仅给老年人和残疾人带来了健康，同时也节约了公共医疗卫生资源。

一、基于大数据的健康管理分析

Clover 公司的目标客户是 65 岁及以上的老人和具有残障的人群，并且他们也是由美国联邦政府提供的医疗照顾保险（Medicare Advantage Plans）的覆盖群体。该计划允许商业保险管理这部分人群的医疗保险，政府会补贴其购买费用，并支付由商业保险公司发出的所有理赔费用。这部分大约有近 2 200 亿美元的市场份额长期被保险巨头——联邦医疗保险公司（United Healthcare）所占据，Clover 公司试图从该市场分得一块较大的市场份额。

Clover 公司选择 65 岁以上的高风险人群，还有另外一个价值定位和事实根据。这部分人群是医疗消费大户，经常进出医院，由此积累了大量的医疗数据。公司希望将软件与数据相结合，利用科技力量降低那些购买商业保险的老年群体的保费。依据大数据分析和模型算法，识别患者住院治疗或进行昂贵治疗的风险，在用户患病住院之前介入他们的健康护理（Clover 公司会派遣护士或医生去拜访患者，并对其做必要的检查，填补该患者的个人医疗资料），从而减少患者自身的医疗费用和保险公司的理赔费用。帮助患者避免住院治疗的做法平均可以节省公司 1 万元美金的理赔费用。因此，无论是健康人群还是患病风险高的人群购买 Clover Health 商业保险计划时，都将节省保费。

Clover 公司的首席技术官克丽丝·盖尔（Kris Gale）表示，企业内部专门建立了实验室研究患者的健康数据，将各种复杂数据整合后构建了临床资料库，以找到医疗体系中的问题，并填补了该部分的医疗空白。Clover 公司拥有一项技术处理强项，即对非结构化数据的整合。传统的医疗保险为患者提供的服务就是理赔，不会使用数据来改善患者的身体状况。而 Clover 公司则会收集实验室测试结果、放射结果，保险公司的索赔记录等，来全方位地获悉用户的健康状况。之后它们会使用软件模型来自动判断问题所在，了解如患者是否按期服药情况，再让公司的健康工作人员进行电话通知或者上门拜访。这样做的目的还是让用户需要花高昂的治疗费前，给他们忠告。因此，预防保健是促使该公司业务增长的一项特色。但如果患者还是因病住院，必要时进行手术，公司的护士会对其进行术后拜访，保证患者每天服用适当的药物，防止病情恶化，保证患者的健康恢复。

二、Clover 公司大数据应用的特色

一是开发了创新性的非结构化数据整合技术。该技术有助于识别患者潜在风险和帮助医生提供更好的医疗服务。公司首先收集保险理赔信息来追踪用户的病史，再将这些非结构化数据整合到一个完整的系统中，建立软件模型，以区分不同人群的患病风险，这是 Clover 公司提供保险服务的重要基础。然后根据用户不同程度的风险状况进行健康干预，从而减少用户的治疗费用和保险公司的理赔费用。

二是改变治疗疾病模式为预防疾病模式。Clover 公司的经营方式是将以患者为中心的数据分析与专业的健康护理相结合，找出保障计划内成员的潜在风险，并据此提供直接的预防护理，有效减少了病人去医院治疗的次数，从而减少了患者的住院治疗费用，也给公司带来了更多的收入。Clover 公司采取实时数字记录患者当下的健康状态和历史情况，并综合患者个人 EMR（电子病历，EMR 是基于一个特定系统的电子化病人记录，该系统提供用户访问完整准确的数据、警示、提示和临床决策支持系统的能力）的合格检查，全面了解患者的健康状况。Clover 公司就扮演了类似私人医生的角色，帮助患者变得更健康，如鼓励他们吃一些处方药或者全程管理患者的慢性疾病。

三是提供更多的优惠服务。Clover 公司做得比其他健康险公司出色的主要原因有两点：一是公司不收取客户线下去医院咨询医生的额外费用；二是定期梳理客户的健康数据，并对其做出相应预测，同时还帮助客户控制病情，雇佣专业的医疗护理队伍为其提供预防护理服务。在客户病情需要时，护士和医生会专门去到客户家中为其做近距离检查。Clover 公司的高级管理层认为他们所推行的这些市场战略都得益于科技的进步，使他们比传统健康险公司更有优势。

思考：从 Clover 公司的大数据应用案例中，我国经营健康险的相关保险公司可得到哪些启示？

健康保险学

第九章

健康保险费率厘定

本章要点

1. 掌握：健康保险费率的概念及厘定的原则。
2. 熟悉：健康保险费率厘定的方法。
3. 了解：健康保险费率厘定的基本原理。

课程目标

通过学习健康保险费率厘定原理和方法，引导学生理解"共济""互济"的内涵，深入体会保险作用中蕴含的"我为人人，人人为我"的经济互助关系，倡导学生贯彻"友善"的价值观和"互助"的保险观；通过学习健康保险费率的测算，引导学生理解健康保险费率的影响因素，强化学生对生命安全、身体健康重视；带领学生学习健康保险费率的测算，使学生更好地领悟计算的科学性、严谨性。

第一节 健康保险费率概述

一、健康保险费和健康保险费率的概念

健康保险费是指被保险人为获得健康保险保障,在参加健康保险时,根据其投保时所定的健康保险费率,向保险人交付的费用。保险人依靠其所收取的健康保险费建立健康保险基金,对被保险人因健康风险事故所遭受的损失进行经济补偿。因此,对于健康保险的被保险人来说,其有义务交纳健康保险费,只有在其按照约定履行了交费义务的前提下,保险人才有兑现承担保险合同载明的保险责任。

健康保险费由健康保险纯保费和健康保险附加保费两部分构成,健康保险纯保费是指保险人用于赔付给受益人或者被保险人的保险金,它是健康保险费的最低界限;健康保险附加保费是由保险公司所支配的费用,可以用于招揽业务、管理核保理赔、营业税、支付工资、固定资产折旧等各项营业支出。

健康保险费率,是指健康保险应交保险费与保险金额的比率,又称保险价格,可用公式表示为:

$$健康保险费率=健康保险应交保险费/保险金额$$

该公式可以理解为健康保险费率等于单位保险金额需交纳的保险费。只有在确定了健康保险费率的基础上,保险人才能进一步计算被保险人应交纳的健康保险费。对于保险人承保的每一笔健康保险业务,直接用健康保险费率乘以保险金额,就可以得出该笔保险业务应该收取多少保险费。

从健康管理的角度分析,要重视健康风险管理,而健康保险正是一种行之有效的健康风险转移方法。被保险人通过与保险公司签订健康保险合同的方式将健康风险转移给保险公司。健康保险作为人身保险的一种,具有分散风险、风险共担的特点。根据大数法则,由数量足够多的面临疾病或者意外伤害风险的个体通过投保的方式参加健康保险,当投保人中个别个体发生健康风险事故造成风险损失时,由所有的投保人共同承担和分担个别健康受损者的损失风险。在健康保险经营管理过程中,保险公司作为经营管理主体需要筹集足够的资金用于支付保险金和必要的管理费用开支,作为自负盈亏的经济实体,还需要保留必要的利润,因此,需要被保险人按照一定的比例交纳健康保险费。健康保险费的收取比例即健康保险费率的计算过程实际上也正是给商业健康保险定价的过程。

健康保险定价通常包括两个过程内容:费率厘定、产品定价。健康保险费率厘定需要将健康风险进行分类,再根据各种风险的不同讨论计算健康保险费率的方法及模型的选用;其费率厘定的过程通常需要运用一定的统计模型或数学公式来表达,不需要过多考虑市场因素;费率厘定主要是精算师层面的技术和方法,需要精算师

厘定出保险公司的长远经营利润能够满足、充足的保险金偿付能力能够保证、正常公司运营的各项开支能够保障的充分费率，也就是要同时兼顾保险公司一定的业务发展目标以及公司的财务标准，综合对健康保险的承保风险从理论上进行估算，一般不会考虑市场反应情况和合同条款的限制等因素。

健康保险产品定价则是基于前期保险精算师厘定的充分费率，再由保险公司的决策层面根据经济环境、政策环境以及市场行情等各方面的因素，综合考虑后制定的合理的健康保险产品价格。在对市场情况进行分析时，可以先收集历史资料数据，利用搜集的历史资料和历史给付信息对相应的风险成本进行估计，在估计的基础上，再依据保险公司的具体经营目标，结合实际的市场相关因素综合考虑而计算出健康保险产品定价。健康保险产品定价过程通常可以用公司某一产品线的宏观经济学模型来表达。这一经济模型可以检测出不同市场策略所带来的财务后果，也可以通过分析不同产品价格策略对应的费率厘定模型间的差别来评估该产品的价格策略。

通过前面的比较看出，在健康保险定价过程中，费率厘定和产品定价两者的核心都是对某个健康保险产品承保风险中所包含的不确定性进行合理预测，但费率厘定关注的是方法和模型，产品定价关注的是保险公司市场情况的现状，包括市场产品价格的波动、相似产品的设计、客户的反馈信息等。从分析的理论上看，健康保险费率厘定是保险精算师所研究的内容，而健康保险产品定价则是保险经济学研究的内容，健康保险产品最终定价是在健康保险费率厘定的基础上运用经济学分析进行市场定价的结果。从这个意义上讲，对健康保险产品定价，确定健康保险费率是关键，因此，我们有必要研究各类健康保险费率的计算模型及计算方法。

二、健康保险费率的构成

健康保险费率一般由健康保险纯费率和健康保险附加费率两部分组成。在保险学中，人们习惯把健康保险纯费率和健康保险附加费率两者相加之后所得到的保险费率称为健康保险毛费率。

（一）健康保险纯费率

健康保险纯费率是健康保险纯保费与健康保险金额的比率，又称健康保险净费率，它用于健康保险事故发生后对被保险人进行赔偿以及向被保险人给付保险金的费率。健康保险纯费率是健康保险费率的主要部分。健康保险纯费率的计算依据是保额损失率，按照健康保险纯费率收取的健康保险费叫作健康保险纯保费，用于健康保险事故发生后由保险人向被保险人进行赔偿或者给付。健康保险纯费率又可进一步分解成简单纯费率和安全系数两部分。而且，在医疗保险中，计算纯费率还需要考虑保险趋势因子（Tend Factor）和保险因子（Insurance Factor）两个要素。

在收取健康保险费时，按照简单纯费率收取的这部分保险费被称为健康保险简单纯保费，又叫风险保费，这部分保费正好可以补偿预期承保风险的成本。比如，在对医疗保险的简单纯保费进行测算时，我们需要估算每类医疗保险的次均赔付金额和赔付频率，然后用次均赔付金额乘以赔付频率，结果即为简单纯保费。其公式为：

$$医疗保险简单纯保费＝次均赔付金额×赔付频率$$

在健康保险纯费率的具体测算过程中，还需要在简单纯费率的基础上，根据实际情况加上一定的安全系数。比如，我们在测算健康保险的保险费时，健康受多种因素的影响而且各个影响因素处于不断变化中，每个人存在个体差异，健康状况不同，面临的健康风险也不一样，因此想得到符合精算师精算要求的统计数据就很难。为了保证健康保险的保障能力，在测算时，一般需要考虑另外增加一定的安全系数，习惯上会在简单纯费率基础上附加10%～30%的弹性。

医疗保险中还会考虑趋势因子因素，反映连续年份医疗服务成本的增长情况，即下一年的医疗服务成本比上一年的成本增加的比例，体现由于医疗服务价格变动、药品价格变化等原因导致的医疗服务费用的增长变化。

保险因子则反映医疗保险实施后使医疗需求、利用、费用增加或减少的影响程度，主要受保险赔付率的影响。[1]即投保人由于交纳了保险，引进保险机制后引起投保人医疗需求的增减和医疗费用的增减效应。

（二）健康保险附加费率

健康保险附加费率，又称营业费用率，是健康保险附加保费与保险金额的比率。它主要以保险人的营业费用为基础进行计算，用于支付保险人的业务费用、手续费用以及部分保险利润等。通常按占保险纯费率的一定比例来表示。健康保险附加费率由费用率、营业税率和利润率构成。

健康保险附加费率的确定需要进行科学的计算，需要各个保险公司根据公司的实际情况，对实际的各项营业费用进行综合分析，结合各方面因素对未来的费用变动情况进行预测，同时还要考虑健康保险保障基金及营业税等的交纳比例。从当前我国各大商业保险公司厘定健康保险费率的统计看，个人健康保险业务的营业费用率一般定为20%，团体健康保险业务的营业费用率一般定为15%。

健康保险的附加保费是指用于访问客户、招揽业务、印刷单证、管理核保和理赔、支付雇员工资和管理定点医院等各项业务开支的总和。健康保险附加保费从收交的健康保险费中提取支出。但在社会医疗保险中，附加保费又称管理费，主要用于支付医疗保险机构的日常管理工作所需，如医疗保险基金的交纳、支付等。我国各级社会医疗保险机构的日常管理费用按规定均由同级财政支出，而不能从收交的医疗保险基金中提取。

三、健康保险费率厘定的原则

保险人在厘定健康保险费率时要充分体现双方的权利与义务的对等性，在厘定

---

[1] 周绿林，李绍化. 医疗保险学[M]. 北京．科学出版社，2016：93.

费率时，要坚持充足性、公平性、合理性、稳定性、灵活性、防损防灾性等原则。

（一）保费充足性原则

保费充足性原则是指保险人所收取的保险费在支付保险金、营业费用、税金之后，仍有一部分的结余。可见，保费充足性原则的核心是要保证保险人有足够的偿付能力。保险公司的经营性质与其他机构不同，如果健康保险费率过低，保险公司收取的保险费可能不足以支付被保险人的保险金，就会降低保险人的偿付能力，保险人的经营就存在极大的风险，其经营处于一种不稳定状态，不利于保险公司甚至整个保险市场的稳健发展。在保险市场的激烈竞争中，为了让保险公司能在竞争中取胜，保险人可能会采取低价政策来吸引顾客，即降低健康保险费率，则有可能导致低价恶性竞争，扰乱市场秩序。为了防止恶性竞争，很多国家都对保险费率进行管制，将保险费率控制在一定的范围内，保证保费的充足性，保证保险公司的偿付能力。

（二）公平性原则

所谓公平，从保险人角度来说，保险人收取的健康保险费应当与其承担的风险匹配；从被保险人的角度来说，被保险人所交纳的保险费应当与其期望获得的保障相当，也即被保险人交纳的保险费应该与其风险状况相匹配。保险人应该根据不同被保险人的实际损失差异为基础来制定不同的健康保险费率，不同风险等级的被保险人采用不同的健康保险费率，相同的或者相近风险等级的被保险人收取相同的保险费率。如果不按照损失风险的差异划定不同的保险费率等级，而对所有的被保险人收取相同的平均保险费率，就可能导致逆向选择的出现，健康损失概率高的被保险人乐于购买健康保险，健康损失概率低的被保险人反而不愿意购买健康风险，最终使保险公司的利益受损。

（三）合理性原则

合理性原则是指制定的保险费率应尽可能合理，必须让投保人觉得向保险公司交纳的保险费是值得的，心里是可以接受的。因此，保险公司在厘定纯保费率时一定要以损失概率为基础，收取的纯保费要与承担的风险相对应，保险费的多少应与保险种类、保险期限、保险金额等因素相关联；在制定附加费率时要科学预测整体业务费用及预期适当利润，而不能为了追求高额利润而制定过高的保险费率。根据供求关系，如果保险费率过高，会导致需求减少，保险公司的参保人数可能达不到很好地分散风险的程度，保险公司的经营活动无法正常运转，更谈不上获得必要的利润。

（四）稳定性原则

稳定性原则是指健康保险费率一旦确定，在一定时期内要保持相对稳定。一方面，相对稳定的保险费率有利于减少不必要的业务经办和业务核算，控制经营成本；另一方面，相对稳定的保险费率有利于树立良好的公司形象，费率变动太频繁可能会让被保险人以为公司业务不稳定、信誉不佳，从而引起退保的问题。虽然很多保险条款中都规定了保险公司必要时有权调整保费，但在具体实务操作中，保险公司会保持保险费率的相对稳定性，不轻易调整，以减少麻烦。

（五）灵活性原则

稳定是相对的，坚持稳定性原则并不代表保险费率一经确定，就一成不变，而是要灵活应变，有一定的弹性。灵活性原则是指保险费率需要随着健康风险的变化、市场需求的变化以及保险责任的变化等而做出相应的调整，保证健康保险费率厘定的科学和严谨。市场经济存在激烈竞争，保险市场更是要面临复杂的市场环境，保险公司在对保险产品进行定价时，更应坚持灵活性原则，根据市场环境、风险的变化调整保险费率。

第二节 健康保险费率厘定原理

一、健康保险费率厘定的数理基础

健康保险费率的确定要以风险事故损失的概率为依据，如果把健康保险经营的各项损失结果看作各个随机事件，相应地求风险事故损失的概率即可转化为求某个随机事件的概率。因此，保险公司在确定健康保险费率时，就需要运用概率论及统计分析的工具，其数理基础是概率论与大数法则。

（一）概率分布

我们知道随机试验的结果具有不确定性，那么怎么来表示随机试验的不确定结果呢？以掷色子为例，用 X 表示掷一个色子可能出现的点数，则 X 可能为 1，2，3，4，5，6，可以看出一旦试验结果定了，X 的取值也就被确定了。这种取值依赖于某个随机试验的结果，并由试验结果完全界定的因变量就称为变量。在保险实务中，这种随机变量的取值往往为各种损失额，用来表示各种危险事故发生的后果。我们需要研究的不仅是风险是否发生，而且包括这些损失是以什么概率发生，换句话讲，随机变量即损失数额的概率是怎样分布的。

概率分布是用来描述各种随机变量及其对应概率的。由随机变量依据实际问题的不同可分为离散型和连续型两种，因此对于不同的随机变量有不同的概率分布描述形式。

对离散型随机变量，由于随机变量的取值为有限个或可数个，容易知道，要掌握一个离散随机变量 X 的统计规律，只需知道 X 的所有可能取值所对应的概率即可。

设离散随机变量 X 的所有可能取值为 $x_k(k=1,2,\cdots)$，X 取各个可能值的概率为：

$$P(X=x_k)=p_k(k=1,2,\cdots)$$

我们将其称为离散型随机变量 X 的概率分布或分布率。分布率也可以表示如表 9.1 所示。

表 9.1　分布率

X	x_1	x_2	$\cdots$
	x_k	$\cdots$	
P	p_1	p_2	$\cdots$
	p_k	$\cdots$	

由概率的性质可知：

（1） $p_k \geqslant 0(k=1,2,\cdots)$；

（2） $\sum\limits_{k} p_k = 1$。

例如，存在大、中、小 3 种类型的风险事故，其分别对应的概率和损失额如表 9.2 所示。

表 9.2　风险事故类型、发生概率和损失额

风险事故类型	发生概率 P	损失额 X/万元
大	0.1	10
中	0.6	3
小	0.3	1

在这个例子中，损失额 X 是随机变量，其能取 3 个值：10，3，1，对应的概率分别为 0.1，0.6，0.3。这时我们称损失额 X 为离散型的随机变量，其概率分布表示如表 9.3 所示。

表 9.3　概率分布

X	1	3	10
P_k	0.3	0.6	0.1

在表 9.3 中，可一目了然地看出损失额及其概率分布情况。如果想知道 3 万元以上的损失发生概率是多少，只要将损失额 3 万元以上的概率 0.6 和 0.1 加总就可求出。

对于连续型随机变量，由于随机变量可能取到若干个有限的或无限的区间上的任何值，要描述它的概率分布就不能像离散型随机变量那样，而要用到概率分布密度函数。

如果对于任意实数 x，存在非负函数 $f(x)$，满足

$$P(X \leqslant x) = \int_{-\infty}^{x} f(t) \mathrm{d}t$$

则称随机变量 X 为连续型随机变量，函数 $f(x)$ 为连续型随机变量 X 的概率密度函数。

概率密度函数具有如下性质：

（1）$\int_{-\infty}^{+\infty} f(x) \mathrm{d}x = 1$；

（2）$P(a < X \leqslant b) = \int_{a}^{b} f(x) \mathrm{d}x$ （a，b 为任意数）。

（二）数字特征

上面讨论了随机变量的概率分布，它们能够完整地描述随机变量的统计规律。但使用起来往往不大方便，对结果的比较也不简便。所以在处理一些实际问题时，更值得关心随机变量的某些特征，如数学期望、方差等。这些数字特征无论在理论上还是实践上都具有重要的意义。

1. 随机变量的数学期望

（1）离散型随机变量的数学期望。

设有一离散型随机变量 X，它的可能取值为 $x_1, x_2, \cdots, x_n$，这些值对应的概率分别为 $P(x_1), P(x_2), \cdots, P(x_n)$，则称 $E(X) = \sum x_k P(x_k)$ 为离散型随机变量 X 的数学期望。受算术平均值的启发，也可以把它看作是某种更广泛意义下的平均值。试与算术平均值相对照，在算术平均值中，每一 x_k 都乘以相同的权数 $\frac{1}{n}$，但在求期望的公式中，诸 x_k 的权数则是随机变量取此值的概率 $P(x_k)$。于是，此概率值 $P(x_k)$ 越大，相应地 x_k 对期望 $E(X)$ 的贡献也越大，从这一意义上说，这样的平均称为加权平均或概率平均。鉴于上述解释，通常也把期望 $E(X)$ 称为随机变量 X 的均值。

例如，在上面大、中、小 3 种类型危险事故的例子中，就可以用损失额 X 与其概率的乘积之和计算出损失额 X 的期望：

$$E(X) = 10 \times 0.1 + 3 \times 0.6 + 1 \times 0.3 = 3.1（万元）$$

其含义是大、中、小 3 种类型危险事故的损失额的平均值为 3.1 万元。

（2）连续型随机变量的数学期望。

若 X 为连续型随机变量，其概率密度为 $f(x)$，由于 $f(x)\mathrm{d}x$ 在连续型随机变量中起的作用类似于概率分布在离散型随机变量中起的作用，所以连续型随机变量 X 的数学期望 $E(X)$ 可以定义为：

$$E(X) = \int_{-\infty}^{+\infty} x f(x) \mathrm{d}x$$

数学期望具有以下计算法则：

$$E(X_1 + X_2 + \cdots + X_n) = E(X_1) + E(X_2) + \cdots + E(X_n)$$

$$E(aX + b) = aE(X) + b$$

式中，a, b 为常数。

（3）损失期望值。

在保险实务中，随机变量的取值通常是损失的各种不同数额，则此时随机变量的数学期望就是损失期望值，即未来危险事故产生损失的均值。

保险费由纯保费和附加保费构成。其中，纯保费用于保险事故发生时保险人赔付给被保险人或受益人的保险金，也是保险商品的价格。从理论上讲，纯保险费总额应等于未来赔付金总额，能否科学确定纯保费收取额，关键在于能否正确计算未来风险事故发生的损失的均值，即损失期望值。对于保险人来说，只有知道了损失期望值，才能知道预期损失的总额，然后才能确定自己的收费费率，确保未来经营的连续性。对于理性投保人来说，也会考虑到损失的期望值，将预期的损失金额与需交纳的保险费相比较，以做出是否购买保险的决定。

2. 随机变量的方差与变异系数

（1）随机变量的方差和标准差。

随机变量的数学期望仅仅表明了随机变量的平均程度，而不能表明随机变量 X 与均值 $E(X)$ 之间的偏离程度。例如，设 X 表示保险人承保的 10 000 辆汽车中的失盗数量，假设 X 的分布有两种可能情况表（见表 9.4 和表 9.5）。

表 9.4　情况 1

X	16	18	20	22	24
P	$\dfrac{1}{5}$	$\dfrac{1}{5}$	$\dfrac{1}{5}$	$\dfrac{1}{5}$	$\dfrac{1}{5}$

表 9.5　情况 2

X	8	14	20	24	34
P	$\dfrac{1}{5}$	$\dfrac{1}{5}$	$\dfrac{1}{5}$	$\dfrac{1}{5}$	$\dfrac{1}{5}$

虽然在这两种情况下均有 $E(X) = 20$，但是在情况 1 中，X 的取值与 $E(X)$ 的偏离程度较小，保险人能够比较准确地估计失盗汽车数；在情况 2 中，X 的取值与 $E(X)$ 的偏离程度较大，保险人很难准确地估计失盗汽车数。可见，仅有数学期望还不能完全说明随机变量的分布特征，还必须说明随机变量与其数学期望的偏离程度。为此，需要引进方差的概念。

方差 $\mathrm{Var}X$ 是随机变量 X 除期望 $E(X)$ 以外，另一个最重要的数字特征。方差的定义为：

$$\mathrm{Var}X = E(X-E(X))^2$$

可见，方差 $\mathrm{Var}X$ 是 X 相对于 $E(X)$ 的偏离程度的概率平均。这表明，如果方差 $\mathrm{Var}X$ 较小，则随机变量 X 与均值 $E(X)$ 之间的偏离就较小（在概率平均的意义下）；如果方差 $\mathrm{Var}X$ 较大，则随机变量 X 与均值 $E(X)$ 之间的偏离就较大（在概率平均的意义下）。

方差具有下列性质：

$$\mathrm{Var}CX = C^2 \mathrm{Var}X$$

式中，C 为常数。

若 X_1 与 X_2 是相互独立的随机变量，则

$$\mathrm{Var}(X_1 + X_2) = \mathrm{Var}X_1 + \mathrm{Var}X_2$$

标准差 σ_X 是方差的平方根，即

$$\sigma_X = \sqrt{\mathrm{Var}X}$$

标准差和方差一样，都可反映随机变量 X 和其期望 $E(X)$ 之间的偏离程度。方差和标准差的概念在保险实务中的含义是：方差和标准差越小，则说明损失期望值的代表性越强；反之，则说明损失期望值的代表性越差。

（2）随机变量的变异系数。

如果 $E(X) \neq 0$，定义 $V(X) = \mathrm{Var}X / E(X)$ 为随机变量 X 的变异系数。变异系数 $V(X)$ 是用来描述随机变量相对离散程度的。方差和标准差是用来反映随机变量绝对离散程度的。而仅仅依靠绝对偏离程度并不能客观地反映随机变量的偏离程度。例如，标准差为 10 对数学期望为 10 000 的随机变量并不算很大的偏差，但对数学期望为 10 的随机变量而言就是一个较大的偏差。因此，变异系数能更客观地反映随机变量的偏离程度。变异系数大则表示数学期望的代表性差；变异系数小则表示数学期望的代表性好。

变异系数在保险实务中运用广泛，它反映了保险企业经营危险的高低。如果变异系数小，说明危险低，保险企业经营稳定性高；反之，说明危险高，保险企业经营稳定性低。

（三）大数法则

所谓大数法则，是用来说明大量的随机现象由偶然性相互抵消所呈现的必然数量规律的一系列定理的统称。现就其中的主要内容加以说明。

1. 切比雪夫（Chebyshev）大数法则

设 $X_1, X_2, \cdots, X_n$ 是由相互独立的随机变量所构成的序列，每一随机变量都有有限方差，并且它们有公共上界：

$$D(X_1) \leqslant C, D(X_2) \leqslant C, \cdots, D(X_n) \leqslant C$$

则对于任意的 $\varepsilon > 0$，都有：

$$\lim_{n \to 0} P\left\{\left|\frac{1}{n}\sum_{k=1}^{n} X_k - \frac{1}{n}\sum_{k=1}^{n} E(X_k)\right| < \varepsilon\right\} = 1$$

这一法则的结论运用可以说明，在承保标的数量足够大时，被保险人所交纳的纯保险费与其所能获得赔款的期望值相等。这个结论反过来，则说明保险人应如何收取纯保费。

2. 贝努利（Bernoulli）大数法则

假设某一事件以某一概率 p 发生。如果用 M_n 来表示此事件在 n 次实验中发生的次数，则 $\frac{M_n}{n}$ 就是事件发生的概率。由计算可知：

$$E\left(\frac{M_n}{n}\right) = p, \qquad \sigma = \sqrt{\frac{p(1-p)}{n}}$$

由此可见，当 n 趋于无穷大时，频率的数学期望不变（恒为 p），而标准差 σ 则趋于零。在这里，标准差描述的是相对于不同的 n 值所得到的频率与实际概率的离散程度。由于标准差随着 n 的增大而减小，说明当 n 足够大时，频率与实际概率很接近。更一般的，有下面的贝努利大数法则。

设 M_n 是 n 次贝努利实验中事件 A 发生的次数，而 p 是事件 A 在每次实验中出现的概率，则对于任意的 $\varepsilon > 0$，都有：

$$\lim_{n \to \infty} P\left\{\left|\frac{M_n}{n} - p\right| < \varepsilon\right\} = 1$$

这一法则对于利用统计资料来估计损失概率是极其重要的。在非寿险精算中，往往假设某一类标的具有相同的损失概率，为了估计这个概率的值，便可以通过以往有关结果的经验，求出一个比率——这类标的发生损失的概率。而在观察次数很多或观察周期很长的情况下，这一比率与实际损失概率很接近。换句话说，当某个所需要求的概率不能通过等可能分析、理论概率分布近似估计等方法加以确定时，则可通过观察过去大量实验的结果而予以估计，即用比率代替概率。反过来，经估计得到的比率，可由将来大量实验所得的实际经验而修正，以增加其真实性。

3. 泊松（Poisson）大数法则

假设某一事件在第一次实验中出现的概率为 p_1，在第二次实验中出现的概率为 p_2，…，在第 n 次实验中出现的概率为 p_n。同样用 M_n 来表示此事件在 n 次实验中发生的次数，则依据泊松大数法则有：

对于任意的 $\varepsilon > 0$，有

$$\lim_{n \to \infty} P\left\{\left|\frac{M_n}{n} - \frac{p_1 + p_2 + \ldots + p_n}{n}\right| < \varepsilon\right\} = 1$$

泊松大数法则的意思是说：当实验次数无限增加时，其平均概率与观察结果所得的比率将无限接近。

二、健康保险费率厘定的基本原理

（一）共济原理

采用共济原理计算出来的保险费被称为共济保费或一致保费。在这种保费制度下，投保人自己交付的保险费金额与他们自身实际的风险水平存在较大的差异，即投保人保险费的确定与其自身的性别、年龄等影响因素基本不相关，与其赔付的概率和每次赔付的费用无关；保险公司在收取保险费时，会对某一地区所有投保人或在较大的年龄段内都收取同样的保费。社会医疗保险，依据一定法律强制要求参保，通常就采用这个原理来测算保险费。在实际应用中，为了方便保险费的征缴，通常也会根据工资收入、家庭人口数等社会因素来确定征缴比例。比如，我国的城镇职工基本医疗保险制度中，单位和职工个人按照工资总额的6%和2%筹集资金。美国的蓝盾、蓝十字计划和健康维护组织提供的医疗保险计划采用的社区保费制就是一种平均风险保费制，属于一致保费的范畴，其测算依据的也是共济原理。

（二）平衡原理

费率测算的基本原理是收支平衡。"收"指的是保险公司收到的保险费，严格来讲，还应该包括保险费的利息以及用于投资增值的部分。这里的"支"则是指维持保险公司正常运转的所有支出，包括保险的赔偿费用、所有的经营管理费用（即纯保险费支出和附加保险费支出）等。在这种保费制度下，投保人交付的保险费和他（们）的实际风险水平是一致的，即在整个保险期限内发生健康风险人群的总保险费应与整个的赔付和核保、核赔等管理费用的支出总额一致。平衡原理是健康保险费率厘定中的主要原理，应用于以下几种保费制度：

1. 自然保费制（Nature-rate Premium）

自然保费制，又称逐年变动费率，它是依据各个年龄的预测疾病发生率和次均赔付费用测算出来的，保险合同每年签发一次，期满续保。由于参保人的年龄是逐年增加的，其费率每年都会发生变化。自然保费制是商业医疗保险中常用的一种保费制度。由于医疗费用的增加难以进行准确预测，国内大多数保险公司经营健康保险的历史不长，多数还处在尝试阶段，所以目前商业健康保险领域仍较多采用自然保费制。社会医疗保险基金的收取采用现收现付制，实质上也逐年变动保费，只是其保费的调整不是每年一次，而是几年一次。

2. 平准保费制（Flat-rate Premium）

平准保费制，又称均衡保费制（Level Premium），是指投保人在保险合同有效期内每年都交付等额的保险费，保险费不随年龄的增长而增长。这就要求在测算保险费时要考虑预期赔付金额的逐年变化，建立年龄准备金以应付将来的费用。在西方发达国家，商业健康保险中的个人健康保险业务常采用平准保费制。

3. 等级保费制（Graduated Premium）

等级保费制，又称累进保费制，它是根据性别和年龄段将参保人划分为风险程度相近的多个小群体，即对不同的性别和年龄段制定不同费率的保费制度。采取这种保费制度是由于性别和年龄是健康保险中很重要的风险因素。一般认为，女性对医疗卫生服务的利用率比男性要高；从年龄来看，不同的年龄阶段对医疗服务的利用及医疗费用支出均有差异，如老年人及婴幼儿对医疗卫生服务的需求及医疗费用的支出要比其他年龄段的群体高一些。在实际应用中，一般会以5~10岁为组距，根据不同的分组厘定不同的费率。等级保费制在社会医疗保险中也有应用，部分地区会对不同年龄阶段的群体提取不同的保费比例纳入统筹基金。

实践中，商业健康保险会将各种保费制度进行混用。商业健康保险常采用等级保费，但在保险市场竞争中，针对某些保险产品会采用一致保费，如在某些商业医疗保险条款中规定家庭成员可交纳相同的保费，这种健康保险费测算就是依据共济原理而不是每一家庭成员真实的风险程度。另外，在团体健康保险业务中也会用到经验保费，它是基于投保团体以往实际医疗给付情况制定的。这一保费制度体现了各参保团体的公平性，有预防损失和降低给付额的作用。

三、健康保险费率厘定的测算因子

健康保险费率厘定及产品价格主要受与保险责任直接相关的保险金给付成本以及该类保险业务应该分摊多少经营费用影响。其中，健康保险金给付占主要部分，需分摊的经营费用占少部分。对于健康保险金给付成本而言，主要受疾病发生率、伤残发生率、死亡率、平均索赔金额、利率、退保率等方面测算因子影响。而需分摊的经营费用主要受业务办理费用、核保费用、理赔的成本、税金、公司日常管理费用等测算因子影响。因此，在进行健康保险费率厘定时，必须在充分掌握精算数据的基础上，对健康保险费率的测算因子要素做出科学的界定。健康保险费率厘定的测算因子通常分为两类：一般测算因子和特殊测算因子。

（一）一般测算因子

1. 利率

经济学中，货币有时间价值，在健康保险的长期或者终身健康保险业务费率厘定时，通常会选择均衡费率制。精算师需要考虑时间价值的因素，要计算不同时点的货币的现值及终值，然后再进行折现或者计算利息。精算师不仅要估计目前的保险金的给付，还要预测整个保险期间所有保险金的赔付总额，就需要对利率进行预判。2013年之前，我国对人身保险预定利率有一定的限制，上限为2.5%。2013年8月5日，国务院批准将普通型人身保险预定利率的定价权交给市场和保险公司。

2020年中国银保监印发的《普通型人身保险精算规定》要求，保险期间1年以上的产品，保险公司在厘定保险费时，应根据公司历史投资回报率经验和对未来的合理预期及产品特性按照审慎原则确定预定利率。

2. 费用率

费用率是健康保险费率厘定过程中考虑的一项非常重要的因素，它主要影响健康保费结构中的附加保费部分。健康保险定价中的费用因素主要包括保险公司健康保险产品的策划营销、健康保险合同的签订和提供其他后续服务的所有成本，具体的项目一般包括佣金、保单管理费用、核保费用、理赔成本、公司的经营费用和税金6大类，其需要进行合理的估计并由所有的投保人来共同分摊。影响费用的因素很多，但实际应用中，费用预估的大小一般以保险公司以往所有经营成本的详细分析数据为基础。在健康保险费用厘定时，通常根据以上各类费用因素总和占纯保险费或者总保费的一定比例进行简化计算，来做出费用率假定。目前，世界各国均对商业健康保险有一定的税收优惠政策，我国财税〔2017〕39号文件规定，自2017年7月1日起，在全国范围内对个人购买符合规定的商业健康保险产品的支出，允许在当年（月）计算应纳税所得额时予以税前扣除，扣除限额为2 400元/年。

3. 死亡率

健康保险费率厘定过程中，长期和终身健康保险的保费通常用均衡费率制。在均衡费率制度下，投保人在不同年龄时的死亡率是影响长期和终身健康保险费率的重要因素。因此，健康保险公司在厘定长期和终身健康保险费率时，会参照寿险保费，选用经验生命表作为定价依据。中国人民银行于1996年编制了第一张中国保险业经验生命表。

4. 退保率

"退保"指的是投保人死亡以外的原因使健康保险合同失效的风险事件。退保率即指前述事件发生的概率。退保率是健康保险费率厘定的一个重要测算因子，在进行长期和终身健康保险费率厘定时，精算师需要重点考虑退保率的高低问题。退保率的高低对长期和终身健康保险经营具有很大的影响。如果退保率比较高，保险公司因为支付参保人退保金，可能会出现现金流紧张、没有足够的资金支付当期的赔款金额的风险。因此，在健康保险费率厘定的测算过程中，要对以往的数据进行分析，对各年龄的退保率情况及变化趋势做出比较准确的估计。但目前我国健康保险公司的历史经验数据不够充足，精算师在费率厘定时较难把握，因此，需要我国健康保险公司在经营健康保险业务时，建立完善的健康管理服务体系，促进健康保险事业的高质量发展，减少退保率。

5. 利润率

与社会保险不同，商业健康保险公司是以盈利为目的的企业，保险人进行保险经营活动时，以追求最大利润为目的，因此，在进行商业健康保险费率厘定时，利润率是至关重要的一个测算因子。保险公司在进行费率厘定时,除了要考虑纯保险费,附加保险费时必须要考虑合理的利润假定。目前,我国健康保险公司在进行费率厘定时,一般并没有直接假定利润率,而要根据疾病率、费用率等的精算测定保证正常利润率的实现。

6. 安全附加费

安全附加费指由于健康风险的不确定性,保险公司针对所承保的风险提供保障的一种附加准备。理论上来说,按照收支平衡的原理,健康风险的总风险保费应该与总赔付基本持平。但在实际业务中,在商业健康保险公司经营过程中,健康保险的总赔付额或多或少与征交的保险费之间存在差距。如果总收入大于总赔付额,表明有一定的利润空间;如果赔付额高于预期征集的保险费,则保险公司就面临极大的风险。根据稳健发展的要求,在健康保险费率厘定时,为了避免入不敷出的风险,精算师会考虑安全附加的因素,为健康保险资金不足的情况预留储备金。当然,安全附加费的多少,征收的比例等要经过专业机构的测算,不要盲目。

(二)特殊测算因子

1. 疾病率

疾病率是健康保险费率厘定时特有的一项测算因子,也是健康保险费率厘定最主要的考虑因素。健康保险费率厘定是以疾病和意外伤害发生的频率、每次损失发生额的大小为基础的,但这里的疾病率,不仅包括疾病和意外伤害事故发生的频率,还包括伤病发生率和每次伤病发生后的损失幅度。在健康保险费率厘定实务中,我们需要用疾病表和持续的时间表来估算伤病发生率及发生之后的损失幅度。通常情况下,疾病率在不同性别和年龄中存在较大差异,而且不同地域伤病发生率及治疗的医疗成本也存在差异,因此,健康保险费率的确定应利用疾病表和持续时间表根据不同的地域分别制定。

2. 趋势因子

在健康保险费率厘定的过程中,尤其是长期健康保险,其费率厘定还会受到医疗费用的增长、医疗服务利用率是否充分以及通货膨胀率等长期趋势的影响,实践中通过在费率计算时引入趋势因子来对预期给付额或经营成本进行校正。趋势因子正是用来对预计的医疗费用支出情况进行校正。趋势因子的测算和确定也是精算师的一项重要工作,在健康保险费率厘定中,精算师需要对趋势因子做出一个科学的预测。

3. 观察期

健康保险的医疗保险和疾病保险中通常规定了观察期条款。所谓观察期是指在投保人签订的保单生效后的一定时期内(30 天或 90 天),参保人因疾病导致医疗费用的损失及疾病给付,保险人并不承担保险金给付的责任,观察期结束,保险人才承担责任。这项条款主要是为了防止投保人的道德风险,减少带病投保的风险。观察期的长短会影响健康保险费率的厘定，时间越长，保险人承担的风险越低，其保险费率也相对越低。

以上介绍的因素都是健康保险费率厘定测算因子，除此以外，如医疗服务销售方式、核保理赔管理规定、医疗技术的进步、保险公司的经营原则和宗旨、免赔额和等待期等也会影响健康保险费率厘定。因此，在厘定过程中，精算师应该根据具体险种的情况，选择合理全面的影响因子进行测算，保证健康保险费率厘定的科学性。

第三节　健康保险费率厘定的方法

一、保险费率厘定的一般方法

（一）判断法

判断法，也叫观察法或个别法，是指在具体的承保过程中，由核保人员根据每笔业务保险标的和以往的经验，直接判断风险频率和损失率，从而确定适合特定情况的个别费率。这种保险费率厘定的方法操作比较简便，而且从个别情况进行单独厘定，较能反映个别风险的特性。但仅凭观察和经验，受核保人员自身水平的影响较大，缺乏一定的科学性。当然，对于缺乏数据资料的一些新的保险业务来说，因没有可参照的数据，判断法有一定的适应空间。

（二）分类法

分类法是依据某些重要的标准，对风险进行分类，并据此将投保人分成不同的类别，把不同的保险标的依据风险性质归入相对应的群体，然后分别确定费率的方法。分类法是基于这样一种假设：投保人将来的损失很大程度上由一系列相同的因素决定。这种方法有时也称作手册法，由于各种分类费率都会印在手册上，投保人只要查阅手册，就可决定费率。其中，大多数人身意外伤害保险、火灾保险和人寿保险通常使用分类法。比如，人身意外伤害保险一般以性别、年龄和健康状况来分类。不同类别、不同等级，制定不同费率。分类法的优点是应用比较方便，可迅速查到适用费率，但也存在不尽公平的缺点。

（三）增减法

增减法又称修正法，是指在同一分类中，给被保险人提供变动的费率。增减法是在凭借分类法已确定的基本费率的基础上，在具体承保中依据实际情况就个别风险加以衡量后，再进行增减变动而确定下来的费率。增减法与分类法相比，其厘定的费率可能高于也可能低于分类法确定的费率。增减法具有分类法的广泛性，同时又具有判断法的灵活性,是一种科学适用的计费方法。增减法通常又可分为表定法、经验法、追溯法。

1. 表定法

表定法是以每一危险单位为计算依据,在已确定的基本费率的基础上,参考标的物的显著危险因素来确定费率。当被保险人投保时,核保工作人员会将实际投保标的所具有的全部风险与原定的基本费率进行比较,如果被保险人的实际条件比原定的标准好一些,则就按表定费率降低一些;如果被保险人的实际条件比原定的标准差一些,可按表定费率适当增加一些。

表定法的优点在于:第一,能够促进防灾防损。如果投保人防灾防损意识比较强,能够主动减少有关危险的因素,则可厘定比基础费率低的保费率;如果投保人防灾防损意识不强,则可能面临比较高的保费率。第二,适用性比较强。表定法可适用于风险程序不等和规模不等的投保单位。其缺点主要在于使用表定法的成本太高,保险机构为了了解被保险人的详细情况,需要支付大量的营业费用;而且在实际应用中,表定费率具有很强的灵活性,因此,为了争取更多的保险业务,部分保险人可能存在过度减低保险费率的情况,不利于保险市场的健康发展。

2. 经验法

经验法是指根据被保险人过去的损失记录,对按分类法计算的费率进行增减变动而厘定出来的费率。这种方法又称预期经验法,是以过去一段时期(通常是3年)的平均损失为基础进行增减,来厘定未来时期被保险人待用的保险费率。当年的保险额不受当年经验的影响。计算公式为:

$$M = \frac{A-E}{E} \times C \times T$$

式中,M 为保险费率经验调整的百分数;A 为经验期(考察期)内被保险人的平均实际损失;E 为被保险人适用某分类费率时的预期损失;C 为信赖度;T 为趋势因数。这里用到趋势因数,主要是为了考虑平均赔偿金额支出的趋势以及物价指数变动。

与表定法相比,经验法的优点在于,厘定保险人保险费率时,更能全面地考虑影响风险的各个因素,更科学合理。

3. 追溯法

追溯法是依据保险期间的损失为基础来调整保险费率的。被保险人投保之初先以其他方法(如表定法、经验法)来确定费率从而购买保单,等到保险期满以后,再按照追溯法最后确定保费。如果保险期满后,计算出实际损失比较大,则需要交付的保费也就多;如果计算出的实际损失比较小,则需要交付的保费就少。追溯法的计算方法比较多,而且追溯法厘定程序烦琐,计算比较复杂,因此其在实际中应用的范围不广,仅限于少数大规模的投保人。

二、个人健康保险费率厘定的方法

(一) 个人短期健康保险费率厘定方法

短期健康保险是指保险期间在 1 年及 1 年以下且不含有保证续保条款的健康保险。短期健康保险产品包括短期个人健康保险和大多数团体健康保险产品。这里先讨论短期个人健康保险产品,具体包括医疗费用保险、重大疾病保险和短期的失能收入保险。

短期个人健康保险产品的保险期限相对较短,大多数为 1 年期;保险费通常在投保时一次交清;保险期满可续保,但费率可能会增加。因此,个人短期健康保险费率厘定时,其费率只需根据相应保单在合约期限的赔付水平来确定,实现收到的保险与该保单合同期限内的给付额相等。参保人的年龄结构、保险经营的成本等都会发生变化,故保险合同也会发生更新变化,其费率水平也应进行相应的调整。

根据计算方法的不同,短期个人健康保险影响因子的定价方法可分为两类。

1. 纯费率法

纯费率法可以用公式表示如下:

$$R = \frac{P+F}{1-V-Q}$$

式中,R 为毛保费;P 为纯保费;F 为固定费用;V 为可变费用因子;Q 为利润因子。

公式中纯保费的实质是预期损失,是期望索赔频率与平均给付额的乘积,该指标通常根据损失经验进行预测。在纯费率法中,预期损失的计算是定价的关键,根据估计方法的不同,可分为年度预期给付法和风险成本分步计算法两种。

(1) 年度预期给付法。通过此种方法进行健康保险费率厘定时,首先要对投保人进行分类,主要根据性别、年龄、职业和地区等可能影响年给付额的因素来划分,然后再根据健康保险不同险种的年赔付成本来计算风险保费。

(2) 风险成本分步计算法。所谓风险成本分步计算法是分别计算每次给付成本与风险发生的频率的乘积,然后相加构成健康保险产品的总风险成本。风险成本分步计算、考虑频率及每次给付定额,是因为过去损失的资料及未来预期损失处于不同的环境下,各种因素的影响程度不同,所以各自的风险因素存在差异,分别考虑风险发生频率和每次给付成本有利于针对各自差异进行调整,可缩小计算的风险成本和预期值之间的差距。

2. 损失率法

损失率法即赔付率调整法,是指以现行费率为基础,通过比较目标损失率和经验损失率,估计未来费率相对现行费率的调整幅度,从而计算得到新费率。[①] 损失率法以现行费率和赔付历史记录为基础,主要适用于对已有费率进行调整,不适用

[①] 中国保监会关于印发《财产保险公司产品费率厘定指引》的通知,保监发〔2017〕2 号。

于新产品的费率厘定。

由于个人短期健康保险采用个人风险费率,其在费率厘定时先将性质相同的投保人的风险进行归类,然后对分类相同的投保人,根据他们共同的风险或损失水平,计算出相应的保险费率。每一风险分类的费率常用表格的方式列出,称作费率表。

(二)个人长期健康保险费率厘定方法

长期健康保险是指保险期限在 1 年以上或者虽不超过 1 年但含有保证续保条款的健康保险。长期健康保险的费率计算比短期健康保险费率计算更复杂。这里讨论的长期健康保险产品指那些费率计算过程中包含平准费率原理的健康保险产品,主要有长期医疗费用保险、重大疾病保险、收入保障保险、长期护理保险等。

长期健康保险的保险期间较长,长期和终身保障的健康保险产品定价通常采用均衡费率,即投保人在整个交费期间内平准化,通过年轻时超交的保费来弥补年老时交费能力的不足,在定价过程中需要将各年的风险保费抹平。对于每个参保人而言,随着年龄的增加,面临的健康风险在随之增加,其医疗事件发生的频率及医疗费用支出金额也会发生变化;同时,医疗技术的进步,医药成本的变化等,也会影响每年的风险保费。因此,长期医疗保险的保费预算就更为复杂。在保费计算过程中,除了要考虑赔付额之外,还要考虑利率因素、年龄因素和死亡率因子等。针对长期健康保险的这些特点,在该产品的费率定价过程中,既要考虑货币的时间价值,还要考虑随着参保人年龄的增加或承保的延长,每年伤病损失成本的增加。因此,在长期健康保险费率厘定时,精算师一般以 3~5 年为一个周期,对新加入的被保险人用调整后的新费率,意味着通过新被保险人交纳的保费来弥补上期被保险人交费的不足。

目前,长期健康保险费率厘定常用的精算模型有:

1. 曼联法

曼联法是计算长期健康保险费率的传统方法,是根据过去的伤病发生率和伤病持续时间的经验数据直接计算出相关保险金给付额现值的一种精算方法。此方法的基本思想是,在 1 年内处于伤病状态的投保人提出的赔付应该由其所在风险群体的全体投保人共同分担。这种方法计算的费率原理理解起来简单、模型应用简便。但这种方法难以分析赔付经验,没有把健康人群与伤病者进行分开估算。因此,关于伤病状态、伤病持续期以及因伤病而发生的费用信息无法从分析索赔经验中得到。曼联法主要应用于失能收入保险产品和长期护理保险产品的费率厘定。

2. 减量表模型法

减量表模型法是计算长期健康保险费率的常用方法,通过考察处于不同健康状态的投保人数的变化来计算状态转移概率,从而计算长期健康保险费率的精算方法。该方法的基本思想是,在一定的时间段内,全体投保群体中每个个体的健康状况都可能会发生改变,有的参保人原来处于健康状态现在可能发生伤病,也有些参保人原来处于伤病状态,现在可能已经恢复健康,也有可能健康状况进一步恶化。基于这个原理，考察不同个体的健康状态转移概率来计算费率。这种方法应用的关键是要确定每个年龄或者年龄段投保人的年平均给付额。此方法广泛应用于失能收入保险产品和长期护理保险产品的费率厘定。

3. 多状态模型法

这种方法是指由固定数目的状态组成，在不同的状态之间有转移的可能性和相应的转移能力，利用这些转移力可以进行保单的设计以及保费和准备金的计算。为了求出初始状态到目标状态的转移概率，必须了解这两个状态之间存在的可能状态类型。多状态马尔科夫过程模型运用马尔科夫链求出这些状态之间的转移概率。为了进一步简化分析，甚至可以假设在较短的时间间隔内，模型的转移概率是常数。

多状态马尔科夫过程模型对涉及不同分类和状态的转移时，更能发挥其优势。但模型的复杂性使在计算保费和准备金时耗时较大，而且对于模型中所有可能的转移并没有相应足够的经验数据可以利用。

三、团体健康保险费率厘定

团体健康保险主要包括团体医疗费用保险、团体失能收入保险、团体长期护理保险等。团体健康保险使用团体保单，其被保险人是团体，健康风险的选择对象是一个团体而非个人。团体保险在核保过程中通常比个人健康保险要简单一些，保险人和投保团体之间只需要一份健康保险主保单，而团体成员都使用同样的保险条款，一般也不需要对单个投保人进行核保，大大降低了保险人的经营成本，这就使团体健康保险产品的佣金提取比例、核保费用和合同管理成本都较个人健康保险产品要低。另外，团体健康保险合同可以在协商的情况下进行修改以使其更合理，有一定的弹性。团体健康保险费率厘定模型会因团体规模大小的不同有所区别，通常按团体的规模将团体分为大团体、中型团体和小团体3种。团体健康保险厘定方法主要有以下3种：

（一）表定费率法

表定费率法是指保险人对每一具有相似风险的类别规定若干客观标准，然后依据标准情况下的风险程度制定出来，并以表格形式列示的一系列费率。在团体健康保险实务中，表定费率即由保险人根据自身的数据库和理赔的经验记录，对投保的团体成员的基本资料进行分析，包括投保团体成员的性别、年龄、职业、收入及工作环境等因素，然后再按照保险的保障范围来确定保险费率。这种方法对团体成员在其风险程度进行风险分类的基础上，根据每一个风险分类的投保人的平均风险水平来确定费率的方法。在实际应用中，不同风险分类的费率常用表格的方式呈现出来，故称费率表或费率手册。在计算团体健康保险保费时，根据每个成员的风险状况，对应从费率表查出其应交的标准费率，再根据该成员的健康状况等因素进行一些适当的调整，得到该成员最终应交的保费，再把每个成员应交的保费加总，就得到该团体应交纳的总保费。

小团体人数较少,如果采用整个团体以往的经验理赔数据作为参考,将历史经验转化为预期赔付,从统计学上来说是不可信的。因此,小团体健康保险费率厘定一般用表定费率制度。

(二) 经验费率法

当团体健康保险的投保团体比较大的时候,如果按照表定费率法,通过每个团体成员的风险特征来决定其应交纳的保费,再加总得到大团体保险,理论上行得通,但工作量太大。因此,对于成员数目众多的大团体来说,一般不采用表定费率法,而采用经验费率,即保险人依据团体以往的经验赔付额和实际损失大小数据来确定团体的费率,又称经验费率模型或经验定价法。保险人采用经验费率法制定团体健康保险费率时,会依据团体以往的经验数据预估下一个保险年度的费率水平。这种模型对投保人会产生一定的激励作用,因为上一年的团体健康保险的赔偿金额将对下一个保险年度的保费水平有一定的影响,投保团体就有动力去想办法减少团体健康风险事故的发生,从而降低下一个保险年度的保费,有利于保险人降低道德风险和控制成本。

大团体的团体健康保险费率厘定通常需要 5 个步骤:

(1) 收集、整理历史数据。保险人需要对以往的经验历史数据进行收集、整理。历史数据收集的详细程度在很大程度上决定了后期健康保险费率厘定的准确程度。

(2) 剔除异常赔付数据。在整理经验历史数据时,剔除那些发生概率极小,或者不在保险责任范围内的以往保险事故发生导致保险金赔付的数据。

(3) 计算经验期内的合同保险责任。一般的计算公式为:

经验期内已发生保险事故的赔款 = 经验期内已付赔款 + 经验期期初责任准备金 − 经验期末责任准备金

= 经验期内已付赔款 + 经验期责任准备金的提转差

(4) 将历史经验数据转化为预期赔付。通过综合考虑保险人、投保团体、被保险人、经济因素、环境因素等多种风险因素对预期赔付数据的影响,将历史经验数据转化为预期赔付数据。

(5) 计算毛保费。通过前面步骤转化出预期赔付数据后,可以计算出团体健康保险的纯保费,然后再考虑利润和风险附加成本,最后算出团体健康保险的毛保费。

(三) 混合费率法

混合费率是表定费率和经验费率的综合应用,既考虑团体自身的特点、风险损失、赔付记录,又考虑保险公司以往的经验数据而确定团体健康保险费率的方法。当健康保险的投保团体的规模是中型时,可采用混合费率的定价方法,它实际是表定费率和经验费率的线性组合。中等团体的混合费率就是把一个表定费率同团体的索赔经验数据进行加权平均来决定该团体应交保费。权数的大小体现了信度理论,当精算师认为投保的团体实际损失数据可信度比较高时,在确定混合费率时将提高经验费率的比重，反之则会提高表定费率的比重。

混合费率的一般计算公式为：

混合费率＝表定费率×（1－信度因子）＋经验费率×信度因子

式中，信度因子是指团体经验保险在团体总保费中所占权重的大小。

一般而言，如果团体的规模越大，团体以往的赔付经验也就越可靠，信度因子就越大，逐渐接近1，当等于1时，混合费率就等于经验费率，实际上就是大团体时定价的经验费率法；如果团体的规模越小，团体以往的赔付经验也就越不可靠，信度因子越小，逐渐接近0，当等于0时，混合费率就等于表定费率，实际上就是小团体时定价的表定费率法。从这个意义上说，混合费率的计算公式可看成是团体健康保险费率的计算通式。

本章小结

健康保险费是指被保险人为获得健康保险保障，在参加健康保险时，根据其投保时所定的健康保险费率，向保险人交付的费用。健康保险费由健康保险纯保费和健康保险附加保费两部分构成。健康保险费率，是指健康保险应交保险费与保险金额的比率，又称保险价格。

健康保险费率一般由健康保险纯费率和健康保险附加费率两部分组成。在保险学中，人们习惯把健康保险纯费率和健康保险附加费率两者相加之后所得到的保险费率称为健康保险毛费率。

保险人在厘定健康保险费率时要充分体现双方的权利与义务的对等性，在厘定费率时，要坚持充足性、公平性、合理性、稳定性、灵活性、防损防灾性等原则。

健康保险费率厘定的数理基础是概率论与大数法则，其基本原理有共济原理和平衡原理。

健康保险费率厘定的测算因子包括一般测算因子和特殊测算因子。一般测算因子有利率、费用率、死亡率、退保率、利润率和安全附加费。特殊测算因子包括疾病率、趋势因子、观察期等。

保险费率厘定的一般方法包括判断法、分类法、增减法。个人短期健康保险费率厘定分为两类：纯费率法、损失率法。个人长期健康保险费率厘定常用模型有曼联法、减量表模型法、多状态模型法。团体健康保险费率厘定方法主要有3种：表定费率法、经验费率法、混合费率法。

复习思考题

1. 简述健康保险费率的构成。
2. 简述健康保险费率厘定的原则。
3. 简述健康保险费率厘定的基本原理。
4. 试述个人健康保险、团体健康保险费率厘定的常用方法。

案例分析

大数据技术在抗击新冠肺炎疫情中的应用及对保险公司精算工作的启示

在抗击2019年年底暴发的新冠肺炎疫情的战斗中，大数据、人工智能等数据科学技术在抗疫的各个方面发挥了重要的"助攻手"的作用。疫情风险的管控与保险风险的管理有着诸多相似之处，中国精算师协会传染病数学模型研究对大数据、人工智能等数据技术在本次抗击新冠肺炎疫情中的应用进行了研究。从风险识别、风险管控、风险处置等角度探讨大数据技术在未来精算工作中的潜在应用领域及价值，为实现精算发展的技术转型提供参考和思路。

一、大数据技术在疫情防控中的应用

（一）风险识别

此次疫情防控的难点之一是病毒的传播速度快，因此迅速找到疑似感染人员并尽早对其实施隔离治疗是控制病毒扩散的关键手段。在此过程中，大数据和人工智能主要在以下两个方面发挥了作用：

（1）智能体温检测。一些企业研发了智能红外测温设备和算法，其中百度公司为北京北部的综合交通枢纽清河高铁站提供的远距离体温检测方案能在1分钟同时检测200人的体温，误差在0.3℃以内。

（2）CT诊断辅助。上海市公共卫生临床中心通过从新冠肺炎患者CT片中提取定量参数开发智能算法可对肺炎严重程度进行智能评估，将医生的确诊时长从5~6小时大幅压缩至几分钟。

（二）风险管控

（1）疫情发展预测。通过已有信息搭建流行病学模型，主流的模型包括SIS、SIR、SEIR等时间序列模型。这些模型的主要原理是将人群分为易感者、感染者等几类，并根据流行病学研究及疫情早期数据估计各类别间单向或双向的转移概率等主要参数，预测最终整个群体中的感染人数、峰值与拐点时间等。

（2）舆情监控分析。舆情监控有助于掌握群众思想动态，为及时调整舆论引导提供数据基础。国家预警信息发布中心与百度联合推出的疫情大数据实时查询服务中就包含了"全民热搜"板块。以2020年3月2日疫情热搜排行榜为例，当日"新冠肺炎实时动态"的搜索次数为64万次排名第一。新华睿思也基于热搜数据对"复工"话题进行了舆情分析，发现"交叉感染"和"潜伏期"是高频词汇，"口罩""消毒喷剂""护目镜"是网民最关心的防疫设备。除了词频统计外舆情监控还可以进行文本分类和情感分析。

（3）个人风险管控。如何更好地帮助个体做好防护、识别周遭风险是提高个人防控意识、减少被感染概率的重要手段。在这方面很多机关、机构相继推出了风险统计查询工具，最基础的是分地区的感染人数统计。随后根据用户GPS定位和公开的确诊人员生活地点开通了风险地图查询功能，然后是同乘查询。运营商们也基于手机信号开发了风险识别工具,通过基站接收的手机信号统计人口流动变化,精度准确到所在小区。政府官方上线的"健康宝""健康码"等整合了更多方面的数据资源,综合判断居民风险。

(三)风险处置

解决新冠肺炎疫情的根本手段是加快对病毒的研究从而研制特效药物和专项疫苗。2020年1月底百度研究院向相关机构免费开放其线性时间算法 LinearFold 以及世界上现有最快的 RNA 结构预测网站,可以大幅提升新型冠状病毒的全基因组二级结构预测约 120 倍。

(四)其他方面

新冠肺炎疫情初期,武汉红十字会在接收和分配捐赠款物工作中存在分发效率等问题。为提高慈善机构的公信力,中国雄安集团数字城市公司等倡议上线了基于区块链技术的捐赠平台,借由区块链信息透明、可追溯、难篡改的技术特点和优势提高工作效率,接受监管和公众的监督。

二、大数据技术应用的思考

(一)数据越发多源丰富

在疫情防控过程中,来自医疗、交通、电信、社交等诸多方面的信息以文字、图片、数字、地理位置等各种形式被政府、企业、个人等不同主体加工、分析,最终将结果展现给用户。在这个由大数据技术推动的数据爆发式增长的时代,海量数据正在从各方不断产生,预计在未来这种趋势将越发明显。

(二)模型日益复杂精准

随着数据量的增加、数据维度的扩展、数据形态的丰富,大数据技术和机器学习模型将发挥越来越重要的作用。从这次疫情防控中使用的模型来看,神经网络等比较复杂的机器学习模型已在诸多领域有着非常成熟及深入的应用。

(三)外部因素影响重大

在此次疫情的预测中,不同主体预测的结果差异较大。曾有国外专家在没有考虑到中国政府管控手段等因素的情况下,预计 2020 年 2 月初中国感染人数就会高达 16 万人,与实际情况偏差较大。因此,模型需要考虑到包括动态调整的管控手段、诊疗方案修改、感染统计口径更新等不断发展变化的外部因素,更需要不断调整完善才能更加客观反映实际情况。

(四)信息共享愈发重要

在此次抗击疫情的战斗中仍有部分人员瞒报行程导致更多接触人员被隔离甚至感染的情况。整理这些情况发现,除了监测人员疏忽失职外,个人的信用道德风险是主要原因。如果能够共享相关数据,第一时间识别相关人员的历史居留地和健康轨迹,可进一步提高疫情防控的效率。

三、对保险公司精算分析工作的启示

(一)数据获取及特征筛选是开展大数据分析的基础

数据是分析预测工作的基础,保险公司精算分析工作一方面可以扩展公司内部数据,比如基于理赔过程中的对话记录进行文本分析预测客户诉讼的概率,通过统计模型来描述用户的风险特点。另一方面可以寻找外部数据，如教育需求、文化需求、理财需求、体育爱好等，借鉴客户外部行为数据，丰富客户信息，通过大数据技术更准确地了解客户的风险水平，形成360度用户画像。

数据筛选能力包含数据质量分析和重要信息提取两个部分。在丰富多源的数据面前，快速判断出数据的有效性、提升数据质量的能力尤为重要，特别是非结构化数据方面。重要信息提取即特征工程，在众多维度特征中准确寻找关键信息，通过现有信息创造更有效的特征，这些工作的重要性可能胜过模型本身。

（二）模型运用及统筹管理是大数据应用的技术支撑

面对日益丰富的数据和复杂的分析场景，加快先进模型的运用开发，进一步提高精算分析人员的技术能力有助于提高保险公司的专业性和技术优势。目前保险公司的精算模型数量和类型尚比较有限，但随着数据源的增加和算法的丰富，模型将越来越多、越来越复杂，再加上模型整合和更新迭代的要求，管理公司数据、模型资产将成为一项重要工作。

（三）业务理解及有效沟通是数据分析价值得到认可的关键因素

大数据、人工智能、区块链等都是技术手段，归根结底需要与业务场景相结合才能发挥出更大的应用价值。与业务部门组成联合项目组，让业务人员在过程中参与，建立良好的沟通机制和氛围，不断提升对业务前端的理解和认知是将数据技术转化为生产力的必经途径。群策群力才能充分考虑内外部各种因素变化，避免模型出现较大偏差，让模型结果得到充分理解和有效应用。

（四）大数据应用将快速推进差异化的客户管理及风险服务

随着云计算、大数据等技术的运用，互联网参与方获取和深度挖掘信息的能力大幅提高，消费者交易行为逐步实现可记录、可分析、可预测，保险行业的定价模式也随之变化。在大数据的支持下，保险公司可以真正以客户为中心，把客户分为成千上万种，每个客户都有个性化的解决方案，这样保险公司经营就完全可以实现差别费率，保险公司之间就可以实现真正的差异化竞争。

资料来源：孙启峰，傅宝丽.大数据、人工智能等数据技术在抗击新冠肺炎疫情中的应用及启示[N].中国精算师协会，2020-04-18.

思考：结合案例分析，数据技术在抗击新冠肺炎疫情中的应用对保险精算的发展有何意义？

提示：从保险公司精算分析工作的重要性及内容等方面进行阐述。

健康保险学

第十章

健康保险核保与理赔

本章要点

1. 掌握：健康保险核保与理赔的概念、过程、要素及目标。
2. 熟悉：健康保险核保与理赔的主要内容及程序。
3. 了解：健康保险核保与理赔的意义、难点、特征及原则。

课程目标

通过学习本章知识，学生能在从事健康保险核保与理赔工作中更好地处理效率与公平的关系。

第一节　健康保险核保

核保是指评估一份投保申请，决定是否承担这一风险，并在风险可承担情况下，决定保险费率的过程。医务核保即是保险人对被保险人的风险选择，主要针对的是被保险人的身体健康状况进行全面的分析和核实，从而决定是否承保以及用何种费率进行承保的过程。它的影响因素包括性别、年龄、体格、个人习惯、既往病史、现有病史、家族遗传史等，选择的结果直接影响保险公司经营的安全性。医务核保对保险公司的经营起到很关键的作用，医务核保的质量决定着保险公司的经营效益。

一、健康保险核保的意义与难点

风险选择与控制是商业健康保险生存和发展的关键问题及重要保证。商业健康保险的核保是保险公司对健康风险的识别、分析、分类和评估，决定是否接受要约或者以什么条件接受要约的过程，是健康保险风险选择与控制的主要手段。

（一）健康保险核保的意义

核保是健康保险中不可或缺的环节，是健康保险进行风险选择的主要手段，具有不可替代的作用。一方面，核保控制着健康保险的风险入口，是保险公司进行风险筛选和风险控制的主要手段，核保质量的高低直接决定公司承保风险质量的好坏和保险公司经营基础的稳定与否。另一方面，核保对于保险公司成本费用的控制至关重要，决定公司未来的支付状况和保险公司经营的财务稳定性，进而影响整个健康保险市场的供给状况和人们的健康方向。

具体来说，健康保险核保的意义主要有3点：一是维持差别费率的公平性。健康保险核保最主要的出发点是使投保人能享有公平合理的保险费率。在实际业务中，申请保险保障的个体存在不同的风险因素，由此应根据风险的程度确定不同承保条件，收取不同的保险费，保障各被保险人之间不会因为某个体风险程度较高而损害其他个体的利益，维护各被保险人利益上的公平性。二是防止逆选择和道德风险。逆选择和道德风险都会使保险公司的赔付率有可能超过精算预定的赔付率，进而对保险公司的经营产生不利影响。因而保险公司必须通过核保最大限度地甄别逆选择和道德风险。三是维护保险经营的安全性。健康保险核保是保险公司进行风险控制的重要环节。保险市场上，各保险公司的竞争日益激烈，只有通过核保对风险进行严格的选择与分类，才能使实际赔付率控制在精算预定范围之内，才能使承保群体的实际死亡率等于或低于预定死亡率，从而使保险公司可以获得预定的承保利润，确保保险经营的稳定。

(二)健康保险核保的难点

由于承保对象风险的特殊性,健康保险核保过程存在着一定的困难。一是风险因素错综复杂。有效识别有可能影响被保险人健康状态的因素是健康保险核保的首要任务,也是决定是否承保的主要依据。然而,影响健康状况的风险因素很多,各因素之间交织在一起,导致很多影响和作用相对隐蔽,难以察觉。另外,保险人对健康保险风险因素的识别往往会受制于个人知识水平的制约,从而给风险因素的精准识别带来了困难。二是损失估算难度较大。被保险人的健康状态恶化导致经济损失往往因人而异。它既与个体的身体素质、免疫能力以及心理状态有关,也会受到个人收入水平、家庭境况以及整个社会经济环境的影响。因此,在具体估算预期损失时,很难形成一个统一的标准,在估算潜在损失时往往会受到各种主观因素的干扰。三是逆选择出现概率较大。健康保险是非死亡型险种,且受益人为被保险人,作为给付条件的保险事故的发生对被保险人生命的威胁远不如一般寿险那么高,被保险人往往更了解自己的健康状况,双方存在明显的信息不对称,从而造成对保险事故责任范围的界定容易存在差异,大大增加了逆选择的概率。

二、健康保险核保的概念与要素

保险业务的核定经营,不仅要追求业务量,还要注重承保质量。保险费是根据收支平衡原则,依据正常条件下统计出来的预定事故发生率计算的。但在保险实践中,对被保险人的选择,往往在保与不保、保什么种类、保多少金额等方面,有不利于保险人的倾向。例如,身体健康状况差,或年龄较大的人投保疾病保险的积极性高,而健康状态良好,或青壮年人群则不愿意参加。这种不利于保险企业经济核算的倾向称为逆选择。逆选择的出现将使保险公司承担的风险超过预定水平,致使实际的患病率超过预定的患病率,从而影响保险公司的稳定发展。逆选择也违反互助互济原则,由于逆选择的存在,有可能使一部分人得到保险金的数学期望值大于他们交付的保险费,这一部分人就需要其他投保人为其做出捐献,从而损害大部分人的利益。针对这种逆选择现象,保险人必须通过核保认真进行危险选择,防止逆选择的发生,贯彻收支平衡、公平合理原则,保证权利与义务对等,使保险业务经营趋于稳定。

健康保险的核保是一个非常复杂的过程,包括接受投保单、体格检查、核保调查、核保决定至订立合同为止的全过程。首先是接受投保单,保险人接到投保单后,由外勤人员通过对被保险人接触,运用保险医学理论和知识对其外貌、血色、表情、态度、语音、感觉器官、肢体运动等与健康有关的事项加以仔细观察;同时,被保险人应履行告知义务,填写健康状况告知书;剔除一些因体质有缺陷不适于承保的人。接下来是体格检查,对于某些成人及保额较高的健康保险,应对被保险人身体健康状况进行检查。体检由专门人员或指定的医疗机构进行,以便了解被保险人的身体健康状况。但有些险种因采用团体方式投保而不需要进行体检,如青少年、婴幼儿疾病住院医疗保险等。某些成人团体（一般要求20人以上）投保健康保险时，根据被保险人群的健康状况及年龄，也可酌情免体检，执行替代体检制度。这种情况要求保险公司的专业人员，对每个被保险人的健康状况及出勤记录进行调查、分析，提出选择意见。其次是核保调查。体检后保险人要对被保险人的情况（如既往史、现病史、家族史、职业环境、生活环境、经济情况及其他危险因素）进行核保调查。核保调查可以由保险人自己进行，也可以委托专门机构和人员以适当方式进行，一般不进行公开正面调查，且对调查结果应予以保密。最后是做出核保决定，并签订健康保险合同。保险人根据投保单、体检表、被保险人健康状态告知书等各种文件，对被保险人的体质、环境、职业、心理及道德上的各种危险因素做出综合评价，决定承保与否，以及适用费率。由于核保决定这一环节风险最大，通常由保险公司的医务负责人进行决策。核保决定一旦完成，就可以与被保险人签订健康保险合同。

　　在整个核保过程中，不同险种有不同的风险审核内容。健康保险在核保上主要考虑影响疾病发生、发展及医疗费用等有关因素，主要包括以下几个方面：一是年龄。在医学上，年龄对于判断疾病的发生率、病种及预防具有很重要的参考价值。如：佝偻病、先天性疾病及麻疹、白喉、百日咳等急性传染病多发生于幼儿和儿童群体；结核病、风湿病、慢性肾炎等发病率以少年和青壮年居多；动脉硬化症、原发性高血压病、冠心病、慢性心肺疾患则几乎发生于中老年群体。一般来说，年幼时期急性病居多，治疗效果良好，疾病发生率较高；中老年人进入疾病发生率的第二高峰，慢性病发生率上升，治疗效果不是很理想。二是性别。某些疾病的发生率与性别有关。如：甲状腺疾病多见于女性；胃病、食管疾病、甲型血友病及先天性疾病以男性居多。另外，最常见的细菌、病毒感染性疾病等，男性的发病率高于女性；而生殖系统疾病的发病率女性则明显高于男性。三是现病史。指被保险人投保时，存在于身体器官上的病症，并看其在未来或近期内是否预计有医疗费支出。某些病要注意了解其治疗方法，有些治疗费用非常高。四是既往史。既往史指被保险人以往患过何种疾病或外伤，有无残疾。五是家族史。有些疾病与遗传因素有关，需要了解被保险人的家族病史。六是职业。有些职业容易患上职业病，矿工容易患尘肺病，教师容易患下肢静脉曲张，司机容易出现腰背疾患等。七是营养状态。营养状态好坏是医学上评定健康和疾病程度的保准之一。从统计学上看，营养不良者的疾病发生率要高于营养良好者。营养状态良好者，其病毒、细菌感染性疾病和肿瘤的发病率低于营养不良人群。过度肥胖则与内分泌疾病、代谢性疾病以及心血管疾病的发生率有关。八是嗜好。长期嗜酒和抽烟的人群的患病率也比较高。

　　投保单经过核保应做出以下3种类型的决定：① 承保。承保又分为无条件承保和有条件承保。无条件承保指对标准体依据条款正常承保。有条件承保指被保险人的风险高于保险公司预定的风险程度，不能按标准条件承保，但可附加某些条件（如根据被保险人的风险程度加收保费或免除部分保险责任）后承保，一般采取弱体条件承保，职业加费承保和附加特约条件加批注承保。② 延期承保。具体指被保险人由于身体健康上的原因，现在不能承保，经过一定时期再决定承保与否。如被保险人大病初愈不久，大手术后未满一定时间，妇女怀孕6个月以上或分娩后不足2个月及被保险人正在病休期间等，均属于延期承保的原因。③ 拒保。具体指体质上缺陷（长期不能治愈）或患有条款规定的疾病不得投保，即其危险超过保险公司所能接受的承保限度，保险人拒绝承保。

三、健康保险的核保程序

健康保险的核保包括个人健康保险核保和团体健康保险核保两种。个人健康保险核保是通过识别被保险人实际风险程度，对其进行评分和分类，并做出相应核保决定的过程。团体健康保险核保更加注重整个团体是否符合投保条件，而不是要求团体中的每个人都要符合投保条件。当然，如果团体规模较小时，就有必要让每个人提供满足投保条件的证明。不管是个人健康保险，还是团体健康保险，核保的目标都是确保对于保险人提供的各项保障与实际给付的保险金总额不超过纯保费的总额，维持保险公司的盈利能力。

（一）个人健康保险核保程序

个人健康保险核保要根据以往的经验计算出某群人发生疾病或受伤的概率相应的平均水平，分析不同特征的被保险人发生伤病的风险及平均损失与平均风险水平之间的差异，据此将被保险人分成风险水平不同的群体，并给予相应的保险费率或与其所交保险费对应的保障。个人健康保险核保要考虑每个被保险人的健康状况、职业和经济状况等风险因素。具体来说，可以分为4个阶段。

1. 销售人员核保

目前健康保险公司主要通过大量销售人员寻找目标客户，促使保险业务的达成。在这个过程中，销售人员要了解客户的投保动机、保险需求、健康状态、职业及工作环境、财务状况、家族情况、生活环境、生活方式以及其他重要事项。通过销售人员很好地核保，可以帮助保险公司避免逆选择、提高工作效率、减少保险纠纷、提高客户服务质量、开拓保险市场等。销售人员核保的主要内容包括：一是面晤。销售人员要和投保人、被保险人见面，了解投保人的投保动机，确定投保人、被保险人、受益人之间的关系，指点投保人填写投保单，被保险人、投保人签字。二是观察。详细观察被保险人的体格、外观、脸色、行动是否正常、有无残疾、智力或功能障碍、家庭情况、工作、居住环境等。三是询问。对被保险人进行技巧性询问，了解投保目的、投保历史、被保险人既往病史、家族职业及工作条件等。四是了解投保人的经济能力。评估投保人的续期交费能力，评估投保人所购买的所有保险累计保额是否合适，购买超额保险有可能诱发某些道德风险。五是准确填写投保单。引导投保人、被保险人如实书面告知，报告书应实事求是、内容完整，有可疑、不良因素要及时反馈给保险公司保险核保人员，对被保险人及投保人的特殊情况要做补充说明，及时完成报告书后，销售人员要签字。此外，销售人员核保时，要尽快排除道德风险,对非善意投保者、无可保利益者应予以婉拒,对于可保对象应根据职业状况及收入状况提供适当的保额,应详细解说健康保险合同所产生及衍生的法律行为,包括条款责任、告知义务、责任免除、失效复效规定、宽限期及契约撤销请求权、退保规定等。

2. 医师核保

在现实生存环境中,健康危险对人的影响很大,因而使被保险人会做出逆选择。为了维护保险人利益上的公平性,保证保险公司的稳健经营,就需要体检医师从保险医学的角度出发,对被保险人群中保额较高或有潜在健康危险因素的被保险人进行身体检查,为核保人员提供科学准确的健康资料,使核保人员做出准确的核保结论,才能把被保险人的实际情况控制在精算人员预定的范围之内,防止逆选择,排除不良契约。

目前,国内保险公司现有的检查医师可分为两类:一是专任医师,有保险公司的职员担任;二是特约医师,由保险公司委托的医疗机构的医师担任。保险医学与临床医学存在差异,因而专任医师的检查结论更具有科学性、准确性及可靠性,更具有权威性。体检医师在进行体检时,首先要了解被保险人的投保险种、投保金额及被保险人的年龄、既往疾病史、家族史、现病史、职业、社会环境、医疗状况及常用药物,还有其他影响其身体健康状况及预期死亡率的各种因素。在听取被保险人告知时,也要不断进行询问,获取相关详细信息。体检医师在体检过程中,要仔细观察被保险人的体形、体质、面色、皮肤、精神状态、言谈举止、步态等一般情况,再通过身高、体重、血压、脉搏、验血、验尿及身体各部位的物理诊查,准确掌握被保险人的健康状况,形成一份理想的体检报告。

体检的基本流程包括:制定送达"体检通知书",客户确认体检时间后,做好体检准备,携带本人身份证(户口簿)、近期免冠照片,在保险公司内勤人员陪同下参加体检,被保险人按照"体检报告书"要求,自行填写健康告知项目,审核无误后,体检医师和被保险人在告知书上签名。体检医师根据"体检报告书"确定的体检项目进行检查或安排被保险人到各科室进行检查。体检医师应仔细审核各项目的检查结果,并如实记录异常发现,做出体检结论并签字确认。最后体检医师将被保险人的"体检报告书"和原始检验单证密封,交由保险公司取回并上交保险公司核保部门,所有客户的病情资料都是保密文件,不得向无关人员透露。

3. 生存调查

生存调查是指在保险公司合同成立前后,由保险公司调查人员收集投保人的各项资料,为核保决定提供依据的风险调查过程。生存调查分为直接调查和间接调查。直接调查指通过面晤、观察、询问等直接面见投保人、被保险人的方式,了解投保人和被保险人是否符合投保条件的要求。间接调查是通过对投保人和被保险人周边的同事、邻里、亲友、医务人员及工商税务人员等进行接触、交谈,了解投保人和被保险人是否符合承保要求。生存调查的范围一般由保险公司的总部确定,主要内容有投保情况、健康状况、财务状况、职业与环境以及习惯与嗜好等。生存调查人员要提前做好准备工作,明确访问重点,态度诚恳、言语友善、服装整洁、仪表端庄,选择合适的调查地点,预约拜访时间以及核查被调查对象的身份证件,不同对象确定不同的调查重点,对调查资料及结果保密。最后根据调查结果撰写一份内容翔实、有时效性、言简意赅、逻辑清晰、表述严谨的生存调查报告。

4. 核保人员核保

核保人员核保是指核保人员根据业务员提交的报告和投保单进行再次审核,决定是否承保或者以何种方式承保的过程。健康保险核保人员是保险公司承保业务的风险把关人,不仅要具备保险、医学等方面的知识,还要有丰富的阅历、敏锐的洞察力以及综合分析能力。在整个操作过程中,核保人员要筛选符合保险公司预定死亡率的被保险人,淘汰风险较高的被保险人,确保公司经营安全;根据被保险人的风险程度对被保险人进行细分,划分为标准体、次标准体和非保体,确定不同等级的费率,确保被保险人之间的公平性。核保人员核保的作业流程包括初步审核、投保资料的进一步收集、依据核保手册综合分析、对有疑问的核保件进一步收集资料以及查定核保手册和核保指导用书,最后确定承保条件和承保方法。

(二)团体健康保险核保程序

团体健康保险核保主要着眼于团体,是将团体作为一个整体进行分析评估的。

在团体健康保险核保中,一般不会做出拒保的决定。因此,团体健康保险核保的重点是确定以何种条件来承保团体成员,以便保险人有足够的保险费收入来支付将来所有的赔款,并赚取合理的利润。团体健康保险大多数适用于公司或团体重点员工,有利于增进员工福利,缓解矛盾,改善关系,提高公司或团体对员工的吸引力。

团体健康保险核保工作的第一步是获取核保所需的有关资料,包括团体的平均年龄、男女比例、所在行业、团体成员的主要职业以及近年来医疗保险赔付的医疗费用支出情况等信息。第二步是根据获取的核保资料进行风险评估。一般来说,投保团体的规模越大,风险情况越稳定;各种企事业团体的风险状况优于其他各类团体;团体平均年龄越小或不断有年轻成员加入的团体的索赔率越低;团体中投保比例越小,团体成员对保障选择越多,则团体的逆选择风险越大。最后一步是做出最终的核保决定,主要是确定采用何种方式进行承保、需要附加什么条件、如何增加保费、确定承保费率以及提供哪些保障项目等。

第二节 健康保险理赔

《保险法》第二十二条、二十三条规定:保险事故发生后,依照保险合同请求保险人赔偿或者给付保险金时,投保人、被保险人或者受益人应当向保险人提供其所能提供的与确认保险事故的性质、原因、损失程度等有关的证明和资料。保险人收到被保险人或者受益人的赔偿或者给付保险金的请求后，应当及时做出核定，并将核定结果通知被保险人或受益人；对属于保险责任的，在与被保险人或者受益人达成有关赔偿或者给付保险金额的协议后10日内，履行赔偿或者给付保险金义务。本条款体现了被保险人或者受益人享有的权利，以及保险人履行赔偿或者给付保险金的义务。

健康保险理赔是指保险人在承保的保险事故发生后，接受被保险人或受益人或保单持有人提出的索赔申请，根据保险合同规定，对保险事故造成的原因及损失情况进行确认，并向被保险人进行赔偿处理及支付保险金的过程。健康保险理赔由索赔过程和保险金给付过程组成。索赔过程是指被保险人发生了健康保险合同中保险责任范围内的疾病或伤害事故后，向保险人报案并提供相应的损失证据的过程。保险金给付过程是指保险人以保险合同和相关法律法规为依据，对索赔请求进行处理和审核，并做出是否给付和给付多少的决定过程。理赔是保险法律制度中的主要环节，它依据保险合同和保险相关法律法规及国际惯例，既是被保险人享受权益，也是保险人履行义务的主要形式。

一、健康保险理赔的意义与目标

（一）健康保险理赔的意义

1. 兑现承诺

健康保险合同是一种保障性合同，投保人交付保险费后获得的是保险公司为其提供的一个保障。即在约定的事件发生后，可以得到约定的保险金，这种承诺的实现是通过健康保险理赔来体现的。

2. 规范经营

健康保险经营中，很多问题往往要在理赔环节才能暴露出来。通过理赔能够检验健康保险条款是否规范严谨，费率设置是否合理，销售人员和核保人员的业务水平。通过理赔可以找出保险经营中存在的漏洞和不足，为进一步规范保险条款、调整合理费率以及员工业务培训提供操作依据。

3. 提升形象

保险公司的经营是以赢得客户信赖为基础的。良好的理赔工作有助于赢得客户信赖，提升保险公司的形象，增加保险公司品牌的含金量，为保险公司持续健康发展奠定基础。由于健康保险尤其是医疗保险发生保险事故的频率较高，理赔申请次数较多，所以健康保险业务的理赔处理更能体现保险公司的经营实力和工作效率，对提升保险公司的整体形象具有重要意义。

4. 保护权益

通过及时、准确、合理、公平的健康保险理赔，被保险人的正当权益得以实现，不仅保护了所有诚实投保人的利益，还有利于提高公民的保险意识和法律意识。

(二)健康保险理赔的目标

1. 确定造成损失的原因

健康保险理赔人员可以通过全面调查,掌握出险情况,客观分析被保险人损失的真正原因。由于健康保险以人的身体为保险标的,调查被保险人及其亲属、就诊医院和相关医疗人员,尽量查明其治病原因、疾病诊断、就诊住院情况及当前身体状况,做出损失原因判断。

2. 确定是否属于保险责任

保险人应根据保险事故原因,对照保险合同条款,判断被保险人的损失是否属于保险责任。确定被保险人的身体受损状况和治疗情况是否符合合同条款规定,保险事故是否发生在保单有效期间内,是否在规定时间内提出保险申请,以及是否为保险责任范围内的事故等。

3. 确定损失程度和金额

健康保险是对被保险人因疾病或伤害需要治疗时提供经济上的保障,对被保险人因此所支付的医疗费用进行补偿,赔付金额应是保险金额之内实际发生的医疗费用,被保险人不能获得超出实际费用的赔偿,不能从中获利。理赔时,对应承担的保险责任,依据保险合同规定项目和给付条款,确定被保险人的损失金额。

4. 确定应得的赔偿金额

健康保险理赔人员按照保险合同规定的项目、给付额度和比例计算保险金的给付数额,确定被保险人的赔偿金额,经审核后做出赔付决定。如果是拒赔案件,理赔人员应做出拒付确认,并出具相应的处理意见和原因记录。

二、健康保险理赔的特征与原则

(一)健康保险理赔的特征

健康保险理赔事故发生在被保险人患有承保范围内的疾病、意外伤害,或因治疗疾病、意外伤害而发生的医疗费用,或因疾病、伤残失去工作能力而需要得到经济补偿。因而健康保险理赔事故发生频率较高,逆选择机会较多,风险较高,因而具有以下几个特征。

1. 特殊条款的使用

一是健康保险条款中经常有除外责任条款,主要包括战争或军事行动导致的疾病和伤害、非意外所致的美容手术、自身原因或犯罪行为所导致的人身伤害、疾病或死亡以及其他保险机构已经支付医疗费用或免费的医疗服务项目等。不同类型的健康保险合同除外责任内容会有所不同,在理赔过程中要仔细甄别,明确除外责任内的损失。

二是健康保险合同还有一些其他特殊条款，主要包括既往症、等待期、协调给付等。既往症是被保险人在健康保险合同生效前就已经存在的健康问题或疾病状态，因此，既往症引发的健康保险事故是不能获得保险金给付的。等待期，又叫观察期，是保险合同生效后预先规定不属于保险责任范围的一段时间，是保险人为了防止被保险人因既往症所带来的医疗费用而给付保险金，降低赔付率而做出的规定。一般规定保险合同生效后的等待期为30日至1年不等。协调给付，又叫分摊比例，是当被保险人同时拥有不同保险人的健康保险时，应根据协调给付原则得到保险金赔偿，确保被保险人获得的所有保险金给付总额不会超过实际损失总额。

2. 费用的分摊方式

一是免赔额，又叫自付额，是在保险人根据保险条件做出赔付之前，被保险人必须自行承担一定比例的医疗费用，保险人只负责超过部分。健康保险一般都对金额较低的医疗费用规定免赔额并确定免赔额的给付方式，基于每次给付还是基于一个保险年度给付。

二是比例自付，是保险人与被保险人按照一定比例共同分摊被保险人医疗费用进行保险赔付的方式。比例自付既可以按照某一固定比例给付，也可以按照累进比例给付。一般来说，随着实际医疗费用支出的增长，被保险人承担的自付比例累计递减。大多数健康保险合同对保险人医疗保险金的支出都有比例给付的规定。此外，还有损失停止的规定，即当被保险人的自付总额达到一定程度时，保险人支付全部医疗费用。

三是给付限额。由于被保险人个体差异很大，产生的医疗费用也有很大的差异。因此，在补偿性健康保险合同中，一般设有保险人给付保险金的最高限额，超出最高给付限额的部分，由被保险人承担，包括住院费用给付限额、单项疾病给付限额、手术费用给付限额等，进而控制总的支出水平，保障保险人和被保险人的利益。

3. 理赔难度较大

一方面，除定额健康保险外，大部分健康保险合同的保险金是按照实际发生的医疗费用和收入损失来确定的。因此，无法事先约定对医疗费用和收入损失进行补偿的固定金额。而且医疗费用和收入损失往往会受到诸多主观和客观因素的影响，如在临床上使用新技术和新药物、在医生的诱导下需求增加、被保险人的道德损害行为等，诸多原因会导致医疗费用上涨，使保险金的给付数额具有极大的不确定性。因此，一般的健康保险合同都有给付限额的规定。

另一方面，一般认为理赔保险金是对医疗费用、收入损失进行的合理和必需的补偿，尤其是在进行失能收入保险理赔时，收入损失通常很难测量，而且往往还涉及很多医学知识和法律知识，技术难度较大，需要基于理赔人员的知识、经验和能力来进行把握，使健康保险理赔十分复杂，一旦处理不慎，很容易与被保险人发生纠纷。

（二）健康保险理赔的原则

健康保险的理赔是在法律和合同基础上对保险责任的准确认定，并及时为被保险人提供保障的过程。该过程直接关系到保险公司及被保险人的切身利益，因此必须遵循一定的原则进行理赔。

1. 重合同、守信用原则

保险人和被保险人直接的权利与义务是通过保险合同建立起来的，保险合同对保险责任、赔偿处理和被保险人义务进行了原则上的规定。根据保险合同，赔偿给付保险金是保险人应尽的义务，也是保险人履行保险合同的法律依据。如果保险人不严格按照保险合同，诚实守信地进行赔偿，不仅对保险公司的信誉造成不良影响，而且被保险人可以根据保险合同向法院起诉，获得保险合同所约定的保障。

2. 实事求是原则

健康保险合同条款对赔偿做出了原则性规定。但在具体的保险事故中，情况纷繁复杂，人们对健康保险的认识不一，对健康保险合同的有关条款理解各异，被保险人提出的索赔要求有可能不尽合理。这就要求保险人根据实事求是的原则，对保险事故造成的损失不夸大、不缩小、不惜赔、不滥赔，根据健康保险合同的约定进行赔偿。

3. 公平原则

公平原则要求理赔人员在理赔处理时，采取公正立场，不偏不倚，摆正公司和客户的利益关系。过分偏袒公司利益，将会损害保险公司的品牌形象和业务的可持续健康发展。过分偏袒客户，则可能诱发道德风险，同样影响保险业务的健康发展。

4. 主动、迅速、准确、合理原则

主动、迅速、准确、合理原则是健康保险理赔工作的指导方针，是衡量理赔工作质量的重要标准，是保险公司信誉的集中体现。主动，要求主动受理索赔案件，要站在被保险人的角度，热情地为被保险人提供人性化服务；迅速，要求按照《保险法》对理赔时限的规定快速处理，及时赔付；准确，要求准确核定赔偿金额；合理，要求依据保险合同，合理分清责任，合理赔偿，抵制欺诈性索赔。

三、健康保险理赔的程序

（一）健康保险理赔的一般流程

健康保险理赔关系到保险合同双方当事人的切身利益，具有很强的政策性，因而保险公司应当制定一套严密完整的工作流程并遵照执行，才能保证理赔工作的效率与质量。健康保险理赔的一般作业流程如下：

1. 接案

理赔人员在接到报案人的出险报案后，应及时填写"报案登记表"，对报案事项予以登记。报案人应提供以下信息：投保人姓名或名称、被保险人姓名、身份证号码等个人识别信息；险种名称、保单号码等合同识别信息；出险时间、原因、地点、就诊医院、病案号等出险事故信息；报案人姓名、联系电话与地址等相关信息。报案登记结束后，接案人员应根据报案登记信息，在客户信息查询系统中进行与出险人有关的保单查询，根据查询结果做如下处理：出险人持有效合同的，在"报案登记表"中记录"报案"，并告知报案人提供有关索赔材料；出险人保险合同效力终止或出险事故明显不属于投保人所投保险种的保险责任的，或者出险前做过被保险人数减少的保全处理，致使出险人不在被保险人范围内的，在"报案登记表"中记录不受理原因后告知报案人；未查到出险人保单资料的，应尽快通知报案人，经确认后，在"报案登记表"中记录"撤销报案"；如果出险人信息不详、无法查询的，应尽快通知报案人补充提供出险人信息，确认出险人真实身份；出险人还持有其他尚未报案但应由保险公司承担保险责任的有效保单的，理赔人员应主动进行报案登记，尽快通知报案人补充该有效保单的相关资料，待资料齐全后逐单进行立案。

2. 立案

健康保险理赔人员接到理赔申请后，应查询和核对出险人身份及所持有保单的有效性，要求申请人提供与理赔有关的证明和材料，主要包括：保险单及批单正本、最近一期支付保险费凭证、被保险人证明材料、保险金申请材料等。理赔人员要审核保险金申请材料是否齐全、事故是否清楚、证明材料是否确实充分，以及各项单证是否一致，符合理赔程序规则和立案条件的，应立案编号。进入立案程序后，接案人员按照条款及相关理赔规定，审核"理赔申请书"及相关索赔材料，对审核结果分别进行如下处理：对符合立案条件的，出具"资料交接凭证"一式两联，签名盖章后留存公司联，客户联交申请人存执，进行立案登记。接案人员应在"资料交接凭证"上注明是原件还是复印件；对索赔材料不全的，由接案人员通知申请人补充材料，待索赔材料齐全后重新审核；对审核中发现申请人未申请理赔，但保险公司应承担保险责任的有效保单的，应告知申请人补齐该保单及相关资料，待材料齐全后进行立案登记；对能够确定出险事故不属于保险责任的，由接案人员通知申请人不予立案，但对有疑义或可能引起纠纷的，应予以立案。经过立案审核，凡符合立案条件的理赔申请应逐单立案登记，设定赔案编号，对记录不全的项目进行补偿录入或更正。如果立案登记中的"出险经过及结果"与报案登记时不符，则不予更正，保留报案登记时的记录备查。

3. 初审

健康保险理赔人员根据接受的案卷材料，对保险合同的有效性、出险事故的性质进行初步审核，进而判断是否属于保险责任。

（1）初审的主要内容包括：一是审核出险时保险合同是否有效；二是审核保险事故是否为保险责任范围内的事故；三是审核申请人所提供的证明材料是否完整、有效；四是审核出险人是否需要进行伤残观察；五是审核出险事故是否需要理赔调查。

（2）初审步骤。对于出险时保险合同有效、在保险责任范围内，且索赔材料齐全、完整的案件，初审人员应根据理赔申请及证明材料，判断是否需要理赔查勘。

凡是不需要理赔查勘的案件，出具初审意见后将理赔案卷直接移交理算人员；凡需要理赔查勘的案件，出具初审意见后，制定"理赔调查通知书"，待调查人员提交充分的调查报告后，再将理赔案卷直接移交理算人员。对于索赔材料不完整或不符合理赔要求的理赔申请，初审人员出具初审意见，制定"理赔伤残观察通知书"或"理赔补充资料通知书"，告知申请人，待观察期结束后或补齐索赔材料后，再来办理理赔申请。

4．调查

健康保险理赔调查是指保险人对报案人提出的索赔申请进行全面深入的调查核实。

（1）调查的基本要求。一是调查必须遵循实事求是的原则；二是应力求迅速、准确、全面、及时；三是实行双人查勘制度；四是调查人员在查勘过程中禁止就理赔事项做出承诺；五是应遵循回避原则；六是及时撰写调查报告，真实客观地反映情况；七是不得违反国家法律法规，不得侵害他人的合法权益。

（2）调查重点。调查人员在调查过程中，应重点调查被保险人或连带被保险人支出的医疗费用的合理性以及是否带病投保；对于申请特定疾病保险金给付的案件，调查人员应重点调查被保险人所患的疾病初次发生时经保险公司制定或认可的医疗机构确诊的时间；对于包含第三方责任的案件或申请人同时拥有其他健康保险公司保单的案件，应调查第三方责任人或其他健康保险公司已支付医疗费用的详细信息。

（3）调查方法。健康保险的调查对象主要是出险人的身体受损害状况和治疗情况是否符合保险合同条款规定。在查勘取证过程中，应注意相关证明的时效性、权威性和真实性。可以采取到出险人就诊医疗机构核实，拜访理赔申请人或与其家属谈话，或与医疗人员联系等方式，尽量查明病因、疾病诊断、出险人就诊事实、住院情况、出险人目前身体状况是否符合实际情况和条款规定等。

（4）撰写调查报告。理赔调查结束后，调查人员应及时撰写调查报告，主要内容包括：立案编号、出险人姓名、性别、身份证件名称及号码、调查时间、地点、调查所得证明材料、调查报告完成时间及调查人员签字。调查报告的内容必须真实、完整。

5．审理

审理指健康保险理赔人员通过对各项单证的审查和对案件事实的调查，确定保险公司是否应承担责任以及应承担多大责任。① 审核合同的合法性和有效性；② 审查保险关系人情况；③ 审核出险事故经过；④ 审核所有证明材料的真实性、合法性和有效性。根据以上各项审核结果，理赔人员对保险责任进行认定，确定是否属于责任范围以及公司应承担的给付责任比例，做出给付、拒赔或豁免的处理。

6．理算

健康保险理赔人员在核定保险责任后，对于应承担保险责任的，按照保单规定的保障项目、给付额度和赔偿比例准确计算保险金的给付数额。给付处理包括以下几个步骤：按照条款规定保险责任计算应给付金额及补扣款金额；对需要理算明细记录的疾病类险种需记录出险人所患疾病名称及代码；伤残比例赔付类险种需记录伤残部位、残疾给付比例及赔付金额；根据申请理赔的被保险人或连带被保险人的保险责任是否终止、保险合同是否继续有效，记录保险责任与保险合同的状态。对应拒付的案件应做好拒付确认，并记录处理意见及原因。

7. 复核审批

复核是高级理赔人员对下级理赔人员经办的案件再次进行审核，主要对案件责任范围、责任免除因素、给付金额进行复核并签署意见和证明。主要内容包括：确认出险人身份、确认保险期间、确认保险事故原因及性质、确认保险责任、确认证明材料的完整性及有效性、确认理算结果的准确性及全面性、确认申请人身份。审批人员对复核人员呈送的案件进行审批后，复核人员根据审批结论分别处理如下：对于批示需重新理算的案件，退回理算人员重新理算；对于批示需进一步调查的案件，通知调查人员继续调查；对于批示同意且需上报的案件，填写"理赔案件审批表"报请上级公司审批；对于批示同意且无须上报的案件，将案卷移交接案人员。

8. 结案归档

理赔案件经修改权限的理赔人员签署意见后，应做出给付或拒赔的决定。对于给付案件，在给付保险金过程中应确认领款人与出险人之间的关系，领款人应提供"理赔领款通知书"、被保险人身份证明、理赔委托书、被委托人的身份证明等材料。给付保险金后合同终止的，应注明"合同终止"。根据保险金性质，领款人可以是被保险人、连带保险人、受益人或被保险人的继承人或其委托代领人，根据保单约定划付至投保人指定银行或被保险人或受益人领取现金。领款处理完毕，结案人员将已经结案的理赔案卷进行归档处理。

（二）个人健康保险的理赔程序

1. 登记立案

（1）报案。

健康保险事故发生后，投保人、被保险人或受益人通过上门、信函、电话、传真或电子邮件等方式，将事故发生的时间、地点、原因等有关情况通知保险人，然后提出索赔申请。保险人需向被保险人提供索赔申请书并询问被保险人姓名、身份证号码、保险合同号、出险日期和事故发生的地点、时间、经过、治疗情况，以及报案人姓名、联系地址、联系电话等重要信息。

（2）申请人提供所需材料。

一是被保险人按要求填写索赔申请书并签名；

二是能够证明被保险人身份和保险合同有效性的材料，包括但不限于身份证、户籍证明、保单或保险凭证正本、交纳保费收据等。

三是保险事故的性质、原因、损失程度等证明材料，如保险公司认可或指定的医疗机构出具的诊断证明、出院证明、伤残程度证明、住院费收据、病历，以及有关部门出具的死亡证明、销户证明等。

四是保险公司认为有必要提供的其他证明材料。

（3）立案。

接到索赔申请后，健康保险理赔人员主要审核保险金申请材料是否齐全、事实是否清楚、证明材料是否充分以及各种单据是否逻辑一致，特别要注意单证有无冒名、伪造或篡改，治疗病史或病程记录有无前后矛盾、不连贯或与事实不符的情况。对于索赔材料不完整的，应通知被保险人补齐后重新审核。符合立案条件的，予以立案登记；不符合立案条件的，按照撤销案件处理。

2. 单证审核

（1）审查保险合同的有效性。

理赔人员在接到索赔申请后，应对案件的性质、合同的有效性进行初步审查，主要包括出险人是否与保单上的被保险人一致；审查出险时保险合同是否有效；保险事件是否发生在保险有效期内，是否在合同规定时效内提出索赔申请。

（2）审查相关单证的有效性。

理赔人员还应审核申请人所提供的证明材料是否完整、有效，包括诊断、病历和住院费收据是否由保险公司认可或指定的医疗机构出具，医疗费用和收入损失是否发生在保险责任范围之内等；审查证明材料是否有不清楚或可疑之处，是否需要进行理赔调查。

3. 现场调查

（1）提请调查情况。

一般来说，以下案件必须提请调查：医疗费用或给付金额达到一定标准的案件，不同保险人规定的金额数不一样；首次投保1年内因慢性疾病第一次申请理赔的案件；需要核实事实具体内容和健康告知的案件；索赔申请材料可疑、可能影响理赔决定的案件；存在保险欺诈、保险犯罪或其他保险责任免除可能的案件。

（2）调查的主要内容。

调查的主要内容包括：核实被保险人身份、投保时的年龄；如有因年龄错误少交保险费的，按实际交费与应交保费的比例重新计算，确定保险金额；是否存在冒名顶替；有既往症或重大疾病的；是否存在不合理医疗行为、医疗费用和住院天数等；其他存在道德损害与欺诈违法行为的。

4. 责任审定

（1）保险责任的审核。

理赔人员根据案件事实的现场调查，审核被保险人是否有保险利益、索赔单证是否有效、被保险人是否有违约行为等，理赔人员还要仔细审核索赔申请书和各种医疗费用、损失证明、专家鉴定等单据中的项目是否在保险责任范围内。要将某些需要被保险人自付的、按比例自付的，或与本次无关的诊治费用，以及在等待期内或因既往症发生的医疗费用等扣除，不予赔偿。如果案件由第三责任方造成被保险人损失的，应根据法律依据，核定第三责任方的过失责任所应承担的赔偿金额。

（2）理赔处理。

理赔人员通过上述各项单证的审查和对案件事实的调查，审定损失责任，做出相应的理赔处理。对于属于保险责任的，要确定保险人的保险赔偿责任范围和应承担的给付比例；对于不属于保险责任的，理赔人员应向被保险人或受益人做出拒赔处理。

5. 保险金计算

做出给付保险金处理后，理赔人员要进一步确定保险金的给付数额。有些情况下，给付额度是由保险合同中的条款明确约定的，如重大疾病保险。而大多数健康保险，如医疗保险，则是根据保险合同中规定赔付的最高额度，然后以被保险人所发生的实际治疗费用和天数，按保险条款规定进行分类确定具体赔付额。理赔人员对应承担保险责任的，应当根据保险合同规定的保障项目、给付额度和赔偿比例准确计算保险金的给付数额。计算时，应注意保险人和被保险人之间的协调给付及健康保险特有的、涉及给付的条款，如免赔额等，对医疗费用和住院天数的核定应遵循常规、必要和合理的原则。

6. 复核审批

复核是高级理赔人员对下级理赔人员处理的案件再次审核的过程。复核的关键在于及时发现理赔过程中的问题和纰漏，防范理赔的内部风险，保证理赔处理的正确性和客观性。理赔人员核查所有材料的完整性、有效性和正确性，核对赔付金额并签署意见，复核完毕后向上级理赔人员报批。

7. 赔付结案

案件处理准确无误后，经相关权限的理赔人员签署意见，就可以做出给付或拒赔的决定。如果是拒赔处理，保险人应明确出具拒付意见和原因。如果是给付案件，理赔人员应根据保险合同有关规定确定保险金的具体支付对象。一般情况下，保险金给付对象为保险金申请人，通常是被保险人。办理给付手续时，应注意确认领款人与被保险人之间的关系。领款人需提供理赔领款通知书、被保险人身份证明等相关材料领取保险金。给付完毕则视为结案，理赔人员须将理赔案件资料装订并归档。

（三）团体健康保险的理赔程序

1. 报案

在团体保险理赔中，保险事故的报案通常由被保险人或受益人亲自报案或由保险公司业务代表转达报案。案情通知业务代表后，需要代表清楚了解事故的各种信息，包括事件发生的时间、地点、原因、经过、保单信息等，再向保险人报案。理赔人员应将所有信息进行记录，等被保险人准备好申请材料后，及时对案件进行处理。

2. 申请立案

被保险人向保险人提出理赔申请并填写申请表，不仅要申请人签字，还须加盖投保人单位公章。这个程序不仅具有形式上的意义，更重要的是据此要求投保人对申请中的事故陈述负责。申请立案的材料主要包括申请表、与保险事故有关的证明材料、病历、检查检验报告、出院小结、医疗费用原始收据、费用清单、工伤证明、意外事故证明、身故证明等。如果发现理赔申请有明显不符合赔偿条件的情况应通知保险人撤销；如果发现申请人所提供的材料不全，应及时通知申请人进一步提供。单证齐全、审查通过后，才能予以立案。

3. 审核与调查

健康保险理赔案件立案后，就进入审核阶段。审核的主要内容包括：审理申请人提交的各项证明材料，判断保险事故发生后被保险人是否遭受损失，判断保险事故是否在保险责任范围内，核实事故的证明材料，判断事故证明是否有效，是否需要进一步开展调查。针对团体健康保险的保单，对某个团体中的多个被保险人在同一时段的集中索赔案件进行理赔处理时，保险人往往可以采取批次处理的方式，简化操作、方便处理、加快理赔。对同一批次的多个申请单只产生一次报案号，一次性对该批次的所有理赔申请进行审核与调查，并做出相应处理。

4. 保险金计算与审批给付

经过审核和调查，理赔人员应做出理赔给付或给付处理。如果是拒赔案件，保险人依据法律或合同拒绝给付保险金，并给出意见和原因。如果是给付保险金处理，则应根据合同规定的保障项目、给付额度及比例计算赔付的报销金额，经相应级别的理赔人员审批同意后，做出给付决定。团体健康保险理赔的保险金既可以给付团体，也可以直接给付个人。通常情况下，团体医疗保险金从申请到给付都是由投保单位统一办理的，赔付的保险金也由单位统一领取。理赔人员在清单中列出每个被保险人应赔付的金额，由投保单位分发。团体重大疾病保险因数额较大，出险概率较低，保险人一般直接向被保险人或受益人支付保险金。

5. 结案归档

团体保险一张保单上往往有几个险种和众多被保险人，而且对事先约定的定期集中索赔处理时，经常使用批次处理方式统一结案归档。因此，团体保险理赔大多是多人一案或一险种一案，按投保人或所投险种为单位进行结案归档。

本章小结

商业健康保险的核保是保险公司对健康风险的识别、分析、分类和评估，决定是否接受要约或者以什么条件接受要约的过程，是健康保险风险选择与控制的主要手段。

健康保险的核保是一个非常复杂的过程，包括接受投保单、体格检查、核保调查、核保决定至订立合同为止的全过程。健康保险在核保上主要考虑影响疾病发生、发展及医疗费用等有关因素,主要包括以下几个方面:年龄、性别、现病史、既往史、家族史、职业、营养状态等。投保单经过核保应做出以下3种类型的决定:承保、延期承保、拒保。

健康保险理赔是指保险人在承保的保险事故发生后,接受被保险人或受益人或保单持有人提出的索赔申请,根据保险合同规定,对保险事故造成的原因及损失情况进行确认,并向被保险人进行赔偿处理及支付保险金的过程。健康保险理赔由索赔过程和保险金给付过程组成。

健康保险理赔的意义:兑现承诺、规范经营、提升形象、保护权益。

健康保险理赔的目标:确定造成损失的原因、确定是否属于保险责任、确定损失程度和金额、确定应得的赔偿金额。

健康保险理赔的特征:特殊条款的使用、费用的分摊方式、理赔难度较大。

健康保险理赔的原则:重合同;守信用原则;实事求是原则;公平原则;主动、迅速、准确、合理原则。

健康保险理赔的一般流程:接案、立案、初审、调查、审理、理算、复核审批、结案归档。

复习思考题

1. 健康保险核保的主要内容有哪些?
2. 健康保险理赔的主要内容有哪些?
3. 健康保险核保和理赔的基本程序是什么?
4. 个人健康保险的理赔程序和团体健康保险的理赔程序有什么区别?

案例分析

健康保险有待迈过多道坎

在保险业最新交出的上半年成绩单中,一个现象值得关注。2021年上半年,虽然健康保险同比增长依旧是人身险中增长最快的,增速达到7.9%,但遗憾的是,健康保险此前保持了多年两位数增长,2021年陡然减速。数据显示,2020年和2019年同期的健康保险增速分别是19.72%和31.70%。

人们对健康保险的需求,显然还未达到饱和。2020年年初,国务院常务会议通过并发布的《关于促进社会服务领域商业保险发展的意见》提出,力争到2025年健康险市场规模超过2万亿元。然而,2020年我国健康保险规模仅为8 173亿元,离相关目标尚有不小距离。另外,从近年来各地"惠民保"掀起的投保热潮来看,人们对健康保险仍存在着巨大需求。

2021年上半年,健康保险数据呈现的另一个趋势也非常值得关注,那就是健康保险的保费收入与健康保险理赔支出在同比增长方面形成明显反差。数据显示,上半年健康保险理赔支出同比增长 70.82%，比同期健康险保费收入同比增速高出了 62.92 个百分点。

这种情况是偶然发生的，还是会造成持续影响？仍有待观察。不过，两个方面的情况较为明朗，其一是健康保险理赔量提升，说明健康保险正成为越来越多人的必备保障，特别是"惠民保"的普及，大大扩展了健康保险的覆盖面。其二是健康险的获利空间正在被逐步压缩，如何找到健康保险保费收入与理赔支出的平衡点，是所有经营健康保险的保险机构亟待解决的问题。

健康保险将随着医疗技术发展，不断增加服务范围、持续升级需求。从长远看，保费收入和理赔支出的同比增长倒挂不可持续。保险机构要想保持住市场优势，就必须不断创新，尤其需要科技赋能。比如，要更注重健康保障中的前端投入，在"治未病"的健康管理领域下功夫，通过电子手环、智能手机等移动电子技术汇集大数据，管理好客户健康信息。科技手段可以帮助保险机构了解和掌握影响人群健康走向的因素，协助降低发病率和理赔率，最终在健康保险经营效率和效益之间找到合理匹配度。

这就需要保险行业加速向精细化管理转型，摒弃单纯追求数量和承保规模，告别在承保中相互压价的那种跑马圈地式竞争，尽快转入高质量发展的轨道。

时至今日，保险市场的健康发展不能仅仅依靠保险业中任何一方。与社保融合速度的加快，在赋予商业健康保险更多责任的同时，也带来了某些问题。其中之一是，社保和医疗机构的大数据还未实现与保险机构的全面共享，这给健康保险的理赔，尤其是杜绝投保中的道德逆选择，带来了很大挑战。因此，如何安全有效地建立商保、社保的健康医疗数据共享，对提高全社会的健康保险效率、降低理赔率有重要意义。在有关制度设计指导下，各方面须积极开展跨部门跨行业合作。

资料来源：江帆. 健康保险有待迈过多道坎[N]. 经济日报，2021-08-21.

思考：如何找到健康险保费收入与理赔支出的平衡点？

提示：结合健康保险的困境及未来发展战略进行分析。

第十一章 健康保险监管

本章要点

1. 掌握：健康保险监管的概念、原则及实践。
2. 熟悉：健康保险监管体系的具体内容。
3. 了解：健康保险监管的目标、方式及管控。

课程目标

通过学习健康保险监管相关知识，引导学生收集我国保险行业发展变化的资料，培养学生具备坚定正确的政治方向和爱国情怀；通过学习保险监管中的规章制度、违法案件监管的案例，进一步强化学生对于"公正""法治"观念的理解和体会。

第一节　健康保险监管概述

作为我国医疗保障体系的重要组成部分，健康保险在提供医疗保障、解决医疗费用以及提升福利水平等方面具有不容忽视的作用。但健康保险具有频率高发、原因复杂等风险，使我国保险公司在经营过程中面临经营风险高、费率厘定难、经营难度大等问题。因此，要确保健康保险业的有序发展，就需要加强对健康保险的监管。

一、健康保险监管的概念

健康保险监管是对健康保险业的监督和管理。从广义上来说，健康保险监管指政府机构、保险行业组织、健康保险企业内部监管部门及整个社会对健康保险市场及市场主体的组织和经营活动的监督与管理。广义的健康保险监管可以分为4个层次：第一个层次是健康保险的政府管理，由国家保险监管机构通过法律和行政手段对健康保险市场和保险企业行为实施监督与管理；第二个层次是健康保险行业自律，即健康保险行业自我监管，指通过建立保险行业组织，依据现行法律法规制定保险行业自律规则，在健康保险行业内部进行自我调节、自我管理，同时协调保险自律组织与国家保险监管机构之间的关系、保险行业与其他行业之间的关系；第三个层次是健康保险企业的内部控制，即保险企业明确各层级机构和从业人员的职责，通过内部控制，合理防范和有效控制健康保险经营管理中各种风险的过程；第四个层次是社会监管，主要是通过第三方保险信用评级机构、独立审计机构以及社会媒体等多种方式对健康保险市场和市场主体的经营行为进行监督。

从狭义上来说，健康保险监管指国家的保险监督执行机构依法对健康保险市场及经营健康保险业务的保险人实行监督和管理，以确保保险人的经营安全，维护被保险人的合法权益。我国最早的监管机构是中国人民银行非银行金融机构管理司保险处。《保险法》出台后，中国人民银行成立保险司专门负责保险市场的监管。1998 年 11 月 18 日，中国保监会成立，作为国务院直属事业单位，保监会根据国务院授权履行行政管理职能，依据法律法规统一监督管理全国保险市场，维护保险业的合法稳健运行。2018 年 3 月 13 日，原银监会与原保监会合并，组建中国银保监会，统一监管银行业和保险业，从机制和规则上提升监管能力，提高我国金融监管的国际竞争力。

二、健康保险监管的原则

（一）依法监管原则

依法监管是健康保险监管的首要原则，是市场经济的客观要求，保险监管机构必须依照法律法规履行规定的职责，对健康保险行业实施监管行为。

（二）风险防范原则

健康保险业是经营健康风险的特殊行业，稳健经营是保险企业的基本目标。

因此，保险监管机构在行业监管过程中，要始终贯彻防范风险原则，对健康保险业的风险进行系统的分析、检测与预防，制定各项监管规定和实施细则，督促保险公司把企业获利经营与防范化解风险紧密结合起来。

（三）间接监管原则

健康保险公司是自主经营、自负盈亏的独立企业法人，依法享有自主决定经营方针和经营策略的权利。健康保险公司在日常经营过程中，只要不违反国家相关法律、法规和政策，不损害社会公共利益，不违背公俗良序，保险监管机构就不得干预其自主经营行为，不对监管对象的盈亏承担兜底责任。

（四）独立监管原则

保险监管机构应独立行使法律、法规赋予的监管职权，不受其他单位、个人或利益集团的非法干预，并独立承担实施监管行为而产生的责任。

三、健康保险监管的实践

新中国成立以来，我国保险监管不断改革创新，初步建构起新的保险监管体系，服务实体经济能力逐步增强，监管的科学性、有效性稳步提升，防范风险能力显著提高，为国家的经济和社会发展起到了"助推器""稳定器"的作用。我国保险监管组织体系变化主要经历了以下 4 个发展时期。

一是监管探索期。1949—1978 年，我国保险监管部门由中国人民银行和财政部更替监管。新中国成立初期，根据政务院批准的《中国人民银行实行组织条例》，保险业由中国人民银行领导、主管和监管。1952 年 6 月，受苏联模式的影响，中国人民保险公司划归财政部领导，成为国家财政体系中的一个独立核算单位。1959 年，国内保险业务因故停办，仅有涉外业务仍在办理，因而保险业务又重归中国人民银行国外业务局下属的保险处领导与监管。1965 年 3 月，中国人民银行恢复中国人民保险公司的建制，行政级别也相应升格为局级机构。

二是监管稳定期。1979—1998 年，中国人民银行履行保险业监管职能。1979 年 4 月，国务院批准《中国人民银行分行行长会议纪要》，决定"逐步恢复国内保险业务"，国内保险业务全面开始恢复办理，仍由中国人民银行监管，中国人民保险公司属于中国人民银行的局级专业子公司。1983 年，根据中国人民银行专职行使中央银行和金融监管职能的精神，中国人民保险公司从中国人民银行分设出来，成为国务院直属局级经济实体，中央管理的金融机构。中国人民银行由对中国人民保险公司的直接领导转为保险业务的监督管理。1985 年 3 月，国务院发布《保险企业管理暂行条例》，明确规定中国人民银行为国家保险的管理机关。1993 年，中共中央、国务院分别下发《关于建立社会主义市场经济体制若干问题的决定》《关于金融体制改革的决定》，要求加强金融监管和实施分业经营。1994年5月中国人民银行在非银行金融机构管理司内设立保险处，专门负责保险机构的监管。1995年，《保险法》正式颁布实施，中国人民银行于1995年7月设立了保险司，专门负责对中资保险公司的监管，而对外资保险公司的监管由中国人民银行外资金融机构管理司下设的保险处负责。与此同时，中国人民银行各一级分行逐步在非银行金融机构管理处下设保险科，省以下分支行配备专职的保险监管人员。

三是监管改革期。1998—2018年，国家建立专门保险监管机构、建立现代保险监管体系。国务院于1998年11月18日批准设立中国保险监督管理委员会，专司保险监管职能。自1999年年底开始，中国保监会在各省、直辖市、自治区、计划单列市设立派出机构，建立起全国保险监管组织体系。2003年3月，中央决定中国保监会的行政级别由副部级调整为正部级单位。中国保监会成立后，保险监管进入了全面、系统、专业化的阶段，逐步实现了从以行为监管、价格监管为主到向以偿付能力监管为主的转变，从以行政监管为主向建立包括行政监管、立法监管、司法监管在内的完整保险监管制度体系的转变。2006年，中国保监会发布《关于规范保险公司治理结构的指导意见》，推动形成偿付能力、公司治理、市场行为监管三支柱的现代保险监管框架，同时中国保监会提出政府监管、企业内控、行业自律和社会监督"四位一体"的风险防范体系，标志着一个完整的现代保险监管框架完成。2014年国务院印发《关于加快发展现代保险服务业的若干意见》，明确提出保险是现代经济的重要产业和风险管理的基本手段，是社会文明水平、经济发达程度、社会治理能力的重要标志，将保险业发展定位提升到前所未有的新高度，极大开阔了保险业发展视野，拓宽了保险业发展空间。

四是监管优化期。2018年3月13日，原银监会与原保监会合并，组建中国银保监会，统一监管银行业和保险业。2019年12月1日，中国银保监会出台《健康保险管理办法》。重塑监管体制和法律框架，从机制和规则上提升监管能力，达成监管目标，从而提高我国金融监管的国际竞争力。

第二节　健康保险监管体系

一、健康保险监管的目标

（一）保护被保险人合法权益

健康保险的保险标的是被保险人的身体，当被保险人因疾病或意外伤害发生费用支出或收入损失时获得一定的补偿。因此，本质上来说健康保险合同保障的是被保险人的利益。但是健康保险业务具有很强的专业性，如果被保险人往往没有经过相关知识的学习和培训，对保险的了解停留在主观和片面的基础上，这就导致在保险交易中，一旦保险人有误导或欺骗行为，被保险人则很难识别。而且健康保险合同由保险公司单方面拟定，对于保险费率、保险责任等重要事项均已在保险合同中实现约定，作为消费者，被保险人只能被动选择接受或拒绝。因此，虽然被保险人在法律上是保险制度的受保障者，但保险市场交易中，却处于明显的弱势地位，被保险人的合法权益往往需要政府监管才能得以保障。保险监管部门应通过规范保险公司的销售行为、加强保险公司在市场准入、条款审核备案、准备金提取以及偿付能力上的监管，维护被保险人的合法权益。

（二）维护健康保险的市场秩序

健康保险市场需要适度的竞争，公平有序的竞争环境是健康保险业持续发展的前提。在我国健康保险市场发展过程中，诱导性销售、市场垄断、恶性竞争等扰乱市场正常秩序的经营行为时有发生，保险监管部门需要通过整顿和规范市场秩序，营造公平竞争的市场环境，鼓励保险公司在产品创新、渠道创新和服务创新等方面积极探索，维护行业秩序，促进市场良性竞争。

（三）促进健康保险业有序发展

维护健康保险业的安全和稳定对于健康保险业有序发展至关重要。如果健康保险业市场秩序混乱，被保险人的合法权益得不到保障，保险公司的经营难以为继，必然会降低整个健康保险业的市场活力、降低市场效率、增加保险公司经营风险以及带来诸多社会问题。保险监管部门应通过调整监管政策、完成市场监管、创新监管措施以及进行监管机制改革等方式促进健康保险行业的有效发展。

二、健康保险监管的方式

（一）现场检查

现场检查是保险监管部门通过派出监管人员进驻保险机构，对该机构的经营和风险情况按照一定程度实施全面或重点检查。现场检查是监管部门履行其职责的主要方式。2001年5月1日起颁布实施的《中国保险监督管理委员会现场检查工作过程》，将现场检查分为检查准备阶段、检查实施阶段、报告形成阶段、处理阶段、档案整理阶段等5个阶段。在检查准备阶段，派出单位应成立检查组、制定和审定检查方案、收集相关资料、发出检查通知。接下来进入检查实施阶段，检查组应当通过进场会谈、调阅资料，在执行检查过程中应当包括检查、取证、分析、评价、编制工作底稿、复核等步骤。检查任务完成后，进入报告形成阶段。在该阶段，检查组要对核查的问题和事实进行分类整理形成检查事实，然后检查组应与被检查单位举行总结会谈，双方就检查事实内容交换意见，并由双方确认，当被检查单位对检查事实有异议时，检查组应当进行核对，确有差错予以更正。就检查事实中未达成共识的意见，检查组应通过检查、咨询、讨论、请示上级部门等方式，进行进一步论证，并反馈被检查单位。被检查单位过期未反馈意见的，视为同意。总结会谈结束或被检查单位对检查事实反馈书面意见后，检查组应当向派出单位领导提交正式的检查报告。最后进入处理阶段，检查组可根据检查事实做出下列处理决定：① 检查意见书；② 行政处罚决定书；③ 行政强制措施决定书。派出单位认为被检查单位及其工作人员的违法行为已经构成犯罪或有犯罪嫌疑的，应当及时将掌握的有关资料复制后移送相关司法机关处理。为了监督被检查单位的整改情况，如有必要，检查组可实施后续检查。

（二）非现场检查

非现场监管与现场监管一起，构成健康保险监管手段的主要内容。非现场检查是监管部门在采集、分析、处理保险公司经营信息的基础上，对保险公司的风险状况进行监测、评估，进而采取异动预警和分类监管的过程。非现场检查的主要内容包括：规定保险公司提供财务报告、统计报告、精算报告及其他信息的频率和范围；设定编制财务报告的会计准则；确定保险公司外部审计机构的资格要求；设定技术准备金、保单负债及提前负债在报告中的列示标准等。

在实际开展过程中，非现场检查一是建立识别、评价、控制风险的监管预警机制，对健康保险市场苗头性问题和风险隐患做到早准备、早发现、早防范、增强监管的预见性和前瞻性。二是建立和完善分类监管制度，从公司治理、内部控制、偿付能力指标、合规经营、准备金评估、财务管理、再保险管理、信息化管控、大数据分析等多个方面，对现行保险公司分类监管制度进行修改完善，全面系统梳理保险公司风险点和重点管控环节，加强分析动态预警监测。三是建立综合评价制度。对保险公司的内控管理和风险状况进行全面综合评价，为分类监管提供依据，推动保险公司不断健全完善内容控制和风险管理体系，提供内控管理能力和风险防范能力。四是建立系统性保险监管调控机制。以偿付能力监管为核心，在精算制度、产品审核、保险投资等各个环节采取针对性措施。五是建立跟踪研究制度。跟踪研究经济金融形势变化和宏观调控政策对保险业的影响，定期分析保险市场运行情况，把握市场运行特点和发展趋势。[①]

三、健康保险风险的管控

风险管控指风险管理者通过一定的决策和管理降低其所面临的各种风险带来负面结果的过程。在风险识别、风险估测及分析评价的基础上，对各种风险管理技术进行选择和优化组合，从而有效地控制风险并妥善地处理风险事故发生所致损失的后果，以期减少甚至消灭各种风险事故发生的可能性，或者是减少风险事故发生后所造成的损失程度，从而投入最小的成本以获取最大的安全保障。一般来说，风险管控有4种方法：风险回避、损失控制、风险转移和风险保留。现代社会是一个风

---

① 鲍勇，周尚成. 健康保险学[M]. 北京：科学出版社，2015：231.

险社会，随着我国健康保险事业的发展，健康保险经营管理所面临的风险也会随之增加。面向未来，健康保险经营者之间竞争的核心在于风险管控水平的竞争。如何及早化解已然形成的经营管理风险，预测、防范、管控形成新的经营管理风险，使自身在健康保险市场竞争中立于不败之地，是当前我国健康保险经营者不能回避的问题。

（一）健康保险的事前管控

要真正有效地对健康保险经营管理风险进行管控，必须积极地和医疗服务建立合作机制，对被保险人的行为进行事前控制，引导其加强自身健康保健管理，才能有效地降低健康保险业务经营管理中的外部风险和内部风险。健康管理是指以现代健康理念（生理、心理和社会适应能力）、新的医学模式（生理—心理—社会）及中医治未病理念为指导，通过采用现代医学和现代管理学的理论、技术、方法和手段，对个体或群体的整体健康状况及其影响健康的危险因素进行全面检测、评估、有效干预以及连续跟踪服务的医学行为和过程。健康管理的目标是预防和控制疾病的发生与发展，降低医疗费用支出，提高被保险人的生命质量，以最小的投入获取最大的健康效益。

健康管理的主要内容包括：一是针对医疗保健在职人员和医学管理人员的知识更新、服务扩张与能力提升进行不断培训，突出新颖性、专业性与实用性，尽可能地吸纳最新的现代健康管理理念、内涵、技术、标准、流程及模式等。二是严格遵循健康管理师的国家标准，针对健康管理（体检）机构人员的上岗、转岗、跨岗的职业技能进行规范化培训，加强其职业资质、职业技能、职业服务与职业活动能力的考核。三是针对公众及家庭健康服务者的多样化需求，进行健康理念、健康意识、健康知识、健康技能等自我健康管理能力的培训。四是转变服务理念，创新服务模式。医疗机构设置的体检中心要逐步从辨病体检向健康体检转型，从单一健康体检服务向综合体检、评估、干预及跟踪的健康管理服务转型升级，实现健康体检中心向健康管理部门转型和升级。四是规范质量控制流程，提升服务效率与能力。严格执行国家卫健委颁布的《健康体检管理暂行规定》和《体检基本项目目录》，针对不同个体或群体的健康管理需求，科学设计健康监测及监测项目与流程，通过健康注册建立健康管理档案；通过过程控制提供服务质量；通过信息技术手段提供服务效率；通过培训、严格标准与规范提高服务能力。六是针对不同生活社区的地域特点及其经济社会发展状况，以预防与控制社区的慢性病及其风险因素的流行为目标，通过规范化实施健康教育与促进、个体健康咨询与指导、生活方式改善、非药物干预等健康管理医学服务项目，促进提高社区人群高血压、糖尿病、冠心病、骨质疏松等慢性非传染性疾病的知晓率、治疗率与控制率。认真贯彻"保基本、强基础、广覆盖、可持续"的新医改方针，从农村、农民实际情况出发，积极探索开展健康管理医学服务的模式与路径。七是针对不同职业及环境特点，以节约健康劳动力资源、促进生产率可持续发展为目标，通过实施企业员工健康与生产力管理规划、个体健康自我管理培训项目、不良生活方式干预与健康促进等，进而提高企业员工的健康素养与自我健康管理能力，有效防控慢性病，降低疾病负担。八是根据不同老人不同健康服务学，积极探索与居家养老相适应的健康管理、候鸟式健康颐养、旅游与健康疗养等健康管理服务的模式与路径。九是针对高端人群的健康服务需求，提供定制化健康管理医学服务内容与服务套餐，包括私密性健康信息管理、全面体系的健康检测与评估、连续动态的专职保健与跟踪服务、个性化的健康解决方案与措施；提供人性化的就业绿色渠道等。十是针对健康管理服务的市场化与产业化需求，以健康服务信息化平台为依托，以慢性病早期和康复期人群为对策，通过俱乐部等组织形式，提供疾病防治与就业指导等商业性的健康管理医学服务。

健康管理的主要流程包括：健康状况的信息采集、健康状况的评价与预测、健康促进、行为干预与咨询指导以及健康管理效果评价等环节。

（二）健康保险的经营管控

1. 外部风险管控

一是通过制度创新优化健康保险业市场的外部环境，降低经营管理风险健康保险是我国医疗保障体系的重要组成部分。当前，我国社会保险服务需求日益多元化，健康保险业正在从粗放式经营向精细化管理转变，我们通过改革创新、扩大开放、健全市场、优化环境、完善政策等制度性建设，建立健全保险基金补充机制、强化风险管理核心功能、提高保险资金配置效率，从而优化健康保险业的发展环境，减少经营管理的风险。

二是通过加强保险业基础设施建设完善健康保险业务经营管理体系。加强保险业基础设施建设，包括加快建立健全保险业所需的各类风险数据库，修订保险业经验生命表、疾病发生率表等。对于保险业来说，科学准确的生命表是防范经营管理风险的主要手段和基础条件。重大疾病经验发生率表的编制与发布对于健全保险监管制度、夯实保险行业发展基础、促进保险人健康发展有着深远的意义。此外，还需组建或完成保险业防灾防损中心、保险资产交易中心、保险资产托管平台、再保险交易平台等基础设施的建设。全面加快我国保险业信用体系建设。扩大保险信用记录覆盖面，建构保险信用共享机制，从而引导我国保险机构对不同保险信用级别者采取差别化保险费率。还需要完善保险机构的信用评级体系及失信惩戒制度，完善保险业从业人员的信用档案管理制度。

2. 内部风险管控

一是在经营条件上建立相对独立、专业化的健康保险业务经营管理组织系统和信息管理系统，配备具有相关专业知识的核保人员与核赔人员，对健康保险的核保、理赔及销售等工作的从业人员进行健康保险专业知识、技能培训。

二是在产品体系上，要注意产品开发与设计的风险管控。通过设定观察期条款、免赔期条款、共保比例条款、给付限额条件、既存状况条款等特殊条款来规避产品开发与设计的风险。

3. 核保核赔风险管控

一是建立健康保险核保与核赔专门体系。健康保险的保修期短、出险率高、理赔量大、赔付率高，因而经营管理风险更高。需要建立专门负责健康保险核保与核赔的业务部门与工作体系，不断完善、持续更新健康保险核保与核赔专用手册等专业性操作技术工具，对从业人员加强培训、培养和引进，提供员工素质，制定并实施健康保险核保与核赔人员管理办法。

二是积极在核保与核赔中运用新技术。健康保险的标的是人体的健康，而对于人体健康的诊断和治疗技术一直在创新和发展。要想方设法追踪采取最新的医学技术及其成果，如基因诊断技术，提高核保水平。在理赔上，理赔人员既要熟悉、了解医学专业知识和医务环境，又要按照健康保险相关条款的约定，运用健康保险专业知识和技能，判断厘清被保险人的索赔申请和给付条件等。此外，还可以建立健康保险相关信息数据库，开发健康保险核保软件系统。

4. 医疗服务行为风险管控

一是建立指定的医疗服务机构网络。通过健康保险合同约定，被保险人只有在保险机构指定的医疗服务机构网络中进行的医疗服务行为才可以获得医疗费用补偿。与此同时，要求指定的医疗服务机构网络遵循方便被保险人合理控制医疗服务费用支出的原则，引导被保险人合理选择和使用医疗资源、合理控制医疗费用支出。

二是加强与医疗服务机构的合作，将健康保险风险的管控由单纯地重视事后风险管控向前延伸到包括积极预定在内的全过程的健康管理，整体性降低健康保险经营管理的风险。主要包括适时介入医疗服务行为的过程，参与并监督其医疗质量，控制医疗服务费用支出，从而加强对医疗服务成本管理，监督医疗费用支出的必要性和合理性等。

（三）健康保险的风险转移

为了减轻自身直接业务的风险，保险公司往往可以将其经营的部分业务按照合同约定转让给其他保险公司或再保险集团，从而分散过于集中的保险标的风险。通过共同保险和再保险，健康保险公司可以有效转移风险。

一是可以扩大业务规模、分散风险。健康保险的理赔和服务十分复杂，往往占用大部分保费和人力资源，增加经营成本。而且健康保险理赔发生率较高，保险费在公司内部停留周期短，往往会造成保险公司资金周转困难，因而必须走规模化的发展模式。但健康保险业务的特有风险和条件制约，规模越大，风险越高，共同保险和再保险可以有效规避过大的风险，减少冲击性，稳定经营，从而迅速扩大规模，降低管理成本，提高经营效率。

二是为投保人提供更多的产品选择。有了共同保险和再保险的风险转移，保险公司往往更愿意拓展产品开发和承保范围，从而给被保险人提供更多的健康保险产品和服务，为满足社会的健康保险需求提供更多的保障。

第三节　健康保险监管具体内容

一、市场行为的监管

（一）经营范围的监管

经营业务范围的监管是指政府通过法律法规或行政命令，对保险企业所能经营的业务种类、范围进行规定和监管，保险公司只能在被核定的经营范围内从事保险经营活动。《保险法》第九十五条规定："保险人不得兼营人身保险业务和财产保险业务。但是，经营财产保险业的保险公司经国务院保险监督管理机构批准，可以经营短期健康保险业务和意外伤害保险业务，保险公司应当在国务院保险监督管理机构依法批准的业务范围内从事保险经营活动。"《健康保险管理办法》第八条规定："依法成立的健康保险公司、人寿保险公司、养老保险公司，经银保监会批准，可以经营健康保险业务。前款规定以外的保险公司，经银保监会批准，可以经营短期健康保险业务。"根据规定，目前我国健康保险市场中允许经营健康保险业务的主体包括健康保险公司、人寿保险公司、养老保险公司，以及经银保监会批准的其他保险公司。这些公司的组织形式、注册资本、高级管理人员资格，以及相关文件材料，都必须符合《保险法》和《健康保险管理办法》的相关规定。一旦获得经营许可，还必须接受监管部门的持续监督，对监管部门履行诸如提交财务报表、接受监管部门检查等法定义务。

（二）保险条款监管

保险条款是健康保险合同的核心内容，是对保险人与被保险人各自权利和义务的约定。对于保险条款的规范，各国一般通过保险合同法来进行规定。由于保险业具有很强的专业性和保险合同附和性，各国保险监管机构都会对保险条款进行严格的监管，主要是对保险标的、保险责任与责任免除、保险费率、保险期等保险条款内容的监管。《保险法》第一百一十四条规定："保险公司应当按照国务院保险监督管理机构的规定，公平、合理拟定保险条款和保险费率，不得损害投保人、被保险人和受益人的合法权益。保险公司应当按照合同约定和本法规定，及时履行赔偿或者给付保险金义务。"第一百三十六条规定："关系社会公众利益的保险险种、依法实行强制保险的险种和新开发的人寿保险险种等的保险条款和保险费率，应当报国务院保险监督管理机构批准。国务院保险监督管理机构审批时，应当遵循保护社会公众利益和防止不正当竞争的原则。其他保险险种的保险条款和保险费率，应当报保险监督管理机构备案。保险条款和保险费率审批、备案的具体办法，由国务院保险监督管理机构依照前款规定制定。"在涉及健康保险条款的监管方面，《健康保险管理办法》第十二条规定:"保险公司拟定健康保险的保险条款和保险费率,应当按照银保监会的有关规定报送审批或者备案。享受税收优惠政策的健康保险产品在产品设计、赔付率等方面应当遵循相关政策和监管要求。"此外,在健康保险产品方面,《健康保险管理办法》对保险责任、犹豫期条款、产品参数、保证续保条款、医疗保险产品条款等方面的内容进行了明确规定。

(三)保险费率监管

保险费率是保险人用以计算保险费的标准,是保险产品的价格。健康保险费率受到诸多因素的影响,如疾病的发生率、残疾的发生率、利率等。此外,还有承保、销售、理赔等也会间接影响健康保险产品的费率。目前,健康保险公司在经营过程中会出现盲目拓展责任、随意降低费率等恶性竞争,从而影响保险公司财务的稳健性,削弱了保险公司的偿付能力。因此,国家保险监督机构一般遵照充足性、合理性、公平性3个原则对健康保险费率进行监管。《健康保险管理办法》第十九条规定:"保险公司销售产品参数可调的短期团体健康保险产品,如需改变费率计算方法或者费率计算需要的基础数据的,应当将该产品重新报送审批或者备案。"第二十条规定:"保险公司可以在保险产品中约定对长期医疗保险产品进行费率调整,并明确注明费率调整的触发条件。长期医疗保险产品费率调整应当遵循公平、合理原则,触发条件应当客观且能普遍适用,并符合有关监管规定。"第二十四条规定:"保险公司设计费用补偿型医疗保险产品,必须区分被保险人是否拥有公费医疗、基本医疗保险、其他费用补偿型医疗保险等不同情况,在保险条款、费率或者赔付金额等方面予以区别对待。"第三十二条规定:"保险公司应当根据健康保险产品实际赔付经验,对产品定价进行回溯、分析,及时修订新销售的健康保险产品费率,并按照银保监会有关规定进行审批或者备案。"第三十五条规定:"保险公司销售健康保险产品,应当严格执行经审批或者备案的保险条款和保险费率。"

(四)保险中介监管

健康保险中介是健康保险市场的重要组成部分,对于促进健康保险业可持续发展具有重要意义。由于健康保险具有很强的专业性,面对从事健康保险销售管理活动、经济活动的保险中介,被保险人往往处于明显的弱势地位。因此,各国政府都高度重视对保险中介的监管。目前,我国健康保险市场上的保险中介主要包括保险代理人和保险经纪人。我国政府出台的《保险法》《保险代理机构管理规定》《保险经纪机构管理规定》《保险公估机构管理规定》《保险营销员管理规定》等法律法规对如何监管保险中介进行了详细规定。例如,《保险法》第一百三十一条规定:"保险代理人、保险经纪人及其从业人员在办理保险业务活动中不得有下列行为:(一)欺骗保险人、投保人、被保险人或者受益人;(二)隐瞒与保险合同有关的重要情况;(三)阻碍投保人履行本法规定的如实告知义务,或者诱导其不履行本法规定的如实告知义务;(四)给予或者承诺投保人给予投保人、被保险人或者受益人保险合同约定以外的利益;(五)利用行政权力、职务或者职业便利以及其他不正当手段强迫、引诱或者限制投保人订立保险合同；（六）伪造、擅自变更保险合同，或者为保险合同当事人提供虚假证明材料；（七）挪用、截留、侵占保险费或者保险金；（八）利益义务便利为其他机构或者个人牟取不正当利益；（九）串通投保人、被保险人或者受益人、骗取保险金；（十）泄露在业务活动中知悉的保险人、投保人、被保险人的商业秘密。"

当然，仅仅对保险中介进行监管是不够的，还要求保险中介从业人员具备一定的业务能力和专业素质。《健康保险管理办法》第十条规定："保险公司应当对从事健康保险的核保、理赔以及销售等工作的从业人员进行健康保险专业培训。"第四十条规定："保险公司销售健康保险产品，不得夸大保险保障范围，不得隐瞒责任免除，不得误导投保人和被保险人。投保人和被保险人就保险条款中的保险、医疗和疾病等专业术语提出询问的，保险公司应当用清晰易懂的语言进行解释。"第四十一条规定："保险公司销售费用补偿型医疗保险，应当向投保人询问被保险人是否拥有公费医疗、基本医疗保险或者其他费用补偿型医疗保险的情况，投保人应当如实告知。保险公司应当向投保人说明未如实告知的法律后果，并做好相关记录。保险公司不得诱导投保人为同一被保险人重复购买保障功能相同或者类似的费用补偿型医疗保险产品。"

二、偿付能力监管

保险公司偿付能力是保险公司对保单持有人履行赔付义务的能力。具体而言，健康保险偿付能力是指经营健康保险的保险公司能够履行保险合同约定给付责任的能力，它体现为保险公司资产与负债之间的平衡关系。偿付能力是保险公司能否稳定发展的重要标志，是保险公司市场竞争力的重要衡量指标之一。只有确保保险公司具备足够的偿付能力，才能有效地保护被保险人的合法权益，实现保险业的稳健发展，维护保险市场秩序的稳定和有序发展。因此，对保险公司偿付能力的监管已经成为各国政府保险监管的核心内容。偿付能力监管是指保险监管部门对各保险公司偿还债务能力进行监督和管理，当偿付能力出现不足或具有偿付能力不足趋势时，保险监管部门发出预警或给予相关处置。

《保险法》第一百零一条规定："保险公司应当具有与其业务规模和风险程度相适应的最低偿付能力。保险公司的认可资产减去认可负债的差额不得低于国务院保险监督管理机构规定的数额；低于规定数额的，应当按照国务院保险监督管理机构的要求采取相应措施达到规定的数额。"2021年3月1日起施行的《保险公司偿付能力管理规定》中第四条规定："保险公司应当建立健全偿付能力管理体系，有效识别管理各类风险，不断提升偿付能力风险管理水平，及时监测偿付能力状况，编报偿付能力报告，披露偿付能力相关信息，做好资本规划，确保偿付能力达标。"第六条规定："偿付能力监管指标包括：（一）核心偿付能力充足率，即核心资本与最低资本的比值，衡量保险公司高质量资本的充足状况；（二）综合偿付能力充足率，即实际资本与最低资本的比值，衡量保险公司资本的总体充足状况；（三）风险综合评级,即对保险公司偿付能力综合风险的评价,衡量保险公司总体偿付能力风险的大小。核心资本,是指保险公司在持续经营和破产清算状态下均可以吸收损失的资本。实际资本,是指保险公司在持续经营或破产清算状态下可以吸收损失的财务资源。最低资本,是指基于审慎监管目的,为使保险公司具有适当的财务资源应对各类可量化为资本要求的风险对偿付能力的不利影响,所要求保险公司应当具有的资本数额。核心资本、实际资本、最低资本的计量标准等监管具体规则由中国银保监会另行规定。"第二十六条规定:"对于核心偿付能力充足率低于50%或综合偿付能力充足率低于100%的保险公司,中国银保监会应当采取以下第(一)项至第(四)项的全部措施:(一)监管谈话;(二)要求保险公司提交预防偿付能力充足率恶化或完善风险管理的计划;(三)限制董事、监事、高级管理人员的薪酬水平;(四)限制向股东分红。中国银保监会还可以根据其偿付能力充足率下降的具体原因,采取以下第(五)项至第(十二)项的措施:(五)责令增加资本金;(六)责令停止部分或全部新业务;(七)责令调整业务结构,限制增设分支机构,限制商业性广告;(八)限制业务范围、责令转让保险业务或责令办理分出业务;(九)责令调整资产结构,限制投资形式或比例;(十)对风险和损失负有责任的董事和高级管理人员,责令保险公司根据聘用协议、书面承诺等追回其薪酬;(十一)依法责令调整公司负责人及有关管理人员;(十二)中国银保监会依法根据保险公司的风险成因和风险程度认为必要的其它监管措施。对于采取上述措施后偿付能力未明显改善或进一步恶化的,由中国银保监会依法采取接管、申请破产等监管措施。"

《健康保险管理办法》主要是从准备金方面对健康保险的偿付能力进行监管。在第五章准备金评估中,第四十七条规定:"经营健康保险业务的保险公司应当按照本办法有关规定提交上一年度的精算报告或者准备金评估报告。"第四十八条规定:"对已经发生保险事故并已提出索赔、保险公司尚未结案的赔案,保险公司应当提取已发生已报案未决赔款准备金。保险公司应当采取逐案估计法、案均赔款法等合理的方法谨慎提取已发生已报案未决赔款准备金。保险公司如果采取逐案估计法之外的精算方法计提已发生已报案未决赔款准备金,应当详细报告该方法的基础数据、参数设定和估计方法,并说明基础数据来源、数据质量以及准备金计算结果的可靠性。保险公司总精算师不能确认估计方法的可靠性或者相关业务的经验数据不足3年的,应当按照已经提出的索赔金额提取已发生已报案未决赔款准备金。"

三、治理结构监管

作为健康保险市场主体,健康保险公司的治理结构直接关系到该公司的经营效果和健康保险业的发展质量,优化公司治理结构,建立资本充足、内控严密、运营安全、服务和效益良好的现代保险业,是进一步防范和化解保险公司的经营风险,促进健康保险市场有序发展的重要体制保障。所谓保险公司治理结构监管,是指通过股东及其他利益相关者等设定市场准入条件、规定保险公司董事、监事和高级管理人员的任职资格、建立关联交易的管理和信息披露制度以及健全健康保险公司内部控制机制等方式对各类从事健康保险业务的保险公司进行监督和管理。

（一）设立市场准入条件

《保险法》《保险公司股权管理办法》对保险公司股东资格进行了明确的规定，要求能够影响保险公司经营管理的股东必须具有良好的财务状况以及较强的持续出资能力。2018 年 4 月 10 日起实施的《保险公司股权管理办法》中第四条规定："根据持股比例、资质条件和对保险公司经营管理的影响，保险公司股东分为以下四类：（一）财务 I 类股东。是指持有保险公司股权不足百分之五的股东。（二）财务 II 类股东。是指持有保险公司股权 5%以上，但不足 15%的股东。（三）战略类股东。是指持有保险公司股权 15%以上，但不足 1/3 的股东，或者其出资额、持有的股份所享有的表决权已足以对保险公司股东（大）会的决议产生重大影响的股东。（四）控制类股东。是指持有保险公司股权三分之一以上，或者其出资额、持有的股份所享有的表决权已足以对保险公司股东（大）会的决议产生控制性影响的股东。"第十条规定："战略类股东，除符合本办法第八条、第九条规定外，还应当具备以下条件：（一）具有持续出资能力，最近 3 个会计年度连续盈利；（二）净资产不低于 10 亿元人民币；（三）权益性投资余额不得超过净资产；（四）法律、行政法规以及中国保监会规定的其他条件。"第十一条规定："控制类股东，除符合本办法第八条、第九条、第十条规定外，还应当具备以下条件：（一）总资产不低于 100 亿元人民币；（二）最近 1 年末净资产不低于总资产的 30%；（三）法律、行政法规以及中国保监会规定的其他条件。国家另有规定的，金融机构可以不受前款第二项限制。"

（二）规定任职资格条件

《保险法》第八十一条规定："保险公司的董事、监事和高级管理人员，应当品行良好，熟悉与保险相关的法律、行政法规，具有履行职责所需的经营管理能力，并在任职前取得保险监督管理机构核准的任职资格。保险公司高级管理人员的范围由国务院保险监督管理机构规定。"在 2014 年经修改后发布实施的《保险公司董事、监事和高级管理人员任职资格管理规定》中进一步明确了保险公司董事、监事和高级管理人员的任职资格条件、任职资格核准等事宜，具体规定了对保险公司董事、监事和高级管理人员的监管内容及其应承担的法律责任。保险公司董事、监事和高级管理人员对公司经营情况负有连带责任，因其违规行为造成保险公司经济损失的，应当承担赔偿责任。

（三）建立信息披露制度

《保险法》第一百零八条规定："保险公司应当按照国务院保险监督管理机构的规定，建立对关联交易的管理和信息披露制度。"第一百五十一条规定："保险公司的股东利用关联交易严重损害公司利益，危及公司偿付能力的，由国务院保险监督管理机构责令改正。在按照要求改正前，国务院保险监督管理机构可以限制其股东权利；不改正的，可以责令其转让所持的保险公司股权。"

保险公司关联交易指保险公司与关联方之间发生的交易活动，主要包括：保险公司资金的投资运用和委托管理；固定资产的买卖、租赁和赠与；保险业务和保险代理业务；再保险的分出或者分入业务；为保险公司提供审计、精算、法律、资产评估、广告、职场装修等服务；担保、债权债务转移、签订许可协议及其他导致公司的利益转移的交易活动。保险公司关联交易分为重大关联交易和一般关联交易。重大关联交易指保险公司与一个关联方之间单笔交易额占保险公司上一年度末净资产的 1%以上并超过 500 万元，或者一个会计年度内保险公司与一个关联方的累计交易额占保险公司上一年度末净资产 10%以上并超过 5 000 万元的交易。一般关联交易指重大关联交易以外的其他关联交易。计算关联交易额时，保险公司与关联方，以及该关联方的关联方之间的交易应当合并计算。保险公司应当建立控制和管理关联交易的有关制度。保险规定的重大关联交易应当按照规定及时向中国银保监会报告。保险公司的控股股东、实际控制人、董事、监事和高级管理人员不得利用关联交易损害公司利益。

《保险公司信息披露管理办法》第二条规定："本办法所称信息披露，是指保险公司向社会公众公开其经营管理相关信息的行为。"第四条规定："保险公司应当按照法律、行政法规和中国银行保险监督管理委员会的规定进行信息披露。保险公司可以在法律、行政法规和中国银行保险监督管理委员会规定的基础上披露更多信息。"第七条规定："保险公司应当披露下列信息：（一）基本信息；（二）财务会计信息；（三）保险责任准备金信息；（四）风险管理状况信息；（五）保险产品经营信息；（六）偿付能力信息；（七）重大关联交易信息；（八）重大事项信息；（九）中国银行保险监督管理委员会规定的其他信息。"第二十七条规定："保险公司应当建立信息披露管理制度并上报中国银行保险监督管理委员会。信息披露管理制度应当包括下列内容：（一）信息披露的内容和基本格式；（二）信息的审核和发布流程；（三）信息披露的豁免及其审核流程；（四）信息披露事务的职责分工、承办部门和评价制度；（五）责任追究制度。保险公司修订信息披露管理制度后，应当在修订完成之日起 10 个工作日内向中国银行保险监督管理委员会报告。"保险公司应当在本公司主页的显著位置设置信息披露专栏，信息披露应当遵循真实、准确、完整、及时、有效的原则，不得有虚假记载、误导性陈述和重大遗漏。信息披露应当尽可能使用通俗易懂的语言。中国银保监会根据法律和国务院授权，对保险公司的信息披露行为进行监管。

（四）建立内部控制体系

2010 年 8 月 10 日，我国原保监会制定颁布《保险公司内部控制基本准则》，保险公司内部控制体系主要由 3 个部分组成：内部控制基础，包括公司治理、组织架构、人力资源、信息系统和企业文化等；内部控制程序，包括识别评估风险、设计实施控制措施等；内部控制保证，包括信息沟通、内控管理、内部审计、应急机制和风险问责等。

1. 内部控制基础

保险公司应当建立规范的公司治理框架，形成授权清晰、运作规范、科学有效的决策、执行、监督机制。公司董事会、监事会和管理层应当高度重视内部控制，认真履行内控职能。应当根据保险业务流程和内控需要，遵循便于管理、易于考核、简化层级、避免交叉的原则，明确责任分工，明晰报告路线，建立科学合理的内设机构、分支机构和岗位。应当把内部控制贯穿于保险公司的人力资源管理政策，确保关键岗位人员具备胜任本职工作的专业能力，并定期接受相关培训，其考核、薪酬、奖惩、晋升等应当与内部控制成效挂钩。保险公司应当建立安全实用、覆盖所有业务环节的信息系统，尽量使各项业务活动信息化、流程化和自动化，减少或消除人为干预和操作失误，从而为内部控制提供技术保障和系统支持。从企业文化上，保险公司应当营造以风险控制为导向的管理理念和经营风格，提高全体人员风险防范意识，积极培育内部控制人人有责、违规必究的内控企业文化。

2. 内部控制程序

保险公司应当根据风险规律，合理设计内嵌于所有业务环节的内部控制流程，尽力实现对风险的过程控制。保险公司应当对经营管理、业务活动中可能面临的风险因素进行全面系统的识别和分析，确定风险点，对其发生概率、诱发因素、扩散规律、可能损失进行定性和定律评估，制定风险应对策略，确定内部控制重点。应当根据风险识别评估结果，科学设计内部控制政策、程序和措施，并严格执行。与此同时，应当根据控制效果不断改进、优化内部控制流程，将风险控制在预定目标或可承受范围之内。保险公司应当建立多层次、全方位的监控体系，实现对业务活动内部控制流程的事前、事中、事后有效监控，为实现内控目标提供制度性保障。

3. 内部控制保证

保险公司应当建立信息和沟通机制，促进公司信息及时、有效、充分地共享，提供经营管理透明度，防止公司内部的徇私舞弊、行贿受贿以及其他犯罪行为的发生。保险公司应当建立内控管理及评价机制，对公司内部控制进行整体设计和统筹规划，推动各内部控制责任主体对风险进行实时监测和定期排查，并依据检测、排查结果调整和改进公司的内部控制流程。保险公司还应当加强对内部控制的审计检查，定期根据检查结果对内部控制流程的健全性、合理性和有效性进行评估，并按照规定的报告路线及时向审计对象、合规管理职能部门、上级领导进行报告。另外，保险公司还应建立内控风险应急管理机制，制定相对周全、可操作性强的应急预案，明确各种风险下的应对措施，尽可能减少内部风险带来的负面影响和损失。此外，保险公司应当建立严格的内部控制责任追究制度，对于违反内部控制流程和要求的经营行为及管理行为，不管是否造成损失，都要严肃处理，追究当事人和相关领导者的责任。

本章小结

健康保险监管是对健康保险业的监督和管理。从广义上来说，健康保险监管指政府机构、保险行业组织、健康保险企业内部监管部门及整个社会对健康保险市场及市场主体的组织和经营活动的监督与管理。从狭义上来说，健康保险监管指国家的保险监督执行机构依法对健康保险市场及经营健康保险业务的保险人实行监督和管理，以确保保险人的经营安全，维护被保险人的合法权益。

健康保险监管的原则：依法监管原则、风险防范原则、间接监管原则、独立监管原则。

健康保险监管的目标：保护被保险人合法权益、维护健康保险的市场秩序、促进健康保险业有序发展。

风险管控指风险管理者通过一定的决策和管理降低其所面临的各种风险带来负面结果的过程。

健康保险风险的管控包括：健康保险的事前管控、健康保险的经营管控、健康保险的风险转移。

健康管理的主要流程包括：健康状况的信息采集、健康状况的评价与预测、健康促进、行为干预与咨询指导以及健康管理效果评价等环节。

健康保险监管具体内容包括：市场行为的监管、偿付能力监管、治理结构监管。

复习思考题

1. 健康保险监管的目标是什么？
2. 健康保险监管应遵循哪些原则？
3. 简述健康保险监管体系。
4. 简述健康保险监管的具体内容。

案例分析

保险监管再加码　医疗保障更安心

2021年，国家医疗保障局发布《医疗保障法（征求意见稿）》（下称《意见稿》），就其相关内容公开征求意见。《意见稿》共分为8个章节，涵盖总则、筹资和待遇、基金管理、医药服务、公共管理服务、监督管理、法律责任和附则共70条。正式的《医疗保障法》未来颁布实施后，将为多层次医疗保障体系的建设与实施提供基本法律依据，因而本次《意见稿》发布受到高度关注和激烈讨论。

针对"医疗保障法治化建设"议题，对外经济贸易大学公共管理学院李长安教授认为，改革开放以来，我国虽然颁布过《社会保险法》，对医疗保障的内容有所涉及，但内容比较单薄。《意见稿》的发布预示我国医疗保障进入法治化轨道。该法正式颁布后，有关医疗保障的方方面面都将有法可依，过去那种标准不一、多头管理、行为不规范等问题都将置于统一的治理框架之中。这对于切实保障民众的基本医疗权益具有非常积极的意义。西南政法大学政治与公共管理学院副教授和静钧认为，《意见稿》的发布是构建医疗保障领域法律体系的重要一步，其意义重大。日后正式发布的《医疗保障法》有利于把多层次、多渠道的医疗保险与医疗救助，纳入统一的法律之中，有利于相关政府部门发挥监督作用。《意见稿》广泛征求意见，有利于在正式立法之前凝聚共识，起到法律引导与普及作用，为之后顺利实施法律做好准备。广西师范大学政治与公共管理学院副教授李文军认为，受社会保障整体起步晚、地域差异大等现实因素影响，我国现行医疗保障相关法律立法滞后、层次较低，严重制约了我国医疗保障法律体系的发展。《意见稿》的发布意味着医疗保障正式步入法治化建设的实质进展阶段。作为最重要的社会保障制度之一，医疗保障关系全民的切身利益，也是政府的职责所在。由于现实中缺乏应有的法律规范，实践中也日益暴露出一些问题，不仅影响医疗保障制度的健康发展，也让保障功能大打折扣。医疗保障制度亟待与时俱进，因此，从整体上推进综合立法，有利于我国医疗保障制度的发展和完善。

针对"商业健康保险的专业化发展"议题。《意见稿》提出"国务院医疗保障行政部门会同有关部门规范商业健康保险管理，推进商业健康保险有序发展"。这意味着国家医保部门对商业健康保险具有一定的监管权限，相比于原来主要由保监会进行监管，加入国家医保部门的监管力量，将会产生一些新的变化。和静钧认为，从职能上看，保监会是金融监督，主要管的是钱，对医疗保障领域相关经验和知识的了解不够充分。《意见稿》推出这一举措，有利于把保监会"不该管""管不好"的工作移交给医疗保障行政部门，理顺了工作关系，对医疗保障事业的发展大有益处。医疗保障涉及基本医疗保险、补充医疗保险和商业健康保险等，保障层次各有不同，需要一个统一的监督体系。因此，适当弱化保监会的作用，强化政府部门的职能发挥，是提升医疗保障治理能力现代化的重要措施。李长安指出，加入国家医保部门的监管，意味着监管的力度更大了，而且专业性也更强了，可以说进一步实现了精准监管。这有利于推进商业健康保险的有序发展。虽然商业健康保险取得了很大的发展，但总体而言，我国商业健康保险监管在法律监管体系建设、外部配套政策上尚处于起步阶段，再加上相关政策落实不到位，相对于国外较为成熟的保险市场，我国健康保险市场规模有限，结构亟待调整。因此，将国家医保部门加入进来，将形成对商业健康保险的"双重监管"。李文军也强调，虽然我国已经建立了由保险法、部门管理规章制度体系和保险监管指标体系构成的基本保险监管体系框架，但目前还没有一套针对性强的方法能够对专业性强且复杂的商业健康保险业务进行有效监管，保险公司钻政策空子、躲避监管的现象时有发生。国家医保部门加入监管以后，通过医保专业人员的监管，一方面，可以加强对商业健康保险的指导，制定专门的监管制度，完善健康保险监管体系，严格规范商业健康保险领域的进入门槛，推动商业健康保险的专业化发展。另一方面，有利于监管机构在更高层面上与社会保障、医疗卫生等相关部门进行沟通协调，争取更有利的政策环境。

总之，就我国医疗保障法律体系建设而言，目前还欠缺系统性和整体性。因此，要推进立法细化工作，丰富、完善医疗保障法律体系，在《医疗保障法》的基础上，建立用以规范医疗保障各个环节的专项法律。同时，针对城乡统筹、医保关系转移接续和医疗费用异地结算等核心关键问题，要在《医疗保障法》的指导下，制定与其相适应的配套实施制度。要规范医疗保障立法中各主体的关系和平衡各方利益，在立法中必须理顺各方的责权利关系，对于参保者而言，在保障基本权益的同时也强调相关义务，特别是对于骗保行为要予以打击。对于医疗机构而言，既要坚守职业道德，也要调动医务人员的积极性。对于医药企业来说，则要防止不正当竞争。只有三方利益都得到兼顾，那么医疗保障制度的公平和效率才能得到真正的体现。

资料来源：赵鑫. 保险监管再加码 医疗保障更安心[N]. 深圳特区报，2021-06-29.

思考：谈谈如何完善我国商业健康保险监管与规范发展？

提示：可从政府、行业、公司等多角度进行分析。

附 录

附录1 《健康保险管理办法》

第一章 总则

第一条 为了促进健康保险的发展，规范健康保险的经营行为，保护健康保险活动当事人的合法权益，提升人民群众健康保障水平，根据《中华人民共和国保险法》（以下简称《保险法》）等法律、行政法规，制定本办法。

第二条 本办法所称健康保险，是指由保险公司对被保险人因健康原因或者医疗行为的发生给付保险金的保险，主要包括医疗保险、疾病保险、失能收入损失保险、护理保险以及医疗意外保险等。

本办法所称医疗保险，是指按照保险合同约定为被保险人的医疗、康复等提供保障的保险。

本办法所称疾病保险，是指发生保险合同约定的疾病时，为被保险人提供保障的保险。

本办法所称失能收入损失保险，是指以保险合同约定的疾病或者意外伤害导致工作能力丧失为给付保险金条件，为被保险人在一定时期内收入减少或者中断提供保障的保险。

本办法所称护理保险，是指按照保险合同约定为被保险人日常生活能力障碍引发护理需要提供保障的保险。

本办法所称医疗意外保险，是指按照保险合同约定发生不能归责于医疗机构、医护人员责任的医疗损害，为被保险人提供保障的保险。

第三条 健康保险是国家多层次医疗保障体系的重要组成部分，坚持健康保险的保障属性，鼓励保险公司遵循审慎、稳健原则，不断丰富健康保险产品，改进健康保险服务，扩大健康保险覆盖面，并通过有效管理和市场竞争降低健康保险价格和经营成本，提升保障水平。

第四条 健康保险按照保险期限分为长期健康保险和短期健康保险。

长期健康保险，是指保险期间超过1年或者保险期间虽不超过1年但含有保证续保条款的健康保险。

长期护理保险保险期间不得低于5年。

短期健康保险，是指保险期间为1年以及1年以下且不含有保证续保条款的健康保险。

保证续保条款，是指在前一保险期间届满前，投保人提出续保申请，保险公司必须按照原条款和约定费率继续承保的合同约定。

第五条 医疗保险按照保险金的给付性质分为费用补偿型医疗保险和定额给付型医疗保险。

费用补偿型医疗保险，是指根据被保险人实际发生的医疗、康复费用支出，按照约定的标准确定保险金数额的医疗保险。

定额给付型医疗保险，是指按照约定的数额给付保险金的医疗保险。

费用补偿型医疗保险的给付金额不得超过被保险人实际发生的医疗、康复费用金额。

第六条 中国银行保险监督管理委员会（以下简称银保监会）根据法律、行政法规和国务院授权，对保险公司经营健康保险的活动进行监督管理。

第七条 保险公司开展的与健康保险相关的政策性保险业务，除国家政策另有规定外，参照本办法执行。

保险公司开展不承担保险风险的委托管理服务不适用本办法。

第二章 经营管理

第八条 依法成立的健康保险公司、人寿保险公司、养老保险公司，经银保监会批准，可以经营健康保险业务。

前款规定以外的保险公司，经银保监会批准，可以经营短期健康保险业务。

第九条 除健康保险公司外，保险公司经营健康保险业务应当成立专门健康保险事业部。健康保险事业部应当持续具备下列条件：

（一）建立健康保险业务单独核算制度；

（二）建立健康保险精算制度和风险管理制度；

（三）建立健康保险核保制度和理赔制度；

（四）建立健康保险数据管理与信息披露制度；

（五）建立功能完整、相对独立的健康保险信息管理系统；

（六）配备具有健康保险专业知识的精算人员、核保人员、核赔人员和医学教育背景的管理人员；

（七）银保监会规定的其他条件。

第十条 保险公司应当对从事健康保险的核保、理赔以及销售等工作的从业人员进行健康保险专业培训。

第十一条 保险公司应当加强投保人、被保险人和受益人的隐私保护，建立健康保险客户信息管理和保密制度。

第三章 产品管理

第十二条 保险公司拟定健康保险的保险条款和保险费率，应当按照银保监会的有关规定报送审批或者备案。

享受税收优惠政策的健康保险产品在产品设计、赔付率等方面应当遵循相关政策和监管要求。

第十三条 保险公司拟定的健康保险产品包含两种以上健康保障责任的，应当由总精算师按照一般精算原理判断主要责任，并根据主要责任确定产品类型。

第十四条 医疗意外保险和长期疾病保险产品可以包含死亡保险责任。长期疾病保险的死亡给付金额不得高于疾病最高给付金额。其他健康保险产品不得包含死亡保险责任，但因疾病引发的死亡保险责任除外。

医疗保险、疾病保险和医疗意外保险产品不得包含生存保险责任。

第十五条 长期健康保险产品应当设置合同犹豫期，并在保险条款中列明投保人在犹豫期内的权利。长期健康保险产品的犹豫期不得少于 15 天。

第十六条 保险公司应当严格按照审批或者备案的产品费率销售短期个人健康保险产品。

第十七条 除家族遗传病史之外，保险公司不得基于被保险人其他遗传信息、基因检测资料进行区别定价。

第十八条 短期团体健康保险产品可以对产品参数进行调整。

产品参数，是指保险产品条款中根据投保团体的具体情况进行合理调整的保险金额、起付金额、给付比例、除外责任、责任等待期等事项。

第十九条 保险公司将产品参数可调的短期团体健康保险产品报送审批或者备案时，提交的申请材料应当包含产品参数调整办法，并由总精算师遵循审慎原则签字确认。

保险公司销售产品参数可调的短期团体健康保险产品，应当根据产品参数调整办法、自身风险管理水平和投保团体的风险情况计算相应的保险费率，且产品参数的调整不得改变费率计算方法以及费率计算需要的基础数据。

保险公司销售产品参数可调的短期团体健康保险产品，如需改变费率计算方法或者费率计算需要的基础数据的，应当将该产品重新报送审批或者备案。

第二十条 保险公司可以在保险产品中约定对长期医疗保险产品进行费率调整，并明确注明费率调整的触发条件。

长期医疗保险产品费率调整应当遵循公平、合理原则，触发条件应当客观且能普遍适用，并符合有关监管规定。

第二十一条 含有保证续保条款的健康保险产品，应当明确约定保证续保条款的生效时间。

含有保证续保条款的健康保险产品不得约定在续保时保险公司有减少保险责任和增加责任免除范围的权利。

保险公司将含有保证续保条款的健康保险产品报送审批或者备案的，应当在产品精算报告中说明保证续保的定价处理方法和责任准备金计算办法。

第二十二条 保险公司拟定医疗保险产品条款，应当尊重被保险人接受合理医疗服务的权利，不得在条款中设置不合理的或者违背一般医学标准的要求作为给付保险金的条件。

第二十三条 保险公司在健康保险产品条款中约定的疾病诊断标准应当符合通行的医学诊断标准，并考虑到医疗技术条件发展的趋势。

健康保险合同生效后，被保险人根据通行的医学诊断标准被确诊疾病的，保险公司不得以该诊断标准与保险合同约定不符为理由拒绝给付保险金。

第二十四条 保险公司设计费用补偿型医疗保险产品，必须区分被保险人是否拥有公费医疗、基本医疗保险、其他费用补偿型医疗保险等不同情况，在保险条款、费率或者赔付金额等方面予以区别对待。

第二十五条 被保险人同时拥有多份有效的费用补偿型医疗保险保险单的，可以自主决定理赔申请顺序。

第二十六条 保险公司可以同投保人约定，以被保险人在指定医疗机构中进行医疗为给付保险金的条件。

保险公司指定医疗机构应当遵循方便被保险人、合理管理医疗成本的原则，引导被保险人合理使用医疗资源、节省医疗费用支出，并对投保人和被保险人做好说明、解释工作。

第二十七条 疾病保险、医疗保险、护理保险产品的等待期不得超过180天。

第二十八条 医疗保险产品可以在定价、赔付条件、保障范围等方面对贫困人口适当倾斜，并以书面形式予以明确。

第二十九条 护理保险产品在保险期间届满前给付的生存保险金，应当以被保险人因保险合同约定的日常生活能力障碍引发护理需要为给付条件。

第三十条 鼓励保险公司开发医疗保险产品，对新药品、新医疗器械和新诊疗方法在医疗服务中的应用支出进行保障。

第三十一条 鼓励保险公司采用大数据等新技术提升风险管理水平。对于事实清楚、责任明确的健康保险理赔申请，保险公司可以借助互联网等信息技术手段，对被保险人的数字化理赔材料进行审核，简化理赔流程，提升服务效率。

第三十二条 保险公司应当根据健康保险产品实际赔付经验，对产品定价进行回溯、分析，及时修订新销售的健康保险产品费率，并按照银保监会有关规定进行审批或者备案。

第三十三条 鼓励保险公司提供创新型健康保险产品，满足人民群众多层次多样化的健康保障需求。

第三十四条 保险公司开发的创新型健康保险产品应当符合《保险法》和保险基本原理，并按照有关规定报银保监会审批或者备案。

第四章 销售管理

第三十五条 保险公司销售健康保险产品，应当严格执行经审批或者备案的保险条款和保险费率。

第三十六条 经过审批或者备案的健康保险产品，除法定理由和条款另有约定外，保险公司不得拒绝提供。

保险公司销售健康保险产品，不得强制搭配其他产品销售。

第三十七条 保险公司不得委托医疗机构或者医护人员销售健康保险产品。

第三十八条 保险公司销售健康保险产品，不得非法搜集、获取被保险人除家族遗传病史之外的遗传信息、基因检测资料；也不得要求投保人、被保险人或者受益人提供上述信息。

保险公司不得以被保险人家族遗传病史之外的遗传信息、基因检测资料作为核保条件。

第三十九条 保险公司销售健康保险产品，应当以书面或者口头等形式向投保人说明保险合同的内容，对下列事项作出明确告知，并由投保人确认：

（一）保险责任；

（二）保险责任的减轻或者免除；

（三）保险责任等待期；

（四）保险合同犹豫期以及投保人相关权利义务；

（五）是否提供保证续保以及续保有效时间；
（六）理赔程序以及理赔文件要求；
（七）组合式健康保险产品中各产品的保险期间；
（八）银保监会规定的其他告知事项。

第四十条 保险公司销售健康保险产品，不得夸大保险保障范围，不得隐瞒责任免除，不得误导投保人和被保险人。

投保人和被保险人就保险条款中的保险、医疗和疾病等专业术语提出询问的，保险公司应当用清晰易懂的语言进行解释。

第四十一条 保险公司销售费用补偿型医疗保险，应当向投保人询问被保险人是否拥有公费医疗、基本医疗保险或者其他费用补偿型医疗保险的情况，投保人应当如实告知。

保险公司应当向投保人说明未如实告知的法律后果，并做好相关记录。

保险公司不得诱导投保人为同一被保险人重复购买保障功能相同或者类似的费用补偿型医疗保险产品。

第四十二条 保险公司销售医疗保险，应当向投保人告知约定医疗机构的名单或者资质要求，并提供查询服务。

保险公司调整约定医疗机构的，应当及时通知投保人或者被保险人。

第四十三条 保险公司以附加险形式销售无保证续保条款的健康保险产品的，附加险的保险期限不得小于主险保险期限。

第四十四条 保险公司销售长期个人健康保险产品的，应当在犹豫期内对投保人进行回访。

保险公司在回访中发现投保人被误导的，应当做好解释工作，并明确告知投保人有依法解除保险合同的权利。

第四十五条 保险公司承保团体健康保险，应当以书面或者口头等形式告知每个被保险人其参保情况以及相关权益。

第四十六条 投保人解除团体健康保险合同的，保险公司应当要求投保人提供已通知被保险人退保的有效证明，并按照银保监会有关团体保险退保的规定将退保金通过银行转账或者原投保资金汇入路径退至投保人缴费账户或者其他账户。

第五章 准备金评估

第四十七条 经营健康保险业务的保险公司应当按照本办法有关规定提交上一年度的精算报告或者准备金评估报告。

第四十八条 对已经发生保险事故并已提出索赔、保险公司尚未结案的赔案，保险公司应当提取已发生已报案未决赔款准备金。

保险公司应当采取逐案估计法、案均赔款法等合理的方法谨慎提取已发生已报案未决赔款准备金。

保险公司如果采取逐案估计法之外的精算方法计提已发生已报案未决赔款准备金，应当详细报告该方法的基础数据、参数设定和估计方法，并说明基础数据来源、数据质量以及准备金计算结果的可靠性。

保险公司总精算师不能确认估计方法的可靠性或者相关业务的经验数据不足3年

的，应当按照已经提出的索赔金额提取已发生已报案未决赔款准备金。

第四十九条 对已经发生保险事故但尚未提出的赔偿或者给付，保险公司应当提取已发生未报案未决赔款准备金。

保险公司应当根据险种的风险性质和经验数据等因素，至少采用链梯法、案均赔款法、准备金进展法、B-F法、赔付率法中的两种方法评估已发生未报案未决赔款准备金，并选取评估结果的最大值确定最佳估计值。

保险公司应当详细报告已发生未报案未决赔款准备金的基础数据、计算方法和参数设定，并说明基础数据来源、数据质量以及准备金计算结果的可靠性。

保险公司总精算师判断数据基础不能确保计算结果的可靠性，或者相关业务的经验数据不足3年的，应当按照不低于该会计年度实际赔款支出的10%提取已发生未报案未决赔款准备金。

第五十条 对于短期健康保险业务，保险公司应当提取未到期责任准备金。

短期健康保险提取未到期责任准备金，可以采用下列方法之一：

（一）二十四分之一毛保费法（以月为基础计提）；

（二）三百六十五分之一毛保费法（以天为基础计提）；

（三）根据风险分布状况可以采用其他更为谨慎、合理的方法，提取的未到期责任准备金不得低于方法（一）和（二）所得结果的较小者。

第五十一条 短期健康保险未到期责任准备金的提取金额应当不低于下列两者中较大者：

（一）预期未来发生的赔款与费用扣除相关投资收入之后的余额；

（二）在责任准备金评估日假设所有保单退保时的退保金额。

未到期责任准备金不足的，应当提取保费不足准备金，用于弥补未到期责任准备金和前款两项中较大者之间的差额。

第五十二条 本办法所称责任准备金为业务相关报告责任准备金，财务报告责任准备金、偿付能力报告责任准备金的计提按照财政部和银保监会的相关规定执行。

第五十三条 长期健康保险未到期责任准备金的计提办法应当按照银保监会的有关规定执行。

第五十四条 保险公司应当按照再保前、再保后分别向银保监会报告准备金提取结果。

第六章 健康管理服务与合作

第五十五条 保险公司可以将健康保险产品与健康管理服务相结合，提供健康风险评估和干预、疾病预防、健康体检、健康咨询、健康维护、慢性病管理、养生保健等服务，降低健康风险，减少疾病损失。

第五十六条 保险公司开展健康管理服务的，有关健康管理服务内容可以在保险合同条款中列明，也可以另行签订健康管理服务合同。

第五十七条 健康保险产品提供健康管理服务，其分摊的成本不得超过净保险费的20%。

超出以上限额的服务，应当单独定价，不计入保险费，并在合同中明示健康管理服务价格。

第五十八条 保险公司经营医疗保险，应当加强与医疗机构、健康管理机构、康复服务机构等合作，为被保险人提供优质、方便的医疗服务。

保险公司经营医疗保险，应当按照有关政策文件规定，监督被保险人医疗行为的真实性和合法性，加强医疗费用支出合理性和必要性管理。

第五十九条 保险公司应当积极发挥健康保险费率调节机制对医疗费用和风险管控的作用，降低不合理的医疗费用支出。

第六十条 保险公司应当积极发挥作为医患关系第三方的作用，帮助缓解医患信息不对称，促进解决医患矛盾纠纷。

第六十一条 保险公司与医疗机构、健康管理机构之间的合作，不得损害被保险人的合法权益。

第六十二条 保险公司应当按照法律、行政法规的规定，充分保障客户隐私和数据安全，依据服务范围和服务对象与医疗机构、基本医保部门等进行必要的信息互联和数据共享。

第七章 再保险管理

第六十三条 保险公司办理健康保险再保险业务，应当遵守《保险法》和银保监会有关再保险业务管理的规定。

第六十四条 保险公司分支机构不得办理健康保险再保险分入业务，再保险公司分支机构除外。

第八章 法律责任

第六十五条 保险公司及其分支机构违反本办法，由银保监会及其派出机构依照法律、行政法规进行处罚；法律、行政法规没有规定的，由银保监会及其派出机构责令改正，给予警告，对有违法所得的处以违法所得1倍以上3倍以下罚款，但最高不得超过3万元，对没有违法所得的处以1万元以下罚款；涉嫌犯罪的，依法移交司法机关追究其刑事责任。

第六十六条 保险公司从业人员、保险公司分支机构从业人员违反本办法，由银保监会及其派出机构依照法律、行政法规进行处罚；法律、行政法规没有规定的，由银保监会及其派出机构责令改正，给予警告，对有违法所得的处以违法所得1倍以上3倍以下罚款，但最高不得超过3万元，对没有违法所得的处以1万元以下罚款；涉嫌犯罪的，依法移交司法机关追究其刑事责任。

第九章 附则

第六十七条 相互保险组织经营健康保险适用本办法。

第六十八条 保险中介机构及其从业人员销售健康保险产品适用本办法。

第六十九条 通过银行、邮政等渠道销售健康保险产品的，应当遵守相关监管部门的规定。

第七十条 本办法施行前原中国保险监督管理委员会颁布的规定与本办法不符的，以本办法为准。

第七十一条 本办法由银保监会负责解释。

第七十二条 本办法自2019年12月1日起施行。原中国保险监督管理委员会2006年8月7日发布的《健康保险管理办法》（保监会令2006年第8号）同时废止。

附录2 我国国家层面商业健康保险政策一栏表（截止到2021年）

时间	发布部门	政策名称	主要内容
2000年3月	保监会	关于印发《人身保险产品定名暂行办法》的通知	对健康保险的定义、保险责任、产品分类等做出了详细的规定
2003年10月	中共中央	《中共中央关于完善社会主义市场经济体制若干问题的决定》	鼓励有条件的企业建立补充保险，积极发展商业养老、医疗保险
2005年3月	保监会	关于规范人身保险业务有关问题的通知	健康保险产品、赔付比例、长期健康保险产品的开发及管理、短期健康保险管理的保险人告知等做出规定
2005年11月	保监会	关于印发《人身保险保单标准化工作指引（试行）》的通知	健康保险的保单、保险合同条款的制定等健康险保单内容提出具体的标准要求
2006年6月	国务院	《关于保险业改革的若干意见明确》	明确商业健康保险是社会保障体系的重要组成部分
2007年8月	中国保险行业协会、医师协会	《重大疾病保险的疾病定义使用规范》	为了维护消费者权益，对健康保险中重大疾病保险的定义和疾病保障责任范围做出了具体的规定和参考标准
2009年3月	国务院	《中共中央国务院关于深化医药卫生体制改革的意见》	提出加快建立和完善以基本医疗保险为主体，其他多种形式补充医疗和商业健康保险为补充，覆盖城乡居民的多层次医疗保障体系
2011年6月	保监会	关于规范人身保险业务经营有关问题的通知	规范人身保险经营，对个人长、短期健康险业务佣金比例提出具体的参考标准
2012年8月	保监会	关于健康保险产品提供健康管理服务有关事项的通知	对保险公司提供的健康管理服务应遵循的法律法规、定价、保险条款说明义务等做出具体规定
2013年10月	保监会	《中国人身保险业重大疾病经验发生率表（2006—2010）》	对包含重大疾病保险责任的长期（保险期间大于一年）人身保险产品和保证续保的一年期人身保险产品、疾病种类、产品定价提供一定的依据

续表

时间	发布部门	政策名称	主要内容
2014年10月	国务院	《关于加快发展商业健康保险的若干意见》	国家层面部署商业健康保险发展的纲领性文件,对商业健康保险的发展路径给予了全面指导,要求到2020年,基本建立市场体系完备、产品形态丰富、经营诚信规范的现代商业健康保险服务业
2015年5月	财政部、国家税务总局和保监会	《关于开展商业健康保险个人试点工作的通知》	标志着我国开始试点税收优惠型健康保险产品,这也是我国首个所得税政策支持的商业保险产品,具有里程碑的意义
2016年6月	国务院	《关于促进和规范健康医疗大数据应用发展的指导意见》	提出2017年要基本实现跨部门健康医疗数据资源共用格局,到2020年建成国家级开放效应用平台,数据融合应用取得明显成效
2016年10月	中共中央、国务院	《"健康中国2030"规划纲要》	到2030年,现代商业健康保险服务业进一步发展,商业健康保险赔付支出占卫生总支出比重显著提高
2016年12月	国务院	《"十三五"深化医药卫生体制改革规划》	"推动商业健康保险发展"作为建立高效运行的5大举措之一,其中包括"医保经办服务多元化、多方竞争""委托具有资质的商业保险机构等社会力量参与基本医保的经办服务""鼓励保险公司开发中医药养生保健等各类商业健康保险产品"等
2017年1月	国务院	《"十三五"卫生健康规划》	鼓励企业和个人通过参加商业保险及多种形式的补充保险满足基本医保外的需求,鼓励保险机构积极开发健康管理服务相关的健康保险产品,加强健康风险评估和干预
2017年5月	财政部税务总局、保监会	《关于推广实施商业健康保险个人所得税政策有关征管问题的公告》	将商业健康保险个人所得税试点政策推广到全国范围实施。2017年7月1日起,个人购买符合规定的商业健康保险产品,可以按照2 400元/年(200元/月)的标准在税前扣除。单位统一为员工购买的,视同个人购买,按照单位为每一员工购买的保险金额分别计入其工资薪金,并在2 400元/年(200元/月)的标准内按月税前扣除

续表

时间	发布部门	政策名称	主要内容
2018年1月	保监会	《健康保险管理办法（征求意见稿）》	此次修改包括长期健康险的犹豫期延长，向贫困人口倾斜，鼓励对创新药品、创新器械及诊疗办法的支付保障，简化理赔流程，以及首次提及健康管理服务与医保合作。叠加前期抵税政策，国家规范和鼓励商业健康险发展大趋势明朗
2018年8月	银保监会	《关于互联网渠道短期健康保险续保问题的消费提示》	按照有关规定，保险公司在销售过程中应当遵循最大诚信原则，向投保人阐明产品属性，说明所购产品为短期健康保险产品，提示消费者可能面临的无法续保风险，严禁以"保证续保"概念对消费者进行误导宣传。消费者在购买短期健康保险产品时，应谨防此类误导
2019年7月	中国卫健委	《健康中国行（2019—2030年）》	促进基本医疗保险、大病保险、医疗救助、应急救助、商业健康保险及慈善救助等制度间的互补联动和有效衔接，形成保障合力，切实降低癌症患者就医负担
2019年11月	银保监会	《健康保险管理办法》	首次将医疗意外险纳入健康保险范畴，明令禁止非法搜集基因检测资料，允许对长期健康险费率进行调整等
2020年1月	银保监会、发改委等13部门	《关于促进社会服务领域商业保险发展的意见》	完善健康保险产品和服务，鼓励保险机构适应消费者需求，提供综合性健康保险产品和服务。力争到2025年，商业健康保险市场规模超过2万亿元
2020年2月	银保监会	《普通型人身保险精算规定》	一是调整了健康保险等风险保障类产品的最低现金价值参数；二是对长期险和短期险的保费、现金价值、责任准备金等分别规定了科学合理的处理方法；三是新增了对健康保险评估假设的相关要求，新增了非平准保费未到期责任准备金等相关要求

续表

时间	发布部门	政策名称	主要内容
2020年3月	国务院	《关于深化医疗保障制度改革意见》	提出加快发展商业健康保险，丰富健康保险产品供给，完善商业健康保险个人所得税政策，研究扩大保险产品范围；加强市场行为监管，突出健康保险产品核计、销售、赔付等关键环节监管，提高健康保障服务能力
2020年5月	银保监会、精算师协会	《中国人身保险业重大疾病经验发生率表（2020）》	对旧版《中国人身保险业重大疾病经验发生率表（2007）》做出的新的规定
2020年9月	银保监会	《关于规范保险公司健康管理服务的通知》	明确健康管理服务的概念和目的，提出健康管理服务应遵循的原则和要求，完善健康管理服务的运行规则
2020年11月	中国保险行业协会、中国医师协会	《重大疾病保险的疾病定义使用规范（2020年修订版）》	对保险公司制定重大疾病保险产品提供新的疾病定义和保障参考依据，规范重大疾病保险产品开发销售行为，保护消费者合法权益
2020年11月	银保监会	《关于规范保险公司城市定制型商业医疗保险业务的通知（征求意见稿）》	规范保险公司定制型医疗保险业务的开展，切实提高参保群众的保障水平，保护消费者合法权益，促进长期稳健可持续发展
2021年1月	银保监会	《关于规范短期健康保险业务有关问题的通知》	规范了短期健康保险业务经营，对规范产品续保、规范产品续保和规范销售行为等做出明确规定

参考文献

[1] 卓志. 健康保险学[M]. 北京：中国财政经济出版社，2017.
[2] 鲍勇，周尚成. 健康保险学[M]. 北京：科学出版社，2015.
[3] 陈滔. 健康保险精算：模型、方法和应用[M]. 北京：中国统计出版社，2007.
[4] 张洪涛. 保险学[M]. 北京：中国人民大学出版社，2013.
[5] 刘冬姣. 人身保险[M]. 北京：中国金融出版社，2015.
[6] 朱铭来. 深化医保改革蓝图下，商保该如何发展[N]. 中国医疗保险，2020-12-22.
[7] 刘源. 商保发展需把握"3个度"[N]. 中国医疗保险. 2021-10-11.
[8] 邱元超. 健康保险中的既往症条款刍议[J]. 上海保险，2022（2）.
[9] 杨娜娜，尹成远. 我国商业健康保险的发展困境及对策[J]. 中国保险，2022（1）.
[10] 严志刚，孙振宇，钱东福. 我国商业健康保险研究现状与演进趋势分析[J]. 南京医科大学学报（社会科学版），2021，21（6）.
[11] 邱凤梅. 我国商业健康保险需求影响因素实证探究[J]. 保险职业学院学报，2021，35（3）.
[12] 周绿林，李绍华. 医疗保险学[M]. 北京：科学出版社，2016.
[13] 王莉. 医疗保险学[M]. 广州：中山大学出版社. 2011.
[14] 刘金章，王晓珊. 人寿与健康保险[M]. 3版. 北京：清华大学出版社，2019.
[15] 庹国柱. 保险学[M]. 6版. 北京：首都经济贸易出版社，2011，.
[16] 刘同芗，王志忠. 社会保险学[M]. 北京：科学出版社，2016.
[17] 冷传丽. 商法学[M]. 3版. 北京：人民法院出版社，2013.
[18] 习近平. 决胜全面建成小康社会 夺取新时代中国特色社会主义伟大胜利——在中国共产党第十九次全国代表大会上的报告[R]. 2018-09-12.
[19] 瞿栋，王劲松. 中国农业居民医疗保险需求及其影响因素分析[J]. 保险研究，2010（4）.
[20] 许荣，张迪，吉学. 新农合对农户商业医疗保险需求影响的研究[J]. 保险研究，2013（3）.
[21] 袁正，孙月梅，陈祺. 我国商业医疗保险中的道德风险[J]. 保险研究，2014（6）.
[22] 岳茂良. 社会政策视角下我国现行补充医疗保险机制研究[J]. 中共四川省委省级机关党校学报，2012（5）.
[23] 贾洪波. 补充医疗保险的实际运作：四个国家比较[J]. 改革，2012（11）.
[24] 董明媛，赵奕钧. 商业医疗保险参保现状的影响因素分析[J]. 统计与决策，2013（23）.
[25] 王莹，张小勇，欧阳俊婷，等. 北京市大学生医疗保险参保现状及影响因素分析[J]. 中国公共卫生，2013，29（8）.
[26] 吴自豪，方美芳. 基于层次分析法商业健康保险需求的研究[J]. 市场周刊（理论研究），2018（3）.

[27] 贾洪波.商业补充医疗保险参保因素的Logistic分析[J].北京航空航天大学学报（社会科学版），2015，28（1）.

[28] 劳动和社会保障部劳动科学研究所课题组.我国补充医疗保险问题研究[J].经济研究参考，2001（51）.

[29] 陈文.商业医疗保险与补充保险[J].中国卫生资源，2001，4（3）.

[30] 孔月红.中国健康保险与医疗保障体系改革[M].上海：复旦大学出版社，2008.

[31] 魏华林，李金辉.人寿保险需求研究[M].北京：中国财政经济出版社，2009.

[32] 李文群.我国商业医疗保险发展的困境与出路[J].深圳大学学报（人文社会科学版），2011（3）.

[33] 焦娜.商业医疗保险选择与我国居民医疗保健需求研究——基于倍差法的实证分析[J].云南财经大学报，2015（4）.

[34] 林树生，张佳澄.我国商业健康保险供需体系的影响因素与管理策略[J].科技创新导报，2016（16）.

[35] 孙蓉，兰虹.保险学原理[M].成都：西南财经大学出版社，2015.

[36] 刘金章，王晓珊.人寿与健康保险[M].3版.北京：清华大学出版社，2019.

[37] 魏巧琴.新编人身保险学[M].4版.上海：同济大学出版社，2018.

[38] 刘冬姣.人身保险学[M].2版.北京：中国金融出版社，2010.

[39] 冉笑宇.重疾险新定义正式出炉：首次引入轻度疾病定义 保障范围进一步扩展[EB/OL].北京商报网，2020.

[40] 老娄.重疾起源与发展[EB/OL].精算老娄微信公众号，2019.

[41] 王明彦.重大疾病保险形态演进的回顾和预判[EB/OL].中再寿险官网，2020.

[42] 刘昌平，毛婷.长期护理保险制度模式比较研究[J].西北大学学报（哲学社会科学版），2016（46）.

[43] 赵琨，王子苏，苏昕.商业保险公司经办长期护理保险主体间关系与困境研究——基于公共服务链理论[J].中国农村卫生事业管理，2021，41（11）.

[44] 宋占军，李钰.商业长期护理保险的实践探索与未来展望[J].中国保险，2021（8）.

[45] 陆静.商业长期护理保险产品形态研究[J].合作经济与科技，2021（9）.

[46] 衡元元.我国商业保险参与长期护理保险制度的模式研究[J].黄冈职业技术学院学报，2018，20（4）.

[47] 王莉.商业长期护理保险市场影响因素及发展分析[J].卫生经济研究，2018（8）.

[48] 王起国，扈锋.我国商业长期护理保险的困境与出路[J].浙江金融，2017（10）.

[49] 朱颜.我国商业长期护理保险给付方式探析[J].时代金融，2017（17）.

[50] 王赫.商业税优健康保险市场发展现状与思考[J].中国保险，2020（9）.

[51] 我国商业健康保险市场概览[J].中国医疗保险，2020（5）.

[52] 喻华锋.我国医疗保障制度引入市场机制改革研究[D].北京：中国社会科学院研究生院，2017.

[53] 刘艳飞.健康管理服务业发展模式研究[D].上海：上海社会科学院，2016.

[54] 陈健.保险市场细分理论与实践探讨——以阳光健康保险为例[J].企业科技与发展，2016（5）.

[55] 张兰.用市场机制推进医改[N].金融时报,2014-12-17(10).

[56] 杨星.商业保险开拓高端健康保险市场的基本思路[J].中国医疗保险,2013(1).

[57] 王向楠.社会医疗保险、市场结构与我国商业健康保险发展[J].保险研究,2011(7).

[58] 张兰.明确市场定位加快商业健康险发展[N].金融时报,2007-12-03(1).

[59] 李凤娇,姚斐.大数据背景下健康保险的精准营销[J].今日财富(中国知识产权),2021(5).

[60] 李涛.寿险公司商业健康险营销规划与渠道建设研究[J].技术与市场,2021,28(03):154-156.

[61] 李笑.GP公司短期健康保险营销策略优化研究[D].郑州:郑州大学,2020.

[62] 谢隽.新健康中国战略下,健康管理课程在寿险公司营销员素质提升中的应用研究[J].时代金融,2018(15).

[63] 陈晔婷.中国健康保险产品的市场定位——以重庆市为例[J].辽宁工程技术大学学报(社会科学版),2012,14(4).

[64] 寿险、养老、健康保险电话营销业务规范[J].健身科学,2008(9).

[65] 贾凌雪.对健康保险专业化经营中营销管理策略的探讨[J].现代商业,2007(8).

[66] 季承.专业健康保险公司营销组合策略初探[J].保险研究,2007(3).

[67] 胡杰.商业健康保险公司经营风险探析[J].市场周刊(理论研究),2006(10).

[68] 韩胜猛.T人寿重庆分公司健康险业务营销策略优化研究[D].重庆:重庆工商大学,2021.

[69] 黄占辉,王汉亮.健康保险学[M].北京:北京大学出版社,2006.

[70] 王锡安.谈谈健康保险核赔[J].中国保险,1995(8).

[71] 王锡安.谈谈健康保险核保[J].中国保险,1996(6).

[72] 孟力.论健康保险的核保[J].保险研究·实务,2002(12).

[73] 朱华琳,张武.对我国商业健康保险核保的几点建议[J].上海保险,2004(12).

[74] 冯鹏程.关于优化商业医疗保险理赔流程的思考[N].中国保险报,2017-05-02.

[75] 黄占辉,王汉亮.健康保险学[M].北京:北京大学出版社,2006.

[76] 李玉泉.建立适应健康保险经营特点的监管体系[N].经济日报,2011-07-22.

[77] 李玉泉.六大差别:健康保险呼唤专业化经营与单独监管[N].金融时报,2012-02-15.

[78] 孙洁.健康保险亟须实行专业化经营和单独监管[N].中国经济时报,2012-02-15.

[79] 李玉泉.健康保险单独监管问题研究[J].保险研究,2011(9).

[80] 李军,王乙,孔迎红.以专业化建设推动商业健康保险健康成长[N].中国保险报,2018-11-27.

[81] 冯鹏程.2020年商业健康保险向高质量发展专型[N].中国银行保险报,2021-02-02.

[82] 江生忠.人身保险市场与营销[M].北京:中国财政经济出版社,2004.

[83] 李力.国外健康保险综述[J].中国卫生经济,1986(6).